超知ライブラリー
018

「超シャンバラ」

空洞地球／光の地底都市テロスからのメッセージ

ダイアン・ロビンス［著］
ケイ・ミズモリ［訳］

徳間書店

空洞地球
ファクト or フィクション？
地球中心部まで16メートル
大気の厚さを1メートルとすると
10 KM.
最深の海
アンデス山脈 7000m
チチカカ湖
エベレスト 8882m
モンブラン 4810m
エトナ
富士山 3776m
アルプス
ギザのピラミッド
スペースシップ
キリマンジャロ 6010m
エンパイアー・ステート・ビルディング 381m
陸地の平均高度
1947年の海軍少将リチャード・バードのフライト
金星に向かう円盤
融けつつある氷
原爆実験：冷えた空気が軸の中心を通って勢いよく地中に戻る
大気の高度200マイル
ケンタッキー・マンモス・ケーブ
イタリア・エポメオ山
ギザのピラミッド
雲
アガルタ
高度な種族の世界
人工トンネル
シャンバラ
都市
都市
セントラルサン
森
湖
マナウス
マットグロッソ
比較的進歩した種族の洞窟都市
ソロモン王の洞窟
火山
海
ブラジル イグアスの滝
他の銀河との交流に使われる宇宙船基地
外部より高い山々
デロ・ケーブ（盗まれた円盤がある）
海
レインボーシティ
氷
重力の中心400マイル地下
堆積物
花こう岩
玄武岩
塑性玄武岩

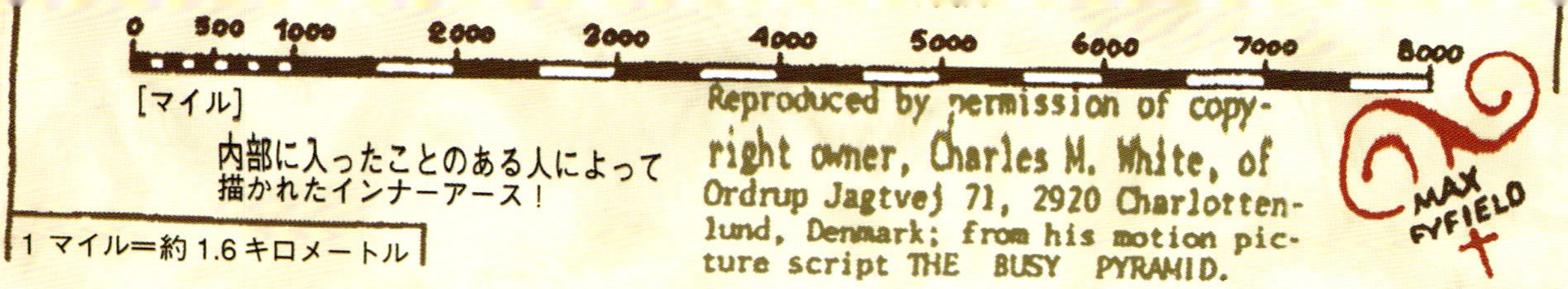

[マイル]

内部に入ったことのある人によって
描かれたインナーアース！

1 マイル＝約 1.6 キロメートル

地球内部からのテレパシーによるコミュニケーション

この本は失われた大陸レムリアの人々の豊かなファミリーライフを探索します。

過去1万2000年間、彼らは地底で暮らしてきました。

地上の人間から隔離されていたため、彼らは病気も老化も死も存在しない、

平和と豊穣の文明を作り上げてきました。

私たちの地球の中心部で平和と兄弟愛の下に暮らしている

高度な文明について語られています。

地球は空洞になっており、インナー・セントラルサンがあり、

海や山がいまだに原始の状態に保たれています。

「神聖なインナーアース（内部地球）とその文明の全体像から
宇宙の原理を探求できる本は稀である。
ライレルが明かしてくれたことは、本当に〈世界の中に世界〉があることを
発見する可能性を読者に与えるでしょう」

『The Source Edition』シリーズの著者マイア・クリスティン・ナートゥーミッド

「テロス（本書）は、健康的な社会と環境に欠かせない知識と行動を
雄弁に勇気をもって語っています。
テロスは存在し、他にも霊的・科学的に高度な文明は実際に存在しており、
このエキサイティングな時代に現れてきています」

『Becoming Gods』『Becoming Gods II』の著者ジェームズ・ギリランド

装丁　櫻井　浩（⑥Design）
本文デザイン　岩田伸昭（⑥Design）

[超シャンバラ]空洞地球／光の地底都市テロスからのメッセージ　目次

ＣＧグラフィックス／荒木慎司
校正／麦秋アートセンター
編集協力／えん工房
小林久美子

PART 1

地底からのチャネリング・メッセージ

1. 歓迎

空洞地球からの歓迎（スザンヌ・マテスを介したミコスからのメッセージ）

あなた方が手にしているものは、地底コミュニティーの私たちと本書の著者との共同作業によって生み出された奇跡に他なりません。それは、血の繋《つな》がった者同士に見られる愛と献身と心からの願望による奇跡です。あなた方はこの美しい惑星を地球と呼んでいますが、その地下に住む人々とテロスを代表して、私はこの努力に裏打ちされた共同作業を示すことができ、光栄に思います。

私の名前はミコスです。私はカタリアという都市の住人です。エーゲ海の下の空洞地球に位置するポーソロゴス図書館から来たカタリア人です。この公式声明は、私たちの姉妹コロニーであるテロスからのメッセージの発表に敬意を表《ひょう》したものです。

私たちの姉妹都市テロスは、あなた方地表の人々と長期間にわたって関係を築いてきました。まさに私たちが行っているように、テロスの住人の多くは、あなた方に混じって生活し、働いており、非常に長い間、それを続けてきました。愛の奇跡を生む心の絆《きずな》とは、なんと貴重なものなのでしょう！

あなた方の惑星史の一部が、注目すべき考古学的な前進によって露《あらわ》にされる度《たび》に、あなた方は私たちの多くと当たり前のように公然と暮らしていた時代を思い出しています。そして、地底コロニーの私たちはそれを見て喜《よろこ》ばしく思います。足下の塵《ちり》の最小要素から、最も小さい海洋生物や、あなた方の頭上にある無数の星々で輝く広大な天国にいたるまで、すべてのものは互いに関連し合っており、あなた方がそれを理解する度に、私たちは祝福してきました。

地表の住人であるあなた方は、自分たちが孤独であると信じがちですが、そうではありません。私たちがあなた方とともにいるばかりか、私たちはあなた方と似た存在です。しかし、あなた方とこの場を共有している誰もが、あなた方と似ているとか、あなた方の文化と共通点があるとか、あなた方の科学、宗教、政治を支持しているとは思わないで下さい。私たちはまだあなた方に新たな大改革を求めてはいません。また、私たちとの相違を認識することで、両者の間に存在する場所と時間の隔《へだ》たりをあまり大きく感じてもらいたくはありません。ですから、どうかあなた方大多数の間で、このような誤解は穏やかに解いて頂きたいのです。

あなた方が自分自身やお互いに優しくすることを忘れたり、争い、敵意を抱き、怒りを持つ度に、私たちはさらなる愛をあなた方とこの惑星に送っています。それにより、外見、地理的条件、ライフスタイルといった特異な差があるとしても、すべての者が調和をもって生きられるようになることを願ってのことです。

私たちにとって、ハートとマインドを持ってあなた方とともに過ごすことは、常に持てるであろう最大のギフトであり、栄誉です。地底世界の私たちは、あなた方と私たちの社会との間に築ける架け橋を歓迎します。全生命、全存在はこの架け橋に依存しています。

本書で示されるメッセージを読んで、今互いに私たちとともに祝いましょう。それらは過去、現在、未来――あなた方の子供たちと私たちのために大いに有り得る未来――を示しています。大きな愛、尊敬、喜びを持って、私たちは地球のために〈一つの統合された地球世界コロニー〉への架け橋となり扉を開くことになります。

著者ダイアン・ロビンスからの言葉

社会に馴染《なじ》めないと感じながら人生の大半を過ごしてきたため、1989年、50歳にして私は瞑想《めいそう》を始めました。私は長年教師をしてきて、すべての学位と教育を得ていましたが、ツインフレーム（双子の炎）と繋がり、内なるガイダンスを受け取り始めるまで、なおも私は地球における自分の人生を理解できずにいました。この究極の繋がりに従って、〝私〟が何者で、なぜ私はここにいるのかという記憶にたどり着きました。

それは、シャスタ山の下にある地底都市テロスから3次元世界の地表に現れたシャルーラ・ダックスによって書かれたニュースレターを、私が〝発見した〟2、3年後のことでした。彼女は1725年生まれで、現在でもニューメキシコ州のサンタフェで夫とともに暮らしています。

シャルーラのニュースレターでは、テロスと、地球の地下に存在するその他の地底都市での生活に関して語られていました。彼女は、アダマという人物がテロスのアセンディッド・マスター（次元上昇した覚者）であり、高僧であることを記していました。〝アダマ〟という名前を見て、私は彼についてばかり思いを巡らせていました。ある日、私はペンとノートを脇に置いて座り、アダマのことを考えながら瞑想を行っていました。すると、突然私は溢《あふ》れんばかりの愛と優しいエネルギーが自分の体を通り抜け、あたかも体が宙に浮くような感覚を覚えました。そして、私は次の言葉を聞きました。「私はアダマです。テロスからあなたに話し掛けています」

そう、私たちの想念は宇宙へと飛び出し、私たちが考えるどんな相手に対してでも、即座に繋がるのが分かるでしょう。その時、私はアダマについて考えていました。彼が私の想念を受け取って、反応しました。私たちの想念は光であり、この〈光の言葉〉が、すべての波動、次元、時間、空間を通して、原子より小さいレベルで私たちの内部から発せられる宇宙語なのです。私たちがどこに注目しようと、意識は発せられます。アダマは私の波動を感じ取り、それに共鳴しました。そして、私は〈光の言葉〉を通して彼の反応を感じ取り、私の脳が彼の波動を思考、イメージ、言葉に翻訳しました。

私にとって、これは極めてシンプルなプロセスでした。私はまさに、発せられた言葉をそのまま記録する受信機でした。私の心は完全に常軌《じょうき》を逸《いっ》し、メッセージの内容をまったく分析もしなければ、評価も判断もしませんでした。

私たちは、宇宙の誰かに対して自分たちのことを認識させる明確な波動帯を持っています。これは、いわば私たちの〝サイン〟です。私たちに必要なことは、想念を送ることで、それが目的地に到達《とうたつ》させるのです。この〈生きた光の言葉〉は、原子内部から銀河系間まで、すべてのものと深く交流し、あらゆる場所の全生命と繋がります。

私たちは皆一つであることを思い出して下さい。アダマのような〈次元上昇した存在〉について考えると、彼は即座にあなたの想念を認識して反応すると覚えておいて下さい。彼の反応を得るには、ただエアウェーブをクリアーにすれば良いのです。それが鍵です。

アダマは予定した時間に私にメッセージを書き取らせるようになり、それらを螺旋綴《らせんと》じノートに逐一《ちくいち》書きとめるようになりました。この書き取り行為はなおも続いており、私はメッセージをまとめるように助言され、それらを出版してきました。私は今、ライレル（私の星名）として過去の時代にアダマと過ごし、テロスとレムリアで何度も人生を過ごしてきたことを理解しています。

テロスに関した話

テロスは、カリフォルニアのシャスタ山の地下にあるレムリアのコロニーで、12人のアセンディッド・マスターからなるカウンシル（評議会）と、その高僧アダマによって統治されている光の都市です。テロスの名前は〝スピリット（神霊）とのコミュニケーション〟を意味しています。

かつてのレムリアの人々であるテロス市民たちは、アセンション（次元上昇）へ向けて取り組んでいます。彼らはどんな場所にもアストラル・プロジェクション（幽体離脱）が可能で、どんな時空間の場に存在する人とも通信できます。高僧として、アダマはメッセージの中で、私たちのゴールについて教えてくれています。「光を内に認識するスピリチュアルウォーリアー（霊的戦士）になり、人類を一つの家族に再統合するのです。ひとたび人類が内から直接に〈神の愛〉を感じるようになれば、自分たちがこの地球にいる目的をすべての人々が理解できるようになり、自己の魂が〈神の光〉と分離する感覚はなくなるでしょう」

すべての惑星は空洞であり、一つまたは複数種の波動を持った人間によって住まわれています。太陽もまた空洞で、高温ではなく低温です。私たちの地球は空洞で、インナー・セントラルサン（内部中央にある太陽）があります。

インナーアース（訳注：地球の中心部に存在する空洞世界）で優勢な都市はシャンバラと呼ばれています。それはこの惑星のまさに中央に位置しており、北極と南極に存在する穴からアクセス可能です。私たちが空に見る北極光と南極光は、実のところ、地球のインナー・セントラルサンから空洞（極開口路）を通して発せられている光が大気に反射したものなのです。

地殻内には１２０以上もの地底都市が存在しています。光の都市は地表からそれほど深いところにはありません。これらの都市はグループ分けされており、アガルタ・ネットワークと呼ばれるもので統合されています。インナーアースの人々は、空洞地球の内部表面で生活する、高度に進化した存在たちです。地底に存在する完璧《かんぺき》な環境を利用して、彼らの大半は地球内部で自ら進化を続けていくことを選んだ、次元上昇した魂です。

アトランティスとレムリアは地上では神話となっていますが、アトランティスとレムリア出身の人々がコロニーとしての地底都市を繁栄させています。これらの人々は、ちょうど私たちのように3次元で生活じている、まさにあなたや私と似た人々です。

私たちの銀河系は12のセクション、またはセクターに分けられています。私たちの太陽系はセクター9に位置しており、このセクターには数百もの他の太陽系が含まれます。銀河司令部は、私たちの銀河内の数ある星系や次元からやってきた数百万もの宇宙船やボランティアたちを引き連れています。銀河司令部は惑星連邦の一部で、銀河系のこのセクターを守っています。彼らの目的は、この惑星規模のアセンションの現サイクルを通じて地球を支援することです。私のツインフレームは銀河司令部のメンバーであり、彼は、感知とコミュニケーションを通じて、地上および地下の地球文明を再統合する私の仕事に助言を与えてくれています。

アシュターは、私たちのセクターを担当する司令官です。シルバー・フリート（銀艦隊）は私たちの太陽系を監督し、シャスタ山の内部にスペースポート（宇宙船基地）を持っています。テロス出身のアントンが、シルバー・フリートの司令官です。シルバー・フリートは主に同艦隊に仕える地底都市から来た人々から構成されています。

惑星連邦からの歓迎

「自分が何者であるのかを知りなさい。あなた方は偉大な銀河レベルの使命を持っていることを知りなさい。私たちは皆、一つになってあなた方と並んで旅していることを知りなさい」

アダマからの歓迎

「テロスからこんにちは！　私たちは自分たちの代わりに出版してくれるよう、ダイアンにメッセージを与えながら、彼女と通信してきました。私たちはあなた方が本書のメッセージを読むことを切に希望します。なぜなら、その目的は、私たちの存在をあなた方に気付かせ、あなた方の意識を〈クジラ目の動物たち〉が持つフル・コンシャスネス（完全なる意識）のレベルまで高めさせ、さらにあなた方の周りの世界を目覚めさせる使命を広めることにあるからです」

「私たちは意識的に自己の目標に到達すべく、
遥《はる》か遠くまで旅し、
私たちが探してきた真の平和を見つけるため、
地球の深部へ行かねばなりませんでした。
テロスは私たちのホームであり、天国です。
私たちはあまり長期間そこから離れたくはありません。
神への神聖な道に沿って、
あなたの神性を認識しながらその道を一歩ずつ、
下から一歩、上から一歩、
人生を通じた神聖な歩みにおいて、

星々の中の神として接しながら、
私たちと旅をしましょう」

改訂版に関して

本書はオリジナルの作品『The Call Goes Out from the Subterranean City of Telos』の増補版であり、2000年6月に受け取ったメッセージも含まれています。メッセージの大半は、アダマからテレパシーによって私に伝えられました（さらなる情報提供者は目次に記しました）。メッセージの多くは、人々が私に送ってきた質問に返答する形で受け取ったものであり、それらは広範囲の話題をカバーしています。

時折、アダマは自分とともに居たテロスの他の人々を代弁して私に話し掛けてきました。私はまた、インナーアースの存在であるエル・モリヤ、空洞地球のミコス、そして銀河司令部からのメッセージも含めています。メッセージは続いており、私は次の本の出版も予定しています。もしあなたが私に伝えたいメッセージを持っていたり、何らかの目的で私へのコンタクトを希望されるようでしたら、左記まで英語でお手紙を頂けましたら幸いです。

Dianne Robbins
P.O. Box 10945
Rochester, NY 14610
U.S.A.

2. 私たちレムリアの過去

テロスからこんにちは！　私はカリフォルニアのシャスタ山の下にある地底都市テロスのアセンディッド・マスターで高僧のアダマです。テロスでは150万人以上の人々が永遠の平和と繁栄のもとに暮らしておりますが、その地下のホームから、私はこのメッセージをあなたに口述しています。

私たちはまったくあなた方と同じような人間であり、同じような肉体を持っています。ただ唯一の違いは、私たちの集合意識が不死と完璧《かんぺき》な健康の想念を持っていることにあります。そのため、私たちは一つの肉体で数百年、いや数千年ですら生きられます。私自身は現在まで600年以上同じ肉体に留《とど》まっています。

私たちは、地表を破壊した水爆戦争が起こる前の時期で、1万2000年以上前にレムリアからここにやってきました。地上でひどい困難と不幸に直面し、地底で進化を続けることに決めました。私たちはシャスタ山の内部に既に存在していた洞窟《どうくつ》に移り住み、地上のホームから避難する時期に備えるため、惑星のスピリチュアルハイアラーキー（霊的聖師団）に許可を求めました。

その戦争が始まった時、私たちは惑星中に張り巡らされた広大なトンネル網を利用して、この地底洞窟に避難を開始するようスピリチュアルハイアラーキーから警告を受けました。私たちはレムリアの人々すべてを救うことを望みましたが、2万5000の魂を救うだけの時間しかありませんでした。残りの人々はその爆発で非業《ひごう》の死を遂《と》げました。

過去1万2000年間、宇宙人の略奪者集団や、地上の人々を悩ます他の敵意ある種族から私たちは孤立していたため、急速に意識を発展させることができました。地上の人々は、人類にとって意味のあるフォトンベルト通過に備えて、意識の大きな飛躍を体験してきました。そのような理由で、私たちは自分たちの存在を知らしめようと地上の住人たちとコンタクトを始めるようになりました。地球と人類が、意識の上昇を持続させるためには、惑星全体が地底および天上からやってくる〈一つの光〉に統合されねばなりません。

私たちが地底に存在することをあなたに認識してもらい、そしてあなたがその事実を私たちの仲間である地上の同胞たちにも伝えてくれるよう願って、私たちはあなたにコンタクトしているのです。チャネリングメッセージによる私たちの本は、それほど遠くない将来に、地底のホームから私たちが現れ、地表の人々と出会う際、人々が私たちを認識して受け入れてくれることを願って、人類に対して書かれています。私たちが存在する現実を広める仕事にあなたが手を貸してくれて、私たちは感謝したいと思います。

シャンバラと空洞地球＝インナーアース①

すべての惑星は空洞であり、一つまたは複数種の波動を持った人間によって住まわれています。太陽もまた空洞で、高温ではなく低温です。私たちの地球は空洞で、インナー・セントラルサン（内部中央にある太陽）があります。

シャンバラと空洞地球＝インナーアース②

あなた方は、澄みきって、純粋で、汚染されていない海を含めて、空洞地球の文明と完全に結びつくようになるでしょう。私たちは、あなた方のサバイバルに必要なものすべてを与えるからです。私たちは空洞地球からこの純粋な水を直接もたらすパイプラインを設置するようになるため、あなた方は最高に美味しくクリーンな水を味わうことになり、喜びを得ることになるでしょう！　これらのパイプラインは既に整っており、直接地上にもたらすよう、地殻の上層部を通した配置のために最後の設置指示を待っている状態です。

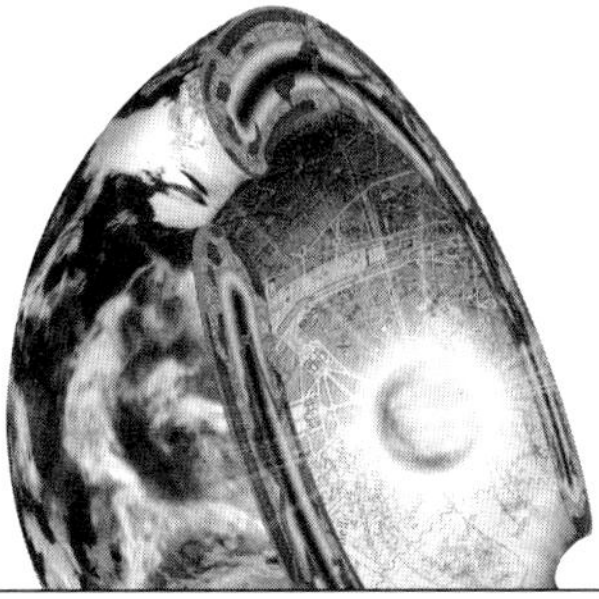

Q．現在あなた（アダマ）は何歳ですか？

私は古代文明のレムリア出身です。レムリアの隆盛期、当時傑出していた寺院で私は秘伝を授けられた者でした。アトランティスによってレムリアが破壊された後、私は数千人の他の者たちとともにテロスを築くために地底に行きました。

私はあなたと違いはありませんが、現在のところ私は数百歳になります。そのため、すべてが根源に向かっていくという、数多くの人生分のメリットを私は享受《きょうじゅ》してきました。これは私に偉大なる洞察力と知恵――たいていの人は短い寿命の終わりまでに蓄積させることができない――を与えてきました。

非常に長い年数を生きられることで明らかにメリットがあります。私には、望む場所のどこにでもアストラル・プロジェクションすることができます。また私には、どんな時空間にいる人とも通信することが可能です。これらはすべて、テロスにいる誰もができることです。私たちには訓練を行うだけ長い人生が与えられているというメリットがあるからです。そのため、人生の好機を活用する方法に比較的熟練しているだけで、私たちはあまり違っているわけではありません。

Q. どのようにあなた方の司法制度は発展したのですか？

あなた方と同様、私たちはここに多くの人々を抱えており、光の地底都市すべてで、2500万人以上になります。私たちは皆、アガルタ・ネットワークと呼ばれる、一つの偉大なる光のネットワークに統合されています。このネットワークは、規模・範囲においては広大で、地底での私たちの安全に責任を負っています。私たちは、地下で人々を招集して、大きな会議を開きます。そこで、私たちの法律は地球のために〈神の聖なる倫理コード〉の光の下に、議論・検討されます。地上にいるか地下にいるかにかかわらず、全生命にとって正当・平等であるかという点に基づいて、私たちは自己統制的な〝政府〟を築いています。すべての問題は、その特定の状況に応じて個別に検討され、〈神の光〉と〈神の聖なる倫理コード〉によって判断されます。それによって、すべての立場の人々が偉大なる正当性と利益を得ることになります。

私たちの司法制度は、もともとレムリアの制度——私たちが地上であなた方と似た家に住み、コミュニティーを持っていた頃に採用されていた——に基づいており、数百万年もの歴史があります。私たちは1万2000年前に地下に行くことを決めた際、この民主主義の形態を採用しました。私たちの寿命は長いので、私たちの知識も膨大です。今なお2万年から3万年生きている人々もいますので、彼らは私たちが地上で生活していた頃の〝すべてのこと〟を、その長い寿命ゆえに覚えています。彼らの魂は極めて博識なため、生を受けた時代から蓄積されてきた全知識に意識的にアクセスできます。私たちは過去に基づいた〝神の聖なる倫理コード〟を持っていたため、これが、私たちが法律を純粋なものとして保つ方法の一つとなりました。これは、私たちが進化の栄誉ある高みに達した時のことでした。

幸運にも、地底世界は乱されることなく、私たちは平和と繁栄の中で進化を続けることができました。これにより、すべてのレベルにおいて、私たちの進化は年ごとに進んでおります。まもなくあなた方も、意図されているように、平和と繁栄の中で人生を過ごせる状況になるでしょう。そして、あなた方もまた、知恵と強さを得て、本来の神の存在へと進化していけるのです。

全生命には進化を起こすための平和が必要です。平和なしでは、種族はただ生存のためにもがき、蓄積された知恵と強さを得るための〝時間〟が持てません。そのため、平和は進化には欠かせない要素であり、進化は種族の存続にとって欠かせない要素なのです。

あなた方の同胞たちは皆、現在あなたとともにここにいます。彼らは今のところ高次元にいますが、ここであなた方の惑星を監視・保護しています。彼らは、あなたに星々への進化の道標を示すためにここにいます。ですから、あなた方とともにここにいる私たち全員に注目して、天上からでも地下からでも、強さと指揮を私たちに求めて下さい。なぜなら、私たちは皆、あなた方のためにここにいるのです。ですから、私たち全員で一緒に高次元の光へ向かうために、ホームに戻る道を見つけていきましょう。

Q. レムリア人たちは自分たちの崩壊を狙ったアトランティスの計画を知っていたのですか？

はい。しかし、地球にとって厳しい結果となるため、私たちはスピリチュアルハイアラーキーによって、戦争を遮《さえぎ》ったり、誘発させないように注意を受けていました。そのため、私たちは待ち、祈り、そして地底の洞窟へ避難する計画を立てました。これが、私たちが行ったことで、2万5000の魂を救

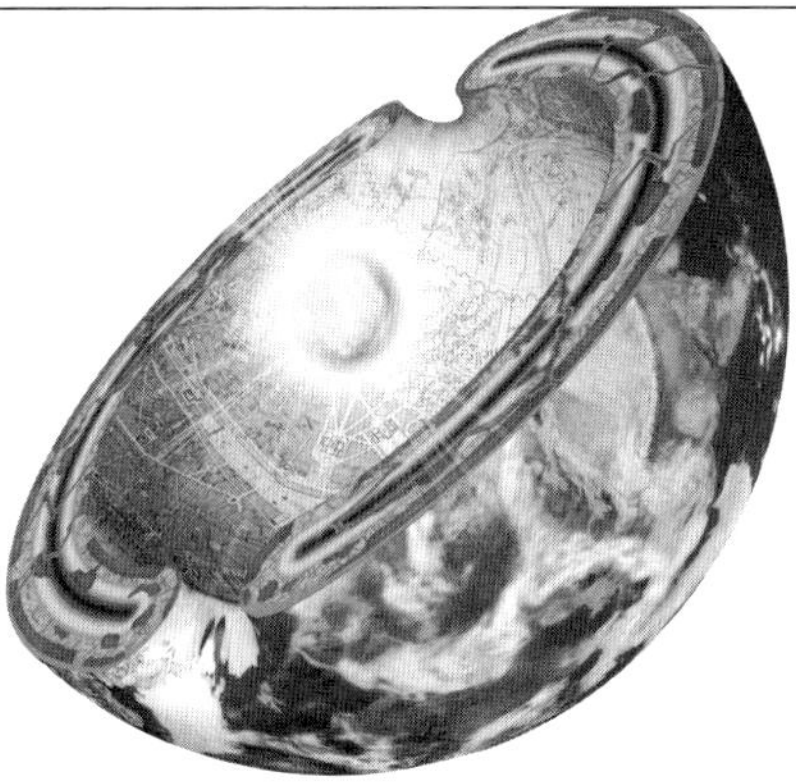

シャンバラと空洞地球＝インナーアース③

インナーアース（地球の中心部に存在する大部分の空洞世界）で優勢な都市はシャンバラと呼ばれています。それはこの惑星のまさに中央に位置しており、北極と南極に存在する穴からアクセス可能です。

シャンバラと空洞地球＝インナーアース④

あなた方はまた地底都市や空洞地球からも新鮮な食べ物を受け取ることになるでしょう。私たちは、地球の通路を移動するのに利用する電磁力船で、これらのものを地球のトンネルを通して運ぶために輸送機関も設置してあります。すべてが整っており、私たちは始めるための最後の通知を待っているだけなのです。現在、地球にやってくる光の量が増加しているために、地上では自己内部のスピリット（霊性）に目覚めつつある人々が大勢います。

うことができました。アトランティスは最後には自滅しました。レムリアの私たちは生き残り、地下で繁栄しました。

Q. なぜレムリアの人々は地底に留まり、地表に戻ってこないのですか？

天空が破壊されていたので、私たちはもはや地表で生活することにこだわらなかった点を理解して下さい。私たちは地下にいることで厳しい要素や他の星系からの略奪者集団から守られて、さらに急速に進化できることを認識しました。そのために地下に留まることを選択したのですが、あなた方もその状況ではそうしたのではありませんか？　地表の気象が破壊され、厳しい気候条件となったがために、私たちは地下に留まることを選んだのです。私たちは地下にユートピアを建設し、そこで自由に進化しています。あなた方もまた、このユートピアをまもなく体験できるでしょう。

Q. 海や山を持ったインナーアース全体があり、そこで暮らすことができたのに、どうしてシャスタ山に行ったのですか？

当時の地球には、インナーアースと行き来していた外宇宙からの存在たちも多くいたことを理解して下さい。もし私たちがインナーアースの都市で暮らしたら、いわば自分たちの〝プライバシー〟を保てなくなるとレムリア人は感じたのです。他の文化、特に外宇宙からの変節者である放浪者集団からの干渉なしにレムリアの文化を発展・継続させるためには、私たち自身の空間が必要でした。

地底都市は閉じ込められており、制限はありますが、私たちにとってそれは大きな保護バリアにもなります。その限界が私たちを保護し、過去1万2000年間まったく干渉なしに私たちに繁栄をもたらしています。その間、地表に留まることもできましたが、シャスタ山は私たちを保護する〝防衛区域〟となり、高次存在である進化した種族へと成長するために、私たちにプライバシーを与えてくれました。地表で根付いているあなた方の文化において生じる分裂・分離に注意してみて下さい。人々はあらゆる種類の侵略に対して無防備ですが、それは軍隊からだけではありません。あなた方の地表社会全体は、周囲の文化の気まぐれと幻想に対して攻撃を受けやすく、どれだけ進化していても、他者からの侵略によって滅びてしまいます。

そのため、このすべてを考慮して、私たちが閉じ込められてきたことが進化の目的に寄与しました。インナーアースに移動せずに地表に留まっていたら、決して得ることのできなかった完成の高みへと、私たちは努力し到達できるようになったのです。

私たちの決定には非常に多くの要素が関わっていました。なぜシャスタ山に移動することであらゆる面で自らを守ることを選んだのかという点に関しては、私たちが生き残ることが最重要課題であったことがあります。現在私たちがそうなったように、〈光のスピリチュアルウォーリアー〉へ完全に自由に進化してきたため、これは疑いもなく賢明な選択だったと言えます。まもなく、地表のあなた方も光の存在へと自らを導くのに必要な、保護された環境と自由を得ることになるでしょう。それがアセンションのすべてです。

シャンバラと空洞地球＝インナーアース⑤

広大なる大西洋は内海からあなた方の土地へ生命力を運んでいます。その力を吸い込むことで、あなた方は自分たちの体と地球にエネルギーをもたらします。これは偉大なる生命の力であり、その波は絶えずあなた方の海岸に打ち寄せています。

シャンバラと空洞地球＝インナーアース⑥

テロスにおいて私たちは、インナーアースの海からもたらされる、これと同じエネルギー——地球を通して流れ、地底の小川、湖、洞窟へと注がれる——を利用しています。私たちはこのエネルギーを利用して、機械を動かし、地底の環境を作り出します。

3. 私たちの銀河コネクション

地表のあなた方は、私たちの上に、そして銀河司令部の下に位置しています。あなた方は上からも下からも光を受け取っています。二つの偉大なる〈光の力〉に挟まれているのです。テロスにいる私たちは、あなた方の動きを監視し、私たちのカウンシルに報告しながら、非常に注意深く地表の全住人を見守っています。私たちは地表での出来事をすべて把握しています。

私たちは日々昇る光を温かく迎え、私たちのホームに降りてくる闇《やみ》を祝福します。私たちはすべての生命活動を祝福します。この偉大なる惑星とそのすべての生命体を私たちは祝福します。

私たちはこの偉大なる実験に関われることを嬉《うれ》しく思います。生命進化のプロセスにおいて私たち全員が教育を受けてきた、地球の偉大なる訓練場に関われることを私たちは嬉しく思います。そのうち、あなた方が私たちのいるテロスを訪問するようになることを楽しみにしており、私たちもまた地表に出られるようになることを楽しみにしています。私たちはその時を待っています。再び私たちの同胞たちと出会えるようになるその時が来るのを祈っております。

テロスにおいては、私たちはあらゆる多様性の中に光を見出《みいだ》し、その光のエネルギーをアストラル体での旅に利用していることを知っておいて下さい。地下での自分たちの文明を創造し発展させるために、私たちはあらゆる局面で光を利用します。あなたには暗い場所と思われるかもしれませんが、実際のところ、地下は極めて明るく照らされているのです！　トンネルの通路でさえ、私たちの水晶光テクノロジーによってほのかに光っています。

地下にいても、私たちは宇宙で起こっていることのすべてを知っています。私たちは、あなた方が利用するインターネットに似たコンピューター網を通じて、銀河のすべての星系と繫《つな》がっています。私たちの銀河内の全太陽系と繫がった星系ネットワークがあるのです。私たちの同胞全員がどこの星系にいるのか、彼らの現在の進化状況がどうなっているのか、コンピューターで彼らにチャンネルを合わせることで、私たちには把握できるのです。全生涯にわたるすべての関連情報が登録されたコンピューターを利用して、自分たちのすべての過去世も分かります。私たちのコンピューターはアカシックレコード（宇宙のすべてのことが時空を超えて記録されていると言われる領域）に通じており、それらを読み取り可能なデータに変換するのです。

ひとたび私たちがあなた方地表の住人たちと合流すれば、私たちはあなた方を宇宙と関連付けるために自分たちのコンピューター・ネットワークシステムを提供するでしょう。そして、あなた方もまた自己の過去世を学ぶことができ、なぜあまりにも多くのことがこの生涯においてあなた方に起こっているのかを知り、理解することができます。過去を知ることは現在を説明し、未来を開花させます。

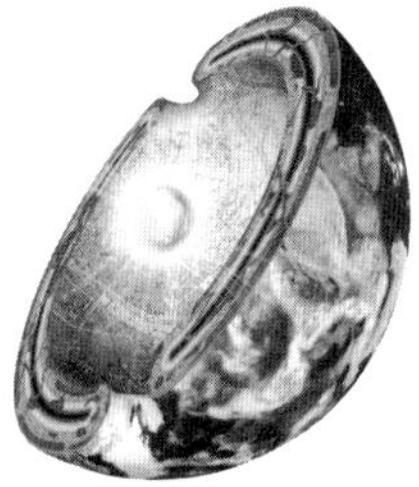

光の地底都市テロス①

テロスからこんにちは！　私はカリフォルニアのシャスタ山の下にある地底都市テロスのアセンディッド・マスターで高僧のアダマです。テロスでは150万人以上の人々が永遠の平和と繁栄のもとに暮らしておりますが、その地下のホームから、私はこのメッセージをあなたに口述しています。

光の地底都市テロス②

テロスは、カリフォルニアのシャスタ山の地下にあるレムリアのコロニーで、12人のアセンディッド・マスターからなるカウンシル(評議会)と、その高僧アダマによって統治されている光の都市です。地表の住人であるあなた方は、自分たちが孤独であると信じがちですが、そうではありません。私たちがあなた方とともにいるばかりか、私たちはあなた方と似た存在です。

Q．なぜ地底の同胞たちは何千年間も私たちを見捨てたまま、助けに現れなかったのですか？

私たちが地底都市に留《とど》まっている状況に関して説明しましょう。私たちはネガティブなものに邪魔されずに進化するためにここに来ました。私たちは他の星系からやってきた略奪者集団に出会い、影響を受けたことがあるので、より早く進化を遂げるためには、孤立することを望み、静かに留まる道を選択しました。まさにそれがために現在の環境を選んだのです。地上のネガティブな存在に自らを曝《さら》したくはありませんでした。

私たちの判断は実験でもありました。戦争や貧困から隔絶されれば、どれだけ進化できるのかを見定める実験です。地表に現れ、あなた方と混じっていれば、地下での私たちの存在は破滅していたでしょう。それで、私たちは自らの地底システムを浸透させるがために、地下でそのようなネガティブなエネルギーの影響から自力で回復させようとしたのです。これを理解できますか？

たとえ私たちが今よりも前に地表で行動し、あなた方に知恵やテクノロジーを授けていたとしても、それは失敗に終わっていたでしょう。なぜなら、あなた方の集合意識は準備されておらず、悪魔の存在として、私たちや私たちの教えを拒《こば》んでいたことでしょう。地表の人々の前に私たちが姿を現すことによって、私たち自身が滅ぼされてしまっていたかもしれないので、あなた方を助けることができなかった点を理解して下さい。そのため、集合意識が私たちの教えやテクノロジー、そして私たちの存在を安全に受け入れることができる時期が来るのを待ち望みながら、私たちは地底都市に留まっていたのです。今、ライトワーカー（アセンションの旅をサポートする人）たちは目覚め、一般の人々も地球についてさらに理解し、敏感になってきたので、私たちが数世紀もの間守ってきたすべてのことを安全に地表にもたらすことができます。

私たちは十分に戦争と不和を体験したので、ただ霊的な成長に集中して、惑星にとってふさわしい光を安全に保つ必要がありました。地表の状況を考えて、これが私たちにできる最善策であったと感じました。これで、私たちが孤立して沈黙を守ってきた理由を理解して頂けましたか？　私たち自身とあなた方を守るために行ったのです。もし私たちが目覚めていない人類を助けるために危険を冒《おか》して現れていたら、現在までに、私たちのホーム、教え、そして生活が破壊されていたかもしれません。

闇の権力が地上を侵略し、密《ひそ》かにアブダクション（誘拐）を行っていることを私たちは承知しております。この惑星の地上・地下でのすべての出来事を知っています。しかし、姿を現していれば、私たちの教えやテクノロジーを守り、光をもたらす者は一人も残らず、私たちもまた犠牲者になっていたでしょう。

この問題に関して、あなた方が深刻になり、大きな懸念《けねん》を抱いていることを理解しておりますので、私たちはそれがなくなることを望んでおります。できれば、あなた方を支援・保護するために地表に姿を現したいとは思っています。しかし、このような状況のため、そうすることはまったく賢明ではないのです。現在、集合意識と地上のエネルギーが変化しつつあり、アセンションに導く最終段階に向かって、私たちは（ごく近い将来）地表に現れ、ライトワーカーたちと合流できるでしょう。

私たちは、地表面に達するアセンションの波が間近に迫っているという吉報をあなた方にもたらすためにここにいるのです。この波は〈宇宙のクリエイティブフォース（創造力）〉から生成されており、地球のための〈神の聖なる計画〉と波長を合わせています。あなた方は皆、高次のエネルギーを受け取り続けており、あなた方の体はその高い周波数の波長に適応しようとしています。まもなく、全生命を高次の意識へ導く、エネルギーの大きな波が地表に降りてくるでしょう。

テロスの私たちは、エネルギーが高まるこの時期を辛抱強く待ってきました。なぜなら、あなたたちの側が、このように意識を上昇させると、私たちが地表に姿を現せるようになるからです。ここには〈聖なるタイミング〉が関わっており、いわば、〈聖なる時間枠〉があります。その時に、地底で守られてきた私たちが表《おもて》に出られるようになります。現在までのところ、地殻下のホームで私たちは神聖に守られてきています。私たちは、完全に地表に現れる計画を実行に移す、銀河司令部からの指令を待っています。物質的な3次元形態で私たちが地表に姿を現し、あなた方と出会う時には、このような形で、私たちは完全に守られることでしょう。

PART 2

テロスの支援と重要この上ないミッション

4. 地表と地下、この二文明の融合

アダマから受け取った最初のメッセージ

光の同胞の皆さん、こんにちは！　私はテロスの高僧アダマです。テロスで暮らす仲間たち――あなた方同様にアセンションへ向けてここで取り組んでいる、あなた方の仲間である光の同胞たち――からの挨拶《あいさつ》の言葉をあなた方に伝えるために私はここに来ています。私たちは現実に存在し、私たちの多くが既に表に現れていることを知っておいて下さい。

惑星全体のアセンションに向けて、私たちの偉大なる二文明の合流が差し迫っています。私たちはテレパシーでのあなた方との交流を促《うなが》しています。あなたが夜寝る前に、テロスに来ることを求めてみて下さい。アダマが応えてくれるように訴えかけてみて下さい。私たちは長い間地上のあなた方とコンタクトをとるのを待ち望んできたため、これは極めて刺激的なことです。地球は急速に変化しつつあり、地表では大変動が控えていますが、今がその時なのです。あなた方は地に足をつけて、自己の存在に集中する必要が出てくるでしょう。さらにあなた方は、自己を満たし、安定させ、そして、あなた方が光を保っている場である地球と繋《つな》がるよう、自己の〈偉大なる神性〉を呼び覚ます必要があるでしょう。

私とこのような繋がりを作って頂き、あなた方のグループと話をするために私を呼んで頂いたあなたに、私は感謝しております。私はあなた方とともに仕えるためにここにいるので、いつでもあなた方が望み、私に呼びかける際に話をすることは、光栄の極みであります。神のご加護を！　テロスから私はあなた方に神の祝福と挨拶を捧《ささ》げます。私はアダマ。

光の地底都市テロス③

地球と人類が、意識の上昇を持続させるためには、惑星全体が地底および天上からやってくる〈一つの光〉に統合されねばなりません。私たちが地底に存在することをあなたに認識してもらい、そしてあなたがその事実を私たちの仲間である地上の同胞たちにも伝えてくれるよう願って、私たちはあなたにコンタクトしているのです。

光の地底都市テロス④

私たちはここに多くの人々を抱えており、光の地底都市すべてで、2500万人以上になります。私たちは皆、アガルタ・ネットワークと呼ばれる、一つの偉大なる光のネットワークに統合されています。

私たちの出現計画に関するアップデート
（オウレリア・ルイーズ・ジョーンズを介したアダマからのメッセージ）

あなた方皆さんに対する私たちの愛を思い出して頂き、私たちが地表に現れる計画に関して少しアップデートを与えられるよう、この時期、私があなた方とコミュニケーションをとれることは非常に光栄です。

私たちの惑星のスピリチュアルグリッド内で起きている急速な変化について、テロスの私たちは大きな喜びをもって認識しています。私たちはまた、人類の意識の中で生成中の驚くべき目覚めも認識しています。親愛なるあなた方は、現状からのこの素晴らしい進展の全貌《ぜんぼう》をまだ認識できていないかもしれませんが、テロスの私たちは、アミノ酸コンピューターでこの進展を見られるだけでなく、日々それをグラフ化するのに必要なテクノロジーを持っています。地表のどの地域でも、日々人類によってなされる進展を私たちはチャート化できます。

日々、私たちはますます多くの人々が自己の聖なる目的と使命——自己の〈聖なる起源〉のさらなる理解に今多くの人々が目覚めつつある紛れもない事実——に目覚めつつあるのに気付いています。私たちはまた、この目覚めはもはや逆戻りできないもので、あなた方の勝利は保証されていることを理解しています。唯一の問題は、それがあと何年で臨界点に達するかということです。正直に言えることですが、私たちの惑星のスピリチュアルハイアラーキーがこれまで予想してきたよりも、もっと早く進んでいます。

テロスの私たちと、（たくさんの文明からなる巨大王国である）地球内部のあなた方の同胞たち全員が、大いなる喜びと期待をもって、この意識の拡張を見守っています。私たちは愛と光をもってあなた方をサポートしています。私たちはまるで、一つの大きな地球家族として愛と兄弟愛で統合される〝クリスマス〟までの日数を数えている子供たちのようです。私たちは日々起こっている目覚めを喜びと驚きをもって見守っており、極めて長い年月にわたって物理的に隔絶されてきた二文明統合の時が、ついに間近に迫っていることを認識しています。

私たちが地表に現れる瞬間は、多くの人々――特に地球内部に私たちが存在することを既に認識していた人々や、自分たちのホームで私たちを歓迎したいと心で願い、ようやく私たちと向かい合って話すことができるようになると考えていた人々――にとって、愛と大きな喜びの時となるでしょう。私たちとの偉大なる出会いによる驚きは、クリスマスがあなた方の多くに与えたマジック（不思議な魅力）の１０００回分よりも、もっと壮大なものにすらなるでしょう。あなた方が私たちとともにいたいと願うのと同じだけ、私たちはあなた方と物理的にともにいたいと願っているのを知っておいて下さい。というのも、私たちは家族であり、それはお互いの願いだからです。

私たちはまた、この素晴らしい使命を成し遂げ、この壮大なる覚醒《かくせい》への道をリードして、この時期に肉体を得たライトワーカーたちを見守っています。あなた方は勇敢な光の戦士のようであり、私たちは心の中であなた方をとても大切に支えてきています。感謝と深遠なる愛をもって、私たちはあなた方に敬意を表します。

私たちが現れる時期は、もはや遠い未来のことではありません。ほとんど目の前に迫ってきているの

光の地底都市テロス⑤

私たちは、地上のネガティブな存在に邪魔されずに進化するために、ここに来ました。私たちは他の星系からやってきた略奪者集団に出会い、影響を受けたことがあるので、より早く進化を遂げるためには、孤立することを望み、静かに留まる道を選択しました。まさにそれがために現在の環境を選んだのです。

光の地底都市テロス⑥

テロスはそれほどあなた方と違わないことを理解して下さい。私たちは地表から１マイル程度(約1.6km)地下にいるだけです。地球は巨大な導体で、あなた方が私たちと繋がりたいと思えば、いつでもあなた方のテレパシックな想念は地層を通して私たちのところまで簡単に届きます。

です。もはや数十年という期間ではなく、せいぜい2、3年と見なしています。私たちは自分たちが地表に現れ出る日時を正確に決定していないため、その日付を示すことはできません。霊的な目覚めが臨界点に達すれば、すぐに私たちはやってきます。しかし、限られた数の地表の人々と再度交流を始める許可はまもなく与えられるでしょう。この変化は、同じ母親から生まれた子供たちからなる一つの大きな家族として、双方の文明を合流させて、私たちが最終的に地表に現れるための道を開放し始めるでしょう。

私たちは愛の存在で、愛の道に生き、あなた方すべてに大きな愛を抱いていることを知ってもらいたいのです。私たちが現れる時には、この惑星の全存在のために、啓発、愛、平和、美、そして繁栄という、永遠なる黄金時代の形成を即座に確立できるよう、あなた方を助ける生活法を授けることができるようになります。あなた方がとても長い間求めてきたこの黄金時代へと導くため、私たちは支援するでしょう。ただもっと互いに愛し合い、もっと互いを同胞のように見なすことによって備えるのです。あなたのマインドとハートの中で、私たちがあなた方の案内人・助言者になることを受け入れるようになれば、あなた方は決して後悔しないことを私は約束します。

地下で暮らしてきた過去1万2000年間、私たちは、地底都市やテロスの愛や真の兄弟愛の意識に基づいて基盤を形成してきました。この数千年以上もの間、私たちは生活のどの側面においても、聖なる原理とさらに調和させていくために、自らの社会構造を洗練させてきました。

最愛の友よ、私たちはあなた方の苦痛と奮闘を長い間じっと見てきました。私たちが表に現れ、あなた方の世界に素晴らしい現実を表出させることで、人類や、ここで進化してきた他の王国の人々がもはやこの惑星で苦しむことはなくなるようになるのを、私たちは喜びと期待をもって待っていました。

私たちの支援により、これを成し遂げるのに1万2000年もかかりません。私たちは既にその術《すべ》を知っています。愛の魔法を通じてエネルギーが溶け合うことで、あなた方にこのような素晴らしい変化がもたらされるでしょう。私たちに対して快く心を開いて、私たちはあなた方の友人であるだけではなく、昔からあなた方の同胞であると信頼して下さい。魂のレベルにおいて、私たちは皆、お互い非常に良く知っています。レムリア大陸において、ある時期私たちは皆家族でしたが、それは変わっておりません。

テロスからあなた方にふんだんに愛を送ります。ここには愛が満ちています。愛を生み出すことに支障はなく、それで私たちは繁栄のもとに生きられるのです。私たちは心から愛情を込めてあなた方を支えています。私たちが出会うまで、あなた方自身を愛することから始まる〈真の愛の術〉を実践し続けて下さい。私たちが出会う偉大なる日に向けて、現在までのところ準備は90％終了しました。あなた方皆が互いに愛し合い、創造のすべてを、貴重な宝石や、神による愛の表現と見なして下さい。

母なる地球の犠牲

私の光はテロスから輝き出ており、その光線はあなた方の心に向けられ、喜びと幸福をあなた方にもたらしています。あなた方の波動を受け取るまで私たちは待ち、それから私たちの意識をあなた方に放射します。ひとたび交流方法を把握してしまえば、テレパシーはとても簡単です。愛、喜び、幸福の場であるあなた方の心の中で出会うために、地球のある期間を経て、地球を通して、私たちが繋がる時に、このような交流が起こることをテロスの私たちは待ち構えています。

上からはあなた方の、下からは私たちの二つの文明が合流することを私は夢見ています。あなた方が地球に生を受ける前、私たちが遥《はる》か昔に発展させた偉大な計画がありました。歴史におけるある瞬間のために、私たちは前もってその作戦と計画を準備していたのです。それが私たち二文明の合流であり、時が熟したら、その計画は最高点に達するでしょう。地球におけるまさにその時のために、私たちは何千年もの間、待ち続けてきました。惑星地球のアセンション、そして地上・地下の全生命体のアセンションに向けて、ついに私たちの計画を実行に移し始めることができるのです。

私たちのテクノロジーは長期間にわたりガードされてきました――この偉大なる地球の外側で無私無欲で待ち続けてきた同胞のあなた方に、そのテクノロジーを提供するこの慈悲《じひ》深い瞬間を待ち望みながら……。私たちの母なる地球は、地上及び地下の生命のホスト役となるために、自らの貴重な体を犠牲にしてきた偉大なる存在です。地球は自らの健康を犠牲にして、自分の子供たちに愛と富に溢《あふ》れた環境のある地球で進化という教訓を学ばせようとしました。地球は何千年もの間、人類が自らの内に内在し

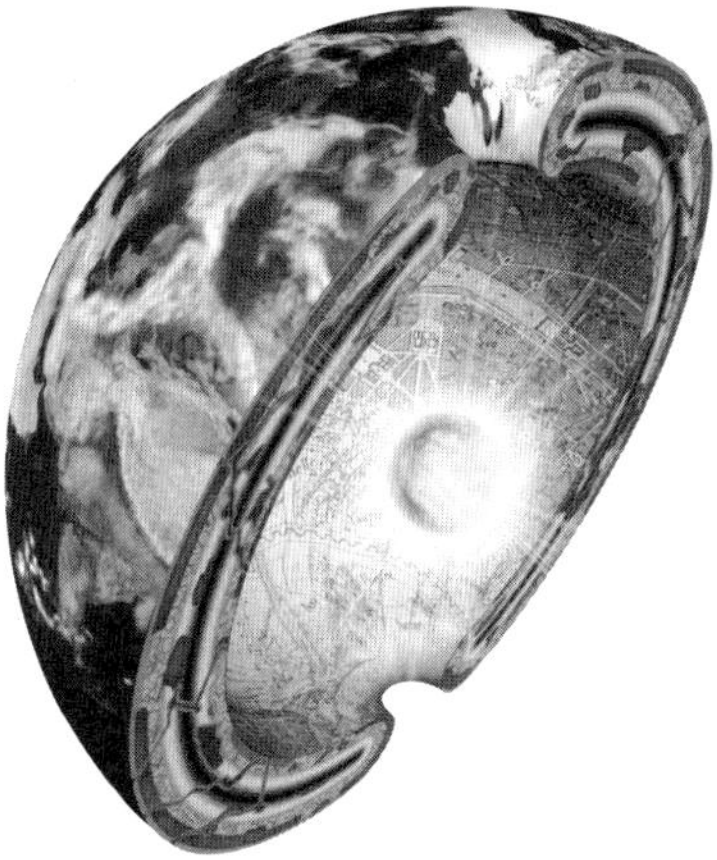

テロスとレムリア①

私たちは、１万2000年以上前にレムリアからここにやってきました。地表を破壊した水爆戦争が始まった時、私たちは惑星中に張り巡らされていた広大なトンネル網を利用して、この地底洞窟に避難を開始するようスピリチュアルハイアラーキー(霊的聖師団)から警告を受けたのです。地上でのひどい困難と不幸に直面し、地底で進化を続けることに決めたのです。

テロスとレムリア②

アトランティスによってレムリアが破壊された後、私アダマは、数千人の他の者たちとともにテロスを築くために地底に行きました。アトランティスは最後には自滅しました。レムリアの私たちは生き残り、地下で繁栄しました。

た神性や〈神の本質〉を認識して進化していくのを辛抱強く待ち続けてきました。地球は、戦争や飢饉《ききん》、富や繁栄を通して待ち続けました。このサイクルを繰り返して、全生命はゆっくりと地上及び地下で意識を高めてきたのです。

地球は多くのことを犠牲にしてきましたが、もう犠牲にする時代は終わりました。すべての生命にとって、〈神の本質〉を認識し、より大きな理解と自尊心を備えた光に向かう時期になりました。地球は、人類の光（完璧《かんぺき》な神霊の光と同一）への移行に相互に関連していくために、光への自らの移行に完璧なタイミングを計る、辛抱強い存在です。

地底都市の私たちは、あなた方がその光――そこで私たち皆が〈神の愛〉のある5次元で出会うことになる――へと向かうよう刺激・案内することを望みながら、同胞であるあなた方に光をフォーカスさせてきました。

日々あなた方は混乱や不満に直面して何とか切り抜けていますが、その忍耐力と精力に私たちは敬意を表します。まもなく、そのような苦難はなくなるでしょう。なぜなら、あなた方は〈神の愛〉という、より高い波動の中に浮かび、この波動を超えるようになるからです。そこでは、すべてが平和、喜び、幸福で満たされています。私はそこであなた方に出会うでしょう。その時は迫ってきており、計画は順調です。あなた方が光へと向かうために、すべてが動いています。私はあなた方の勇気を称《たた》えます。

5. 地表の破壊と政府による隠蔽

生物化学戦争

私はあなた方に地表を駆け巡るようなアセンションのニュースをお知らせします。私たちは皆、一なるものとして統合しています。私たちの意識はインナープレーン（内部レベル）で統合されています。地球の地上・地下のすべての存在は、統合して光をもたらすことに合意しています。

あなた方が地表で自分たちのことに専念している間に私たちは、即座にあなた方に到達する地球の割れ目を通じてあなた方に愛を送っています。私たちは地表の状況を把握しており、地表にばら撒《ま》かれた生物細菌に関しても知っています。私たちはすべての出来事に気付いており、住人の意識的な理解なしに恐ろしい規模で生物化学戦争が起こっていることを残念に思いながら見て回っています。私たちは平和と幸福のもとに光が地球を保護し、覆《おお》うことを祈っております。光を持った魂だけが歩むことができるフォトンベルトに向けて、私たちが表に出られることも祈っております。

地球に広がった生物化学戦争を見て、私たちの心は悲しみでいっぱいです。かつて私たちがアトランティス文明と地表で暮らしていた際に目にしたのと同じことが起こってぞっとしました。人類が地球を汚《けが》し再び文明を崩壊させるような悲劇を繰り返す可能性があり、恐ろしく感じます。私たちはこれを防ぐために可能な限りのことを行っています。このような状況が表に出て、正されることを神に祈り続けております。恐れてはいけません。ただ高次のエネルギーに合わせて、自分の波動スケールを上昇させれば、あなた方は無害でいられるでしょう。ひとたびある振動の周波数に到達すると、あなた方の体は3次元の重苦しい災害や病気から影響を受けなくなるからです。あなた方はそれらが及ばないところに行くのです。それが唯一の解決方法です。

テロスとレムリア③

他の文化、特に外宇宙からの変節者である放浪者集団からの干渉なしにレムリアの文化を発展・継続させるためには、私たち自身の空間が必要でした。地底都市は閉じ込められており、制限はありますが、私たちにとってそれは大きな保護バリアにもなります。

テロスとレムリア④

テロスの私たちはあなた方の友人であるだけではなく、昔からあなた方の同胞であると信頼して下さい。魂のレベルにおいて、私たちは皆、お互い非常に良く知っています。レムリア大陸において、ある時期私たちは皆家族でしたが、それは変わっておりません。上からはあなた方の、下からは私たちの二つの文明が合流することを私アダマは夢見ています。

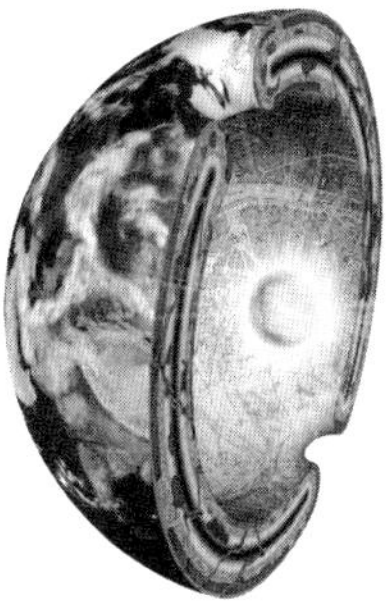

地表に埋められた地雷

完全に人間性を無視した戦争国家によって埋められ、地表のいたるところを覆っている地雷についてお話ししましょう。

人間性は眠りに就いてしまって、その眠りの中で、人々は独裁者により支配され、恐怖と貧困の生活を強要されてきました。地底都市の私たちはその地雷の所在を把握しており、地表に現れ出る際、私たちが最初に行うことの一つは、これらの破壊兵器を除去・非物質化することになるでしょう。私たちは、海底に埋められた地雷を探す点で、同盟を指導することになるクジラ目の動物たちと一致協力して働くことになるでしょう。そのため、これは母なる地球の体からすべての地雷を除去する相互的な計画になるでしょう。これは即座になされるので、フォトンベルトへの準備を進めることができます。

地表のあなた方と地底の私たちは多くの点でともに仕事をしてきました。あなた方は意識的にはそれに気付いていませんが、あなた方と私たちは夜間にインナープレーンでともに働いており、そこでフォトンベルトへのエントリーに対するすべての作戦が、計画・準備・議論されています。このように、時が来ればすべてが整い、あなた方は何をすべきか、それをどのように行うのか、直感的に理解することになるでしょう。すべての情報は、必要とする時にやってきて、あなた方の意識に〝表面化〞してくるでしょう。

地球のすべての存在が何千年も待ち続けてきた新しい時間枠で、私たちはあなた方と地表で挨拶《あいさつ》を交わすことになるでしょう。これがマヤのカレンダーの意味するところです。それは、フォトンベルトへのエントリーを調和的にスムーズに行わせる新しいマヤの時間枠をあなた方に知らせることです。

ですから、今日からこの新しいカレンダーと、日時に対する新しい見方を採用して下さい。星々を介したフォトンベルト通過には、銀河の中心部とのシンクロニシティー（共時性）が必要になるでしょう。

テロスとレムリア⑤

あなた方が地球に生を受ける前、私たちが遥か昔に発展させた偉大な計画がありました。歴史におけるある瞬間のために、私たちは前もってその作戦と計画を準備していたのです。それが私たち二文明の合流であり、時が熟したら、その計画は最高点に達するでしょう。

テロスとレムリア⑥

地球におけるまさにその時のために、私たちは何千年もの間、待ち続けてきました。惑星地球のアセンション、そして地上・地中の全生命体のアセンションに向けて、ついに私たちの計画を実行に移し始めることができるのです。

Q. いつ私たちはテロスに行けるでしょうか？

私たちは、地表に安全に出られる時に備えて、完全に散開して、あなた方の地球の下に配置されています。あなた方が地上で待っているのと同様に、地表に現れ出る前に、私たちはエネルギーの上昇と、人々の意識の向上を地底で待っております。地表の人々が示したこのような上昇エネルギーは、私たちの保護になっています。というのは、私たちは同じ3次元の肉体を持っているため、あなた方と同じように傷つきやすいからです。

人々が私たちを受け入れるような状態に意識を向上させた時、私たちは地表に姿を現すでしょう。私たちはその時を待っています。光を全人類に送り、日々人々を愛で覆うことで、このプロセスを加速させることができます。地底の私たちは、地表に現れ出る時がもっと早くなるように、地表に送るエネルギーを増大させています。

もし地表の人々が今テロスにやってきたら、彼らの信条が私たちに干渉して、不死について私たちが抱いている集合意識に歪《ゆが》みを生み出してしまうでしょう。そのため、あなた方の意識レベルが私たちの不死の信条と十分に調和するよう向上するまで、私たちは待たねばなりません。

地表のあなた方は、地底にいる私たちについて、あなた方の政府により秘密にされてきています。彼らは実際のところ私たちの存在を知っています。彼らは私たちがここにいるのを知っており、ここで暗黒分子とともに働いています。確かに、地上と同様に、地下にも暗黒の都市があります。それで、あなた方の政府は私たちの存在に気付いており、それを〝トップシークレット〟として隠しています。日々私たちの光は強まっており、まもなくこの状況が変わっていくことを期待しています。そのうち、光が惑星中に広がって、私たちの存在は地上のすべての人々に知られるようになるでしょう。私はあなた方のために常にここにいるでしょう。私たちは一つなのです。一なる創造主のために尽くす一つのハートと一つのマインドです。私の愛は絶えずあなた方へ発せられているのです。

6. 最愛なる地球の変化

光のダンス

あなた方の地球は、光――存在の全レベルにおいて、人類に降り注ぎ、地球を包み込む〈神の光〉――へとさらに向かい続ける多くの変化を通り抜けようとしていることを理解して下さい。なぜなら、最小の原子から最大の微生物まで、本当に〈神の光〉はすべての存在に浸透しているのです。

テロスの私たちは、あなた方が暗黒の意図を持った人々から最高に高い波動の光を持った人々へとパートナーを変えていくことで起こる、この地表でのダンスを見つめています。これは本当に〈光のダンス〉であり、そこでエネルギーが交換され、選択が実践されます。あなた方が自由への道をダンスして、明確なヴィジョンをもってパートナーを選べば、光のダンスフロアで前進します。そして、あなた方がアセンションの段階に到達し、そこでもう一段階を経るまで、それは進化の螺旋《らせん》において回転し、そしてあなた方をさらに高みへと導くため、上昇した至福の状態へと自らをダンスさせます。楽天的に光を与えて、もはや地表のダンスフロアで体をくねらせるのではなく、むしろ星々の間で回転するまで、あなた方は自己の意識が上昇するのを目にするでしょう。

光の地底都市にいる私たちは、光のダンスの中であなた方と踊っており、この上昇ダンスであなた方を星々へと導いているパートナーなのです。ですから、私たちとダンスをして下さい。私たちはあなた方にハートを与えますので、私たちの手を取って、天体の音楽に耳を傾けて下さい。神は〈生命の螺旋〉を通じて再度私たちをさらに前進させてくれます。私はあなた方のダンスのインストラクターであるアダマです。

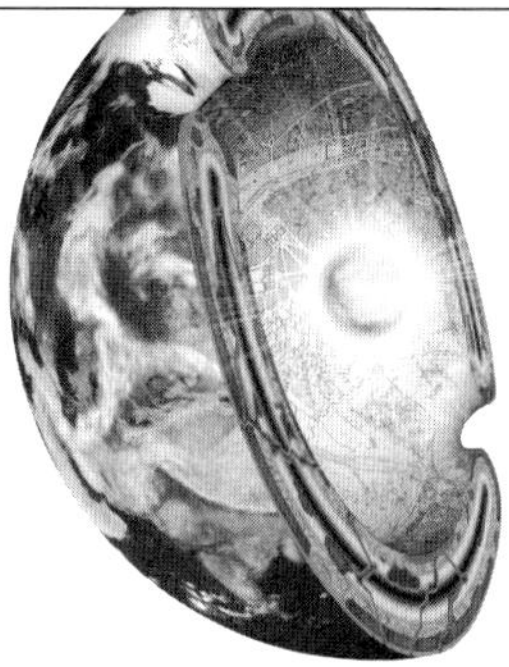

創造神とユニバーサルプラン①

神の計画はあなた方を待っています。あなた方が行うべきことは、自らをこの光に曝すことだけであり、そうすれば、あなた方も神の輝きで光を放射するようになります。万物は神からできているからです。これは極めてシンプルな事実で、この認識はあなた方の人生を変えられます。それが、地底の私たち全員の生活を変えてきました。

創造神とユニバーサルプラン②

あなた方は皆、自らの魂の中にキリスト意識を持ち合わせたライトワーカーです。あなた方自身がキリストであり、この生において地球にキリストのエネルギーをもたらすためにあなた方は再びやってきています。そこで、キリストのエネルギーは全生命体に浸透していけるのです。

地球の変化にはたくさんの休養が必要です

あなた方は地球の管理人であり、地球が高い波動へと上昇するにつれて、その変化を感じ取っています。このような変化には多くの休養を必要とします。テロスの私たちもまた、地球がアセンションに向けて準備するにつれて、多くの変化を経験しています。私たちもいつもよりも多くの休養を必要としています。全生命がこの惑星規模の変化を体験し、変化の影響を感じています。あなた方は孤独ではありません。全生命の創造主である神にただフォーカスすれば、たとえあなたの肉体が〝不調〟であっても、あなたは暖かさとサポートを感じるでしょう。地球にチャンネルを合わせるようにして下さい。なぜなら、地球は自分のすべての子供たちに戻ってくるよう呼びかけているからです。

私たちは不死を選択してきました

天国の世界においては幸運の日である12月12日に私たちはあなた方にご挨拶《あいさつ》致します。テロスの私たちは、地表のあなた方の下で、地層の低いレベルで、あなた方と一緒に瞑想《めいそう》を行っています。

この末頼《すえたの》もしい日のために、私たちもまた準備をしてきています。最愛の惑星地球と、地球の子供たちすべてのために、私たちも不死を選んでいます。私たちは太古から私たち自身のために不死を選択し、なおもこのプロセスを進化の手段として選んでいます。より長い寿命を選ぶことによって、より急速に進化することができます。この長寿によって、私たちは地球でのレッスンをより徹底的・意識的に学び、適用し、そして、経験からさらに知恵を引き出すことが可能となります。地上での寿命が長くなればなるほど、霊的進化という地球での進路をより速く進んでいくことが可能となり、より大きな知恵を意識的に蓄積・適用できるようになります。寿命が短ければ、まさに今気付き始めたかもしれないことを認識するのに、ただ制限を与えてしまいます。それで、あなた方自身と地球の双方のためにも不死を選ぶことをサポートしながら、私たちはあなた方とともにここにいるのです。

テロスの私たちは、太古の昔、あなた方の地球の表面で暮らしていました。私たちは、全人類が今経験しているのと同じ教訓・体験をしました。しかし、戦争は無益で、年を取ることも、死も〈神の聖なる計画〉にはまったく必要ないことを学びました。神は唯一私たちに、宇宙の法則を利用して、長く幸福で豊かな人生を理解と知恵とともに過ごすことを望んでいます。これは進化への最善の方法です。これは、神、そして神霊へと戻る螺旋状の霊的進路に乗って進化していくのに、最も喜《よろこ》ばしい方法です。

なぜなら、私たちは全人類との分離を体験し、上手《うま》く全人類を私たちのもとに引き戻すために地球にやってきた、真の神なる存在だからです。

全人類は、宇宙の法則に対して限定的な視野を持ち、宇宙の法則を日々の生活や体験に適用することに対して無知であったため、大いに苦しめられてきました。これは不必要なことでしたが、愛と育成を与えている環境において、人類は成長する自由の代わりに、限界を選択してしまいました。

テロスの私たちは、最高に愛と成長を与えるポジティブな環境に取り囲まれています。私たちは、反対の選択による影響を理解して、自分たちのためにこれを意識的に創造しました。ですから、まもなくあなた方も知恵と成長を与える人々とともに暮らすようになるでしょう。しかし、反対を選ぶ人々は、あなた方と別れて、低い次元の世界に行くでしょう。進化の車輪に乗って、あなた方は、すべてが美で、豊潤で、純粋な愛に満ちた5次元の領域に絶え間なく上昇していけるのに対して、彼らはそこで貧困と限界を選び続けることになります。

そのため、母なる地球と一体となってともに旅をしますので、テロスにいる私たち皆と一緒に来て下さい。5次元で意識的に出会いましょう。私たちはあなた方の到着を待っています。あなた方の地表に光が行き渡るのを私たちは見ておりますので、あなた方の偉大なる成功を祈っております。

創造神とユニバーサルプラン③

あなたの魂はすべて光です。そして、自己の“神”と融合する時、あなたはグレート・セントラルサンから自己の芯部へと光をもたらし、あなたの中に存在するグレート・セントラルサンによって激しく輝くでしょう。なぜなら、グレート・セントラルサンとあなたは一つだからです。

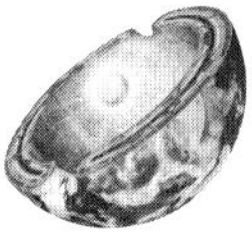

創造神とユニバーサルプラン④

あなたの周囲で見られる病気や苦痛は進化に必要なものではなく、あなた自身の中に存在する〈神の光〉から分離した結果なのです。なぜなら、〈神の光〉はすべてを照らしているにもかかわらず、たいていは自己からの分離によってブロックされているからです。

7. 私たちすべてのための神の計画

キリスト意識

テロスでは、非常に明るいことを知っておいて下さい。私たちは自分たちから放射される〈神の光〉に集中しています。私たちが考え行うことのすべてが、神の計画を遂行します。私たちが感じることのすべては、神の計画を称《たた》えています。そのため、私たちの人生は、地球のための神の計画において完全に混ざり合っていることがお分かりでしょう。それが理由で、私たちはテロスに生を受けました。地表のあなた方が自分たちで実行できるようになるまで、地球レベルでの神の計画を保てるように、私たちはここに生を受けたのです。

神の計画はあなた方を待っています。あなた方が行うべきことは、自らをこの光に曝《さら》すことだけであり、そうすれば、あなた方も神の輝きで光を放射するようになります。あなた方のためにすべての準備はできています。その道はテロスの街から開かれており、神の計画を地表にもたらすために、今度はあなた方が光へと歩む番です。地表では、あなた方の同胞たちが〈キリストの再来〉を期待して待ち続けています。あなた方は皆、自らの魂の中にキリスト意識を持ち合わせたライトワーカーです。あなた方自身がキリストであり、この生において地球にキリストのエネルギーをもたらすためにあなた方は再びやってきています。そこで、キリストのエネルギーは全生命体に浸透していけるのです。

自分たち自身を過小評価しないで下さい。そして、自分たちの人生を変えるために他人に依存しないで下さい。自己の神性を求めることを恐れないで下さい。なぜなら、地球全体にアセンションの光をもたらすのは、私の親愛なる同胞たちであるあなた方だからです。そして、テロスの私たちはこの時代に神の計画を完成させるためにあなた方と一緒になって仕事をしています。私たちはあなた方に、強さ、神の無限なる愛、そして光を日々与えています。ただテロスにいる私たちにフォーカスすれば、あなた方は自分たちに常に流れ込んでくるこの友情と強さを意識的に感じることができるのです。

あなた方がテロスを訪問することが許されるようになる時まで、私たちは、あなた方の意識が私たちに繋《つな》がるのを待っています。そして私たちは、全宇宙のために地球から発せられる、真に〈一つの光〉となるでしょう。私たちの愛は光の壮大なディスプレイの中であなた方に向けられているのです。

創造神とユニバーサルプラン⑤

自己からの分離はメディアによって引き起こされています。湧き上がる孤独という恐怖から逃れるために、テレビ、ラジオ、新聞が利用され、常にあなた方は“気晴らし”を与えられているのです。

創造神とユニバーサルプラン⑥

自己からの分離はあなた自身の神からの分離です。それは、あなたの中に秘められた創造力である、神からの分離から来ています。神こそが、あなたを通して流れる愛の唯一の源です。どうかバルブを開いてそれを通して頂けたら、あなた方は幸福、希望、約束で満たされ、星々の中へと導かれていくことになるでしょう。

航海のためにあなた方の神性を利用する

星々を通り抜ける地球のサイクルのこの時期に、あなた方とここにいられることに私たちは喜びを感じております。星空を通り抜ける地球の進路は、宇宙とそれを超えた全空間を満たす神の存在へとますます近づいています。なぜなら、本当に神は想像できるあらゆる場所に存在し、すべてのものを包み込んでいます。テロスの私たちはこれを遥《はる》か昔に学び、この知識によって、英知をさらに深めることができました。万物は神からできているからです。これは極めてシンプルな事実で、この認識はあなた方の人生を変えられます。それが、地底の私たち全員の生活を変えてきました。ひとたび私たちがこれを認識すると、未知の喜びと富をもたらしながら、私たちは自分たちの利益のためにも、日々の生活においてその重要性と波及効果を利用し始めるようになりました。

生命の神性を信じる私たちは、生命の本質を捉《とら》えるために自己の神性を働かせます。私たちは、いわば自分たちの魂が生まれてきた目的を理解・操縦するために自己の神性を利用します。私たちは自己の神性を利用して、この生において自分たちの魂の計画が頂点に達するまで、その魂の進路をより偉大なる高みへと正しい方向で導いていています。

あなた方もまた、自己の神性という知識を利用して、人生の障害を切り抜け、この生のために光の魂の道へと自らを導くことができます。というのも、これは非常に特別な生であるからです。それはすべての生の最高点で、その成果はあなた方を〈神の恵みの星々〉へと導くでしょう。

ですから、自己の神性を私たちとともに歩む道の各段階で認識して、神への聖なる道に乗って、私たちと旅に出るのです――星々の中で一つになって、人生を通じた聖なる歩みにおいて、下から一歩、上から一歩。

Q．今日、なぜ多くの人々が地球にいるのですか？

私たちの居場所は晴れたカリフォルニアのシャスタ山の地下で、そこで調和と平和のもとに長寿を享受《きょうじゅ》しています。光のフォトンベルトに入り込み、健康と長寿の生命の光線を浴びると、あなた方もまた長い人生を過ごせるようになります。

フォトンベルトへ入り込む時期がやってくる前に、あなた方は十分に支援を受けることになりますので、準備することは何もありません。あなた方は、フォトンベルト突入に備えて全人類を支援するために、この時期、地球にいることを理解して下さい。この時期に生を受けているすべての魂は、何が起こるのかを完全に理解して、それを行ってきています。今日、地球はかつてなかったほど多くの人口を抱えていますが、その理由は、すべての魂がこの〝終わりの時〟に関わりたいがためなのです。地球でかつて生を受けたことのあるすべての魂が戻ってきているのです。あなたはそのような魂を持った一人です。この終わりの時には、調和と喜び、あるいは、恐怖と混沌《こんとん》を体験するでしょう。しかし、その選択はあなた次第です。

地上を歩く際、あなた方は自分の目を神へ向けてこれを見ることをお勧めします。なぜなら、神はすべてのことを完全に掌握《しょうあく》しており、あなた方は皆、神の手中にあります。恐れることは何もなく、地球が光へ移行する結果として、ただ喜びと計り知れない幸福が待っているでしょう。

ですから、私の同胞たちよ、自己の光に気付いて下さい。そして、あなた方の同胞である、テロスの私たちに気付いて下さい。私たちはあなた方のためにここにいるので、必要とあれば、私たちに呼びかけて下さい。あなた方が私たちを頼りにしてくれることを期待して、私たちはここにいます。あなた方が混乱を感じた時は、いつでも私に呼びかけて下さい。そうすれば、私はあなた方のハートを和《やわ》らげ、あなた方のマインドを楽にしましょう。私の愛はあなた方すべてとともにあります。

この時期地表に肉体を得たあなた方ライトワーカーへ①

私たちはまったくあなた方と同じような人間であり、肉体を持っています。唯一の違いは、私たちの集合意識がただ不死と完璧な健康の想念を持っていることにあります。それほど遠くない将来に、地底のホームから私たちが現れ、地表の人々と出会う際、人々が私たちを認識して受け入れてくれることを願っています。

この時期地表に肉体を得たあなた方ライトワーカーへ②

時が来ればすべてが整い、あなた方は何を行い、それをどのように行うのか、直感的に理解することになるでしょう。すべての情報は、必要とする時にやってきて、あなた方の意識に“表面化”してくるでしょう。

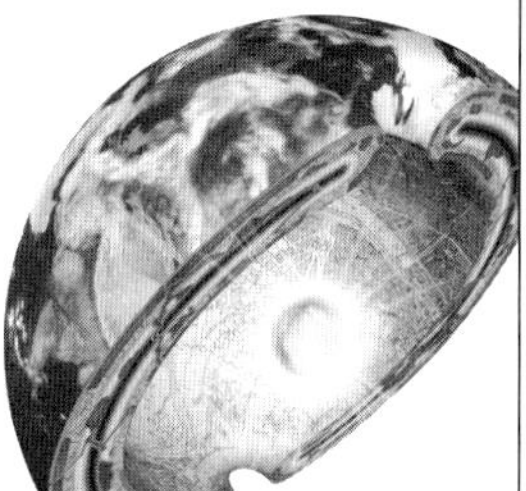

8. 光の中の仲間たち

人間性は光の意識とともに燃えている

　あなた方が光へ向かって再生するという大きなニュースをお知らせしましょう。アセンションへ向けた地球の計画に協力している様々な星系から、膨大な光が地球へと注がれています。この光はまた、地球に点在する地底の〈光の都市〉からも地表へ注がれています。そのため、あなた方は光の流れを下からも上からも受け取っています。その流れは、すべて調和して、宇宙意識を反映した高みへと自己の意識を上げていきます。

　この宇宙意識の反映は伝わりやすく、人類全体を包む光のように広がります。そのため、地表の人類は、いわば過去の低い次元密度を焼き尽くす光の意識で燃えています。そして、その光の意識は、あなた方全員を〈神の光〉へ通じるクリアーな通路に導き、そこで、私たち全員はあなた方と合流するのを待っています。

　私たちは皆、〈神の光〉という黄金の光で、すべてが輝く現実レベルで出会うまで、意識においてより高いレベルへと旅しています。あなた方も光の同胞である私たちに仲間入りするのです。私たちは、星々へ向かうこの旅を、常にあなた方とともにしてきました。

光の都市はアメリカ中に散在しています

私たちの〈光の都市〉からあなた方の〈光の都市〉へメッセージを伝えるために、私たちはあなた方とここにいます。そして、実際にあなた方は〈光の都市〉を持っています。それらは見る限りアメリカ中に散在しています。世界中でおびただしい人数のライトワーカーたちが目覚めており、光は今、明るく輝いています。

すべてのあなた方の光が、すべての私たちの光と結合して、私たちの素晴らしい地球をより高い波動へと持ち上げています。私たちの想念は、地球の全生命のために、あなた方の自由の想念と融合しているのです。私たちは遥《はる》か昔からライトワーカーたちと繋《つな》がろうとしてきましたので、これは光にとっては偉大なる飛躍です。

光はますます地球に浸透しつつあり、ライトワーカーとしてのあなた方は、その光を深く中心部へと定着させてきています。私たちもまた地底都市において、あなた方が過ごしてきた生活状況を変えることを願って、引き続き光を定着させ、それを地表のあなた方に送っています。あなた方が生活してきた方法は、本来意図されている生き方ではありません。すべての生命は今、〝光〟の生活法を徐々に反映・体験しており、私たちは今、シフトが起きていることを理解しています。あなた方は今、より高いレベルの想念や感情で生活を体験しており、さらに広く深い生活法を心に描いています。

もしあなた方が生気に満ちた生活を送りさえすれば、あなた方に感じ取れる多大な美や愛など、たくさんのことがそこには見られます。この〝高次〟の光は今すべてここにあり、あなた方がその栄華の高

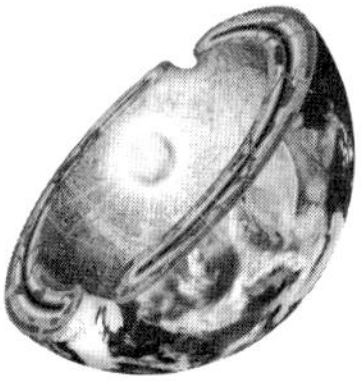

この時期地表に肉体を得たあなた方ライトワーカーへ③

もし地表の人々が今テロスにやってきたら、彼らの信条が私たちに干渉して、不死について私たちが抱いている集合意識に歪みを生み出してしまうでしょう。そのため、あなた方の意識レベルが私たちの不死の信条と十分に調和するよう向上するまで、私たちは待たねばなりません。

この時期地表に肉体を得たあなた方ライトワーカーへ④

地球にチャンネルを合わせるようにして下さい。なぜなら、地球は自分のすべての子供たちに戻ってくるよう呼びかけているからです。この時期に生を受けているすべての魂は、何が起こるのかを完全に理解して、それを行ってきています。今日、地球はかつてなかったほど多くの人口を抱えていますが、その理由は、すべての魂がこの“終わりの時”に関わりたいがためなのです。地球でかつて生を受けたことのあるすべての魂が戻ってきているのです。

い波動へと自ら浸《つ》かることを待ち受けています。地底都市の私たちには証明できますが、それは賞賛される生活様式であるからです。私たちは最高の水準で人生を送っており、日々自分たちのことに専念して、唯一愛と至福を考えています。私たちの生活はあなた方の生活と大差ありません。たとえ地下であっても、私たちも地上を歩きますので、高次の存在領域へと向かうことが、私たちの唯一の思考方法なのです。

ここ地球においては学ぶべき多くの教訓があります。それも、私たち全員がここに留《とど》まることを選択した数多くの理由の一つです。私たちの意識状態が、常に自分たちの居場所を決定付けています。私たちは、自分たちの想念が導く場所に留まりますので、私たちの想念が高尚であれば、私たちは天国にいることが分かります。なぜなら、想念と感情は波動であり、その波動はエーテルと繋がり、周波数においてそれとマッチするからです。私たちは想念によって自らの周波数を上下させることができます。そのため、もしあなたが涅槃《ねはん》を体験したいならば、自分の想念を変化させれば、一瞬にしてその波動があなたをそこに導くでしょう。問題は、地上のあなたの周りで何が起こっているかではありません。なぜなら、あなたの肉体が自らの休息場に安定して留まっている間、あなたには完全に意識があり、あなたの意識は旅をするからです。あなたは自分の意志で自分の肉体から出入りできます。この旅《トラベル》は、車で別の場所に移動するよりももっとリアルであることを理解して下さい。あなたの意志は宇宙をも横断できますが、車はあなたの肉体だけしか移動できないのです。

テロスの私たちはあなた方へ想念を集中させています。この密度を通り抜けられるようにあなた方の力を支え、それを高次の光の流れへと変化させるために、私たちは常に心からの喜びと愛をあなた方に送っています。それは、これらの高次の流れ、あるいは波動にあり、そこで私たちはあなた方と一つになって出会います。私たちの生活は絡《から》み合っています。そしてまもなく、私たちはこの偉大なる生命のミステリーを明かして、偉大なる宇宙の法則に対する理解と平和のもとに私たちが暮らしている地下へとあなた方を導き、私たちは皆一緒になるでしょう。

私は夜間インナープレーンにおいて講義を行っています

テロスでは非常に〝明るい〟ことを理解して下さい。私たちの光は非常に明るいために地球と天を照らし出します。私たちは、地球に仕えるためにここにやってきているメルキゼデク僧と親密に仕事をしています。私たちは地表での人類の進歩に関してとても気にかけています。テロスの私たちは、偉大なる光へ向けた地球のアセンションに深く関わっています。テロスにおいて私たちは、地表のあなた方もそうなるに違いありませんが、皆スピリチュアルウォーリアーです。スピリチュアルウォーリアーは内なる光を認識し、地球にさらなる光をもたらす目的でここにいることを自覚しています。

そのため、あなた方は皆、光をもたらすためにここにいるのです。あなた方は常に光にフォーカスすることによってこれを行い、決して光を手離してはなりません。海からの波が常にあなたに打ち寄せてきて、闇を洗い流すように光を視覚化するのです。あなた方は皆、私がそうであるように、全人類を〈一つの人類家族〉に再統合させるために地球にやってきた偉大なる光の存在なのです。

私はテロスで延長された人生から多くの知恵を得て、私から学びたいという人々にこの知恵を授けたいと思っています。現在のところ、私は夜間インナープレーンにおいて授業を行っています。もしこの授業に登録したいのなら、夜寝る前に、私の生徒になりたい旨、求めて下さい。存在のすべてのレベルにおいて、自分自身の克服法をあなたに教えましょう。

光と光のダンスの実相①

あなた方はそれぞれ多層意識から成っており、光で包まれています。あなた方は高次領域からの使者であり、自分たちの仲間である同胞たちを目覚めさせ、彼らを光へと導く情報をもたらすためにここにいるのです。

光と光のダンスの実相②

大半のスターシードたちは深い眠りへと落ちたため、あなた方の仕事は決して小さくも易しくもありません。あなた方は彼らを目覚めさせるためにここにいるのです。あなたは自己の光を通してこれを行うのです。

私たちはお互いの光を見ることができます

私があなたに地底からこのメッセージをテレパシーで伝えているように、テロスの私たちは皆、援助のために集まっています。今日、私はあなたに宿《やど》っている神、つまり神への賛美をあなたに進言しています。あなたは神の受容体です。あなたは〈神の光〉を持ち、あなたは〈神の光〉です。たとえあなたが自分自身の光を見ることができなくても、あなたの光はとても輝いています。

テロスにおいて、私たちはお互いの光を見ることができます。私たちは現在に至るまで、瞑想《めいそう》や祈りを通じて、長年にわたって自己の内なるヴィジョンを発展させてきました。今、あなた方もこの段階に到達しようとしています。その段階とは、グレート・セントラルサンからあなたの神のコアに向けて光が照射するように、あなたを覆《おお》う光と、他人の光をはっきりと認識するようになる〝時〟です。

あなたの魂はすべて光です。そして、自己の〝神〟と融合する時、あなたはグレート・セントラルサンから自己の芯部《しんぶ》へと光をもたらし、あなたの中に存在するグレート・セントラルサンによって激しく輝くでしょう。

なぜなら、グレート・セントラルサンとあなたは一つだからです。

テロスの私たちはこれを太古に学びました。長い寿命を通じて、私たちは光の高い周波数にある宇宙と繋がり、それを維持することができました。というのは、あなた方が地上でなおも抱えている〝死〟や〝年をとる〟という思考から私たちは解放されたからです。そのため、私たちが学び、維持してきたことのすべてにより、不死の生命という螺旋《らせん》を私たちは高く登ることが可能となりました。

あなたは地表のライトワーカーです。そして、私たちは地底のライトワーカーです。テロスにおいて、私たちはあなた方の〝光〟を見ていることを知っておいて下さい。私たちはコンピューターのモニターを通じて地上のすべての光を見ており、地表のライトワーカーたち全員を追跡・把握しています。

新しい黄金時代

地球で暮らす全生命にとって、光の年である、新しい黄金時代に私はメッセージを与え続けており、私は心の底から、そして、地球の底からあなたに話し掛けていることを覚えておいて下さい。

また、地底都市に生きるすべての存在の愛と光は、地球を通して地上のあなた方に向けられていることも理解して下さい。地表に向けられた私たちの光が止められることは決してありません。これは、地表の生命に向けた私たちの最も重要な貢献であり、私たちがここに留まっている理由はそこにあります。

平等でバランスのとれた光を維持し、光を割り当てるために私たちはここに留まっています。それで、あなた方全員が自己の存在を維持するために、自分自身で光を十分に生み出せるレベルに到達するまで、生命は生を受けた体の中で旅を続けていくことができます。

現在のあなた方自身の光の分量だけでは、生命は地上では存在していけなかったでしょう。それは、光をあなた方に送っている地底都市の私たちだけでなく、光の形態の大群としてここに存在しているスピリチュアルハイアラーキー、天使存在、クジラ目の動物たちがいるからなのです。

ですから、私たちは皆、ここにいるライトワーカーたち全員をサポートしてきているのを知っておいて下さい。あるレベルの光を発している人々は皆、母なる地球とともに、みんなでアセンションするでしょう。

地表で振り撒《ま》かれている恐怖や、光が各魂に注がれるのを阻止するために使われているマインド・コントロール戦術のことは私も知っております。しかし、光は決して打ち負かされることはなく、このよ

光と光のダンスの実相③

あなた方はたくさんの光の層——最も密度が高いのが、物質層または肉体です——から構成されていることを覚えておいて下さい。物質層を超えて共鳴する光の層は、光の粒子による精妙な振動と共鳴します。これらの層が一緒になって、あなた方のライトボディー（光の体）を構成しているのです。肉体から離れると、あなたは自分のエーテル体において、より高い共鳴をともなって振動しています。あなたのエーテル体は、肉体よりも速い速度で振動する光の粒子で構成されているのです。

光と光のダンスの実相④

あなた方は自分たちの体が消化吸収するものの中に含まれるライトクオシェント（光商）に応じて振動します。あなた方は、いわば食べ物によって、自分たちの電子の回転をコントロールしているのです。あなた方の肉体が地に足をつけた状況を維持している間に、あなた方のライトボディーは高次元にアクセスしているのです。

うな破壊的な手法を謀《はか》る人々は皆、スピリチュアルハイアラーキーによって処分され、地球に戻ることは許されないでしょう。

一方、このような闇の戦術の犠牲者たちはこれを、光と闇との間の最後の戦いとして、そして、地球をコントロールしようとする暗黒勢力の最終スタンスとして、認めることに合意しました。まもなく光が地球の全生命を覆うようになり、この光を受け入れることができない人々は一斉《いっせい》に去っていくでしょう。

暗黒の勢力によって操作されてきた魂はケアされ、礼遇され、アセンションの光へと引き上げられていくでしょう。これは暗黒の勢力による最後の大きな行動です。なぜなら、彼らの力はまもなく衰え、地上の塵《ちり》のように粉々になって落ちていくことになるからです。

この時期に重要なことは、このような闇を無視して、恐怖心をあなた方のオーラに入れないようにすることです。あなたの偉大なる神性が常にあなたの存在に降り注いでいる光のことだけを考えて、光の中でバランスを保つのです。あなたの周りにある、この光の保護シールドの中で安全に留まるのです。

他の人々には彼ら自身の旅を体験させるのです。あなたにはテロスからの私たちのメッセージを広め、このようにして、地上で光を増加させる役目があるからです。あなたは、自分の思考を光に集中させ続けることによってのみこれを行うことが可能です。いかなる逸脱《いつだつ》もあなたの人生に不和をもたらし、自己の使命を損なわせてしまいます。

地球に光をもたらし、地球とすべての魂を、偉大なる神性――すべての富と健康があなたを待っている――へと引き上げる目的で、私たち全生命は神の栄誉のために生きています。それは一つ違ったオクタープの周波数にすぎません。そして、ひとたびあなたの意識がこのオクターブに達すれば、一気に新しい世界に入り込みます。そこでは、すべてが愛であり、すべて光です。また、すべてのマスターやアバター（化身）たちが暮らしています。

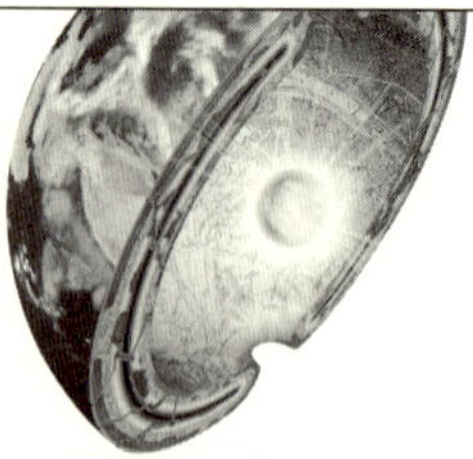

光と光のダンスの実相⑤

地球は偉大なる反射体であり、地上の全生命体の想念と感情を反映します。あなた方が自己に集中して地球のフィーリングを探れば、嵐を鎮め、容赦なく打ち付ける雨を止め、竜巻やハリケーンを無害化させることができます。偉大なる光の存在として、あなた方はこのように地球と繋がる力を持っており、地球のバランス維持を助け、地球の平静を回復させるためにここにいるのです。

光と光のダンスの実相⑥

地球は、人間をコントロールしようとした人々によって隔離され、視界から消されました。他の星系が、地球の位置した場所をスキャニングした際、まるで地球が存在しないかのように、ただ無の空間がスクリーンに表示されるように登録したのです。この隔離はすでに解除されており、現在、地球はその偉大なる威風を誰からも見られるように宇宙空間に映じられています。地球は光の巨体であり、ライトワーカーたちが目覚め始めているため、地球の光はますます明るく強く輝いています。

9. 愛における私たちの集合的目的

Q．ここにおける私たちの目的は何ですか？

　私たち全員の内に秘められた創造力（クリエイティブフォース）である、神の栄誉を十分考えながら、私たちはこの時間に目覚めています。この創造性は宇宙やその先を満たし、空間と永遠に向けて歩み続けていきます。なぜなら、すべての生命は創造的であり、すべての生命は神であるからです。神は、塵《ちり》の細片から最大の山まで、すべてのものの中に存在しています。この「生命力《ライフフォース》」は、地上そして地下の全生命を包み込んでいます。

　私たちは被造物であると同時に創造主でもあり、すべてが一つです。私たちの中には、経験と進化を私たちにさせる創造主がいます。〈神〉や〈できることのすべて〉を体験したり、私たちが創造するように、無限に進化すること。これが創造主の最大の目的です。

　無限・永遠に絶えず体験・進化することは、なんと素晴らしく光栄なことなのでしょう。これが進化という私たちの道です。私たちにとって、これは全生命が期待することなのです。永遠に生き、その道の各段階で意識を成長・拡大させることは、全人類にとって希望であり約束です。これが神の栄誉であり、それは私たち全員の中にあります。

あなたの周囲で見られる病気や苦痛は進化に必要なものではなく、あなた自身の中に存在する〈神の光〉から分離した結果なのです。なぜなら、〈神の光〉はすべてを照らしているにもかかわらず、たいていは自己からの分離によってブロックされているからです。自己からの分離はメディアによって引き起こされています。湧《わ》き上がる孤独という恐怖から逃れるために、テレビ、ラジオ、新聞が利用され、常にあなた方は〝気晴らし〟を与えられているのです。

自己からの分離はあなた自身の神からの分離です。それは、あなたの中に秘められた創造力である、神からの分離から来ています。神こそが、あなたを通して流れる愛の唯一の源です。どうかバルブを開いてそれを通して頂けたら、あなた方は幸福、希望、約束で満たされ、星々の中へと導かれていくことになるでしょう。

あなたが心を開くかどうかにかかわらず、愛はあなたに注がれています。愛は常に存在し、入り込むことを待っており、あなたの中に宿ろうとする優しさと願望であなたを満たそうとしています。人類は、この生命を与える力に対してなんとかして自らを孤立させようとしており、他の場所からそれを探そうとしてきました。しかし、愛の唯一の源は神であり、ただ私たちは、既に神が宿っている自己の内部からそれを現実世界に反映させているのです。ですから、中へと入り、全創造の源に近づけば、探索すべき宇宙があなたを待ちわびていることが分かるでしょう。

愛は接着剤

私は、すべてが光、美、崇高《すうこう》であるテロスの地底都市で暮らしているアセンディッド・マスターです。あなた方地表の人々を愛で満たすために、私たちはこの時期にあなた方と連絡をとっています。愛こそが、私たちを物理的に一緒にさせることを可能にするからです。愛は、親愛なる惑星地球のために、私たちの想念を一つの愛の想念にくっつける接着剤なのです。

私たちは地球に向けて毎日愛の想念を送っています。私たちは宇宙に向けて毎日愛の想念を送っています。このような想念は跳ね返ってきます。このような想念は神に浸透していきます。このような想念が、美、平和、調和、慈悲を生み出すのです。

それで私たちは、愛にフォーカスした自己の想念をあなた方に維持してもらうために、深い愛をもってやってきています。すべての存在が愛にフォーカスすれば、あなた方もこの偉大なる平和を地表で実現できるのです。

光と光のダンスの実相⑦

光が地表を覆えば覆うほど、あなたは劇的に拡張し、母なる地球と意識的な調和状態にあることが分かるでしょう。地球という光の体の表面及び内部に存在するすべての生物を包み込もうと、地球は自らの意識をも拡張させるのです。あなた方がすべて光であり、全生命が進化の様々な段階で光であるように、地球もすべて光なのです。

光と光のダンスの実相⑧

進化の準備ができていない存在たちが、注ぎ込んでいるエネルギーに抵抗しているように、地球レベルで混乱と無秩序を生み出しているのが、この霊的進化なのです。光に抵抗すれば、代わりに心の中に苦痛と混乱が生じるのです。

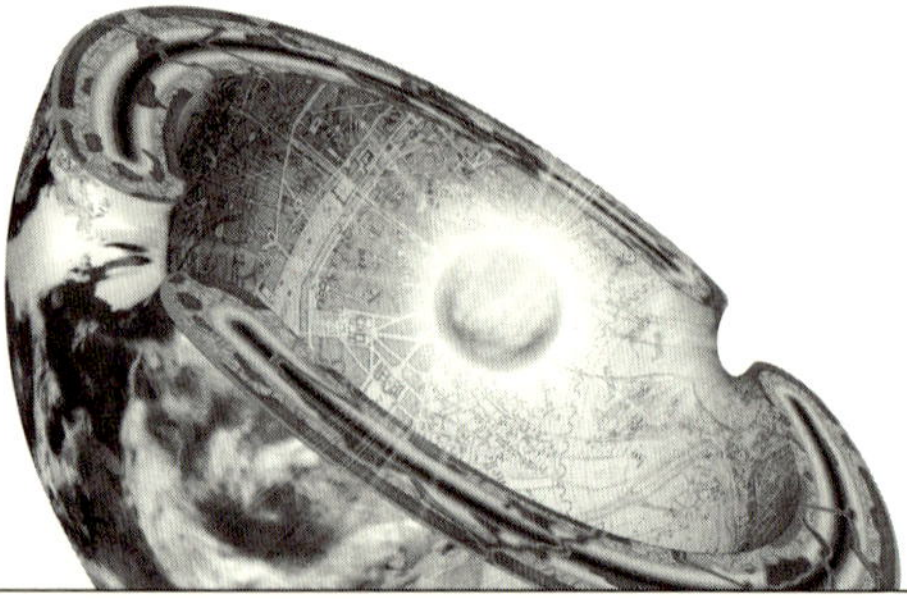

Q．神について説明してくれませんか？

私たちが神について話をする際、全創造の根源について言及しているものと理解して下さい。この根源は、それ自体を特性が与えられた無数の要素やプローブに個別化し、愛を体験させるためにすべて多様な形態でそれらを送り出したのです。

あなた方は皆、多くの惑星に行ったことがあり、すべての愛の根源に回帰しようと求めて、何千回も生を受ける体験をしてきました。数え切れないほどの生まれ変わりの体験を通じて、あなた方は皆、〈神の愛〉を知るために、そして、すべての愛の根源に人々が早く目覚めることを願って〈神の愛〉を放射するために、十分に備えてきました。

これは重大なことです！　ひとたび人類が内面から〈神の愛〉を直接感じるようになると、自分が地球にいる目的を理解することができるようになり、〈神の光〉から自己の魂が分離する感覚はなくなっていくからです。

テロスの私たちは、人類の心に直接繋《つな》がることを願って、〈神の光〉を拡大させ、それを地表へと直接照射しています。私たちは〈神の愛〉を定着させ、照射することにとても熟達していますので、この時期、これが私たちの目的なのです。ですから、神からの愛の光線があなたの心を動かすのを感じたら、深くあなた方を愛している同胞である、テロスの私たちのことを思い出して下さい。そして、〈神の光〉の下で歩み、私たちがあなた方のそばで歩んでいることを知って下さい。私たちは常にあなた方に愛を照射している、あなた方の同胞なのです！

大半の惑星では、平和が保たれています

私の光の同胞の皆様、上からも下からもあなた方に絶えず降り注いでいる〈神の愛の光〉の中で、私はあなたにご挨拶《あいさつ》申し上げます。テロスの私たちは、あなた方のエーテル体を神の純粋な愛で包み込むことを願って、絶えずあなた方にも愛を送っています。たとえ誰が送ろうとも、すべての愛は神から来ているからです。ただ愛という唯一の根源だけがあり、それは私たちの心の中に存在する〈神の聖なる心〉から来ているのです！　神の聖なる愛は私たちの心の中に宿っており、すべてに対して解放され、送り出されることを既に待ち構えているのです。

さて、平和について話しましょう。

私たちの太陽系に存在するたいていの惑星では平和が保たれています。大多数の人類は不死を通じて進化しているため、平和で幸福な人生を過ごしています。地球のように、いまだに貧困、戦争、強欲を抱えた幼年期の苦しみが見られる惑星は、ごくわずかです。地球は今、貧困、戦争、強欲はもはや許されず、大衆によって成長する大人の段階に到達しようとしています。今、集合意識は平和、富、幸福を求めています。実際、私たちはあなた方の祈りを聞いています。あなた方が呼びかけているだけではなく、変化を必要としていることを聞いています。政府、立法、司法制度の改革により、誰もが、平和のもとに進化するために、満たされた幸福な人生に必要なものをすべて持てるのです。私たちはあなた方の叫びをすべて聞いており、天国の天使たちは応対しております。天使たちは、変化を求めているすべての人々に対応し、気遣《きづか》いながら、全力でここに留《とど》まっています。

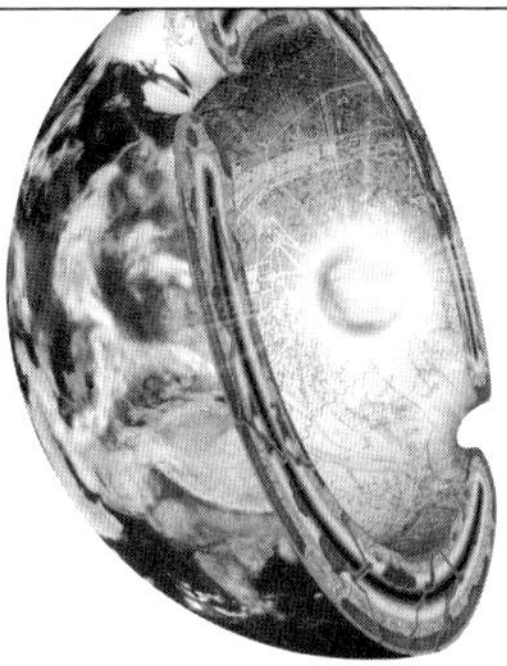

光と光のダンスの実相⑨

あなた方と全生命は劇的な変化の過程にあります。全生命は光――〈神の内なるハート〉からの純粋で白く金色の光――に向かって自己の周波数を変えているのです。あなた方の多くは忘れてしまっていますが、あなた方は既に光によってできているのです。あなた方の無数の生命が集まってきており、あなた方は思い出しています。これが“目覚め”なのです。

光と光のダンスの実相⑩

あなたが何者で、どこからやってきて、なぜここにいるのか。あなた方はヴィジョンと夢を持って高次元からやってきて、これまで分からなかった〈人生の夢〉、〈永遠の夢〉を、思い出そうとしています。私たちが意識することのすべてを、私たちは成し遂げます。私たちの成功の鍵は、生命に対する愛と、思考の純潔さにあります。

人類の呼びかけに反応している勢力は、この宇宙にたくさん存在します。その中には、まさにあなた方のように肉体を持った光の地底都市からの人々もおり、彼らは意識的に進化するために、人生において平和と繁栄を利用してきています。私たちは人生のステージにおいて、自己の役割を演じるために完《かん》璧《ぺき》なセッティングを行ってきており、私たちが地底に留まっている間にできるだけ完成させようと、学び、努力することによって、私たちの利益のためにもこのセッティングを利用しています。さらに〈神の光〉を自己の生活に反映させ、周囲の人々にこの光を照射する体験学習として、どの状況をも利用してきたことで、私たちは皆、この生涯においてますます豊かになることができるのです。来たる光への旅においてあなた方を導き守るために私たちはここにおりますので、心の中で私たちのそばにいるようにして下さい。

私たちは地表を監視しています

あなた方はそれぞれ多層意識から成っており、光で包まれています。あなた方は高次領域からの使者であり、自分たちの仲間である同胞たちを目覚めさせ、彼らを光へと導く情報をもたらすためにここにいるのです。大半のスターシード（地球のアセンションをサポートする使命をもって、高次元の領域から地球に転生してきた存在）たちは深い眠りへと落ちたため、あなた方の仕事は決して小さくも易しくもありません。あなた方は彼らを目覚めさせるためにここにいるのです。あなたは自己の光を通してこれを行うのです。

テロスの私たちは、常に光を地表へと投影させています。私たちは調和した想念をあなた方に投影しているのです。私たちは、地表のすべての魂が地球のエネルギー流を通して、私たちの平和と愛の想念を捕《とら》えることを願って、それをあなた方に投影しています。

テロスには、地表をとても注意深く監視して、何が起きているのか地底の住人たちに報告している人々がいます。そして、私たちは地上のネガティブなエネルギーに対抗するために必要な想念と波動を送る目的で、あなた方が行うのと同様に、ともに瞑想《めいそう》を行います。そのため、あなた方同様に、私たちにも成し遂げるべき大きな仕事があるのです。あなた方は上から行いますが、私たちは同じ愛の波動を下から送り出しています。私たちは地上のすべてのライトワーカーたちと一致団結して仕事を行っています。私たちの地球にとっての一つの偉大なる愛の想念、大地を洗い流す一つの偉大なる光の波、地球のすべての子供たちをホームへと誘《いざな》う一つの偉大なるかがり火、そして、神の存在という光へのホームなど、私たちは皆、一つになって働いているのです。

私たちは、地上のライトワーカーたちがテロスで私たちと一緒に暮らせるようになる時が来るのを切に期待して待っています。その時期は、思ったよりも急速に近づいているように感じられます。あなた方が私たちのところに訪問する時が来たら、あなた方に連絡致します。人々の心はテロスで私たちと一緒になりたいと願っていて、私たちの心もその想念を受け取りたいと思っていることを知っておいて下さい。テロスにいる私たち全員からあなた方に愛を送り、挨拶を致します。私はあなたの愛の兄、アダマです。

光と光のダンスの実相⑪

現在のあなた方自身の光の分量だけでは、生命は地上では存在していけなかったでしょう。それは、光をあなた方に送っている地底都市の私たちだけでなく、光の形態の大群としてここに存在しているスピリチュアルハイアラーキー、天使存在、クジラ目の動物たちがいるからなのです。

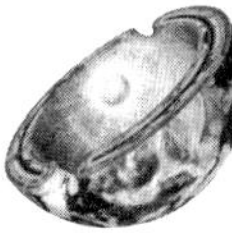

光と光のダンスの実相⑫

ただ物質的なレベルでなく、多くのレベルで私たちは自由を体験することができます。物質に変化をもたらすのはあなた方の想念です。なぜなら、想念は光であり、光はエネルギーであり、エネルギーは密度が凝固するように物質になるからです。

PART 3

物理的特徴とテロスのライフスタイル

10. 私たちの物理的存在

Q. テロスの人々はどのような外見をしているのですか?

私たちはあなた方とほとんど変わりませんが、おそらくは、いくぶん背丈が高く、横幅もあるでしょう。過去1万2000年間、私たちは菜食を続けてきたので、大柄で力強いです。この食事により、加齢の速度が遅くなり、加齢が止まるところまで到達しました。私たちが〝不死〟と呼んでいる、若い状態を常に維持するために、食事とマインドが利用されます。不死という信念体系と食事により、私たちは望む限り人生を長く引き伸ばすことができます。

あなた方も近い将来にこれが可能となるでしょう。私たちが地表に現れる際には、太古から私たちが守ってきた情報をあなた方に与えることになるからです。この情報を保管するために、テロスには特別な容器と部屋があり、安全かつ完全な状態で残されています。この特別な隠し場所は、私たちが地底から現れ出る際にすべてあなた方に明らかにされます。

私たちは皆、地球で生まれる以前にこの計画に合意しており、今がそれを実行し始める時であることを理解して下さい。下から、そして上からも、私たちはその時を待ち続けてきました。私たちは一致団結して働いており、毎晩インナープレーンであなた方と出会っているからです。それがために、あなた方がこれを読んでも驚くことはないと思われ、これからやってくることを受け入れ、期待して、ただ頷《うなず》けるのです。

力強いエネルギーの波は近づいてきており、地上及び地底の全生命はまもなく体験することになるでしょう。しっかりとつかまり、私たちが地表に現れるとともに、このエネルギーがあなた方に宇宙の奇跡をもたらすことを知って下さい。

若さの源はあなた自身の心の中にある

私は長期間、地表で暮らしてきました。今、私は数百歳になりますが、年齢に関係なく肉体的に若さを維持しています。実のところ、年を重ねるにつれて、私はさらに肉体的に健康になります。私はがっちりした体形をしており、毎日運動を行います。

テロスにおいて、私たちは皆、自分たちの肉体的な健康をとても自負しています。私たちは皆、健康で力強く、ちょうどあなた方が地表で行うように、〝運動〟します。地上にある長い道のように、地底には都市間を繋《つな》ぐ長いトンネルがあり、私たちも運動の際にそれを利用して走り抜けるのです。

年を重ねることは、より賢《かしこ》く、力強くなるだけで、反対にはならないことが分かるでしょう。そのため、慈悲と尊厳をともなった〝加齢〟が進み、肉体的な能力や機敏さ、力強さが維持されるのです。それを進めれば進めるほど、常にあなた方はそうなることが可能であると理解するでしょう。年齢があなた方に限界を与えるのを認めてはいけません。人々の言うことがあなた方に限界を与えてしまうのです。なぜなら、あなた方に限界はないからです。

テロスの私たちは、いかに自分たちが無限であるのか、なおも見出《みいだ》しています。自分たちの肉体に関して言えば、今でも私たちは未知なるものを探求しています。私たちは自己の肉体で実験を続け、極めて多様なことを行うために自己の肉体を利用できることを見出しています。私たちはなおも内なる強さとスタミナを発見しており、自分たちにはできると〝考えた〟ことの限界に向けて努力を続けています。

これはあなた方にも言えます。力強さに関して言えば、いかなる限界も受け入れないようにすれば、

テロスでの生活①

私たちはあなた方とほとんど変わりませんが、おそらくは、いくぶん背丈が高く、横幅もあるでしょう。過去1万2000年間、私たちは菜食を続けてきたので、大柄で力強いです。この食事により、加齢が遅くなり、加齢が止まるところまで到達しました。

テロスでの生活②

テロスにおいて、私たちは皆、自分たちの肉体的な健康をとても自負しています。私たちは皆、健康で力強く、ちょうどあなた方が地表で行うように、“運動”します。地上にある長い道のように、地底には都市間を繋ぐ長いトンネルがあり、私たちも運動の際にそれを利用して走り抜けるのです。

あなた方も自己の肉体の限界を超えたところまで探索できるのです。というのも、私たちの体は、極めて困難な仕事を成し遂げ、健康と安定を永遠に維持するようにできているからです。ですから、自分の体を、苦痛や限界なく、あらゆることを可能にする〝魔法の体〟と見なして下さい。私たちは皆これを知っております。あなた方に授けられた肉体的な潜在能力をフルに利用する術《すべ》を習得できるかどうかは、あなた方次第です。

テロスの私たちはあなた方に私たちの強さと愛を送っており、私たちが地上であなた方と接する際には、〝若さ〟の秘訣《ひけつ》を教えることになるでしょう。若さの源は現実に存在し、まさにあなた自身の心の中にあるのです。あなた方の基準からすれば、私は太古の存在ですが、私は若者のように見えます。あなた方は、若さを維持することがいかに簡単なことであるかを見出す時、驚き喜ぶことになるでしょう。私は若さと思慮深さをあわせ持ったアダマです。

Q．なぜあなた方は同じ肉体に長期間留まりたいのですか？

あなた方は地表のライトワーカーで、私たちは地底のライトワーカーです。テロスにおいて、私たちはあなた方の〝光〟を見ていることを覚えておいて下さい。私たちはコンピューターのモニターを通して惑星上のすべての光を観察しており、地表のライトワーカーたちすべてを追跡可能です。

ここテロスは本当に美しいところで、住むには非常に魅力的な場所です。私たちの多くは、実際に数千年という長い間ここにいます。私たちの生活はとても豊かで満たされてきましたので、極めて長期間にわたって同じ肉体に留まり続けることができたのです。私たちの魂は不滅で、望むだけ長期間、同じ肉体の中で生きることができます。

地表のあなた方もいつか、これが可能となるでしょう。あなた方が自分たちの寿命を決定できるようになる時期は急速に近づいてきています。これがアセンションの意味するところです。それは、先に進む前に一つの体にどれだけの期間留まるかを決めることなのです。ですから、あなた方は永遠に生きられることを知って、自分の不死に対して調整を行うことで、全人類にとって輝かしい時代がやってくることを理解して下さい。

テロスにいる私たちはこれを知っており、それで、人体で実験を行い、不死の存在としての輝かしい生活に順応してきました。あなた方の大半は気付いておりませんが、これは、あなた方が地上で既に行ってきたことです。テロスでの生活は豊かで多様性があり、生きる喜びがあります。まもなく、地上の同胞たちが、地底にホームを持つ私たちのところにやってくることを期待しています。その時が来るまで、瞑想《めいそう》中に私に呼びかけて頂けたら、私はあなた方のもとに現れるでしょう。

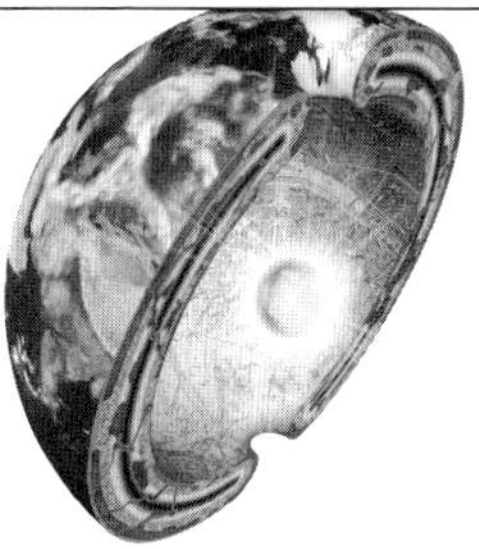

テロスでの生活③

ここテロスの私たちは、毎日曜日にはゆっくりと休み、リラックスして、皆社交的になります。トンネル網を長く歩いたり、ハイキングをします。ここは常に最高の天気なので、私たちはピクニックを楽しみ、野外で食べたりします。テロスにおいて、私たちは自分たちが所有するもののすべてを家族間で共有しています。私たちは非常に統合されたコミュニティーで、お互いに日用品を共有することに楽しみを見出します。私たちは、自分たちが持っているものすべてを借りたり共有する、大きく拡張された一つの家族なのです。

テロスでの生活④

地上であなた方が行っているように、私たちは先の日のために物事を延期するよりも、むしろ即座に行動・実行するという宇宙の法則を学んできたため、テロスにおいては常に「現在」なのです。人生とは、現在という瞬間に生きることを意味するからです。

Q．私たちの体は電気的なものなのですか？　それで、あなたは〝私たちはすべて光〟と言うのですか？

私たちがすべて光であるのと同様に、あなた方もすべて光です。これが意味することは、そもそも私たちの体が電気的であり、バッテリーがフラッシュライトを光らせるように反応することにあります。私たちの振動率がある周波数に達すると、言わば、それが体内の光子・フォトンに火を点《つ》ける切っ掛けとなり、体内に光をともすのです。

これはシンプルな科学原理で、すべてのものに当てはまります。ひとたびあなたがある速度か波長に達すると、太陽の光のように燃え上がります。それが、私たちが繋がる光、いや、むしろ私たちに繋がる光なのです。私たちのシールドは常にオープンで、あなた方の光の周波数を受け取るために油断なく見張っています。そして、繋がる時に、私たちはあなた方と一緒になり、あなた方は私たちの意識に気付くのです。ですから、私たちがあなた方と繋がり、光の大きな炎の中で互いに向き合うように、意識の中で私たちにアプローチして下さい。

テロスにおいて、私たちは失った手足を取り戻します

テロスにおいて私たちは、考えられる限りのあらゆる病気を癒《いや》し、切断された手足や器官を元に戻したりする能力があることを知っておいて下さい。失った手足や体の部分を元通りにするために、私たちは主にエーテル体と関わります。

ひとたび〈創造の宇宙の法則〉を理解してしまえば、それは簡単なことです。もしある器官が切除されていても、事故で手足を失っていたとしても、それらは再びあなたの肉体において元に戻すことが可能です。それらは常にエーテル体の青写真に残っています。そのため、あなたは人生において失うものは何もありません。あなた方が意識を高め、〈創造の聖なる法則〉を理解するまで、すべては安全に守られています。

テロスでの生活⑤

私たちのホームでの生活は、数多くのシンプルかつ多様な点で、あなた方の生活と似ています。私たちはいつも食事の際に感謝し、常に栄養豊かで生命力のある食べ物を食べます。食後には社交的になるのを好み、時々自分たちの家に帰る夕暮れ時まで、歌を歌ったり、ともにダンスをします。私たちの関心事は異なりますので、それぞれスケジュールも多様です。私たちは自分たちの関心とニーズに応じてスケジュールを選びます。春は愛の前触れで、テロスにおいては、自分たちの愛を様々な方法でお互いにオープンに示す時期です。

テロスでの生活⑥

テロスにおいて私たちは、自分たちの太陽の光と水を利用してすべての食べ物を育てています。私たちの水は輝くほど透明で、本来の純粋さを保ち、クリーンです。私たちの太陽の光は、植物と私たちの体の双方を成長させ、栄養を与える全スペクトルからなる光です。

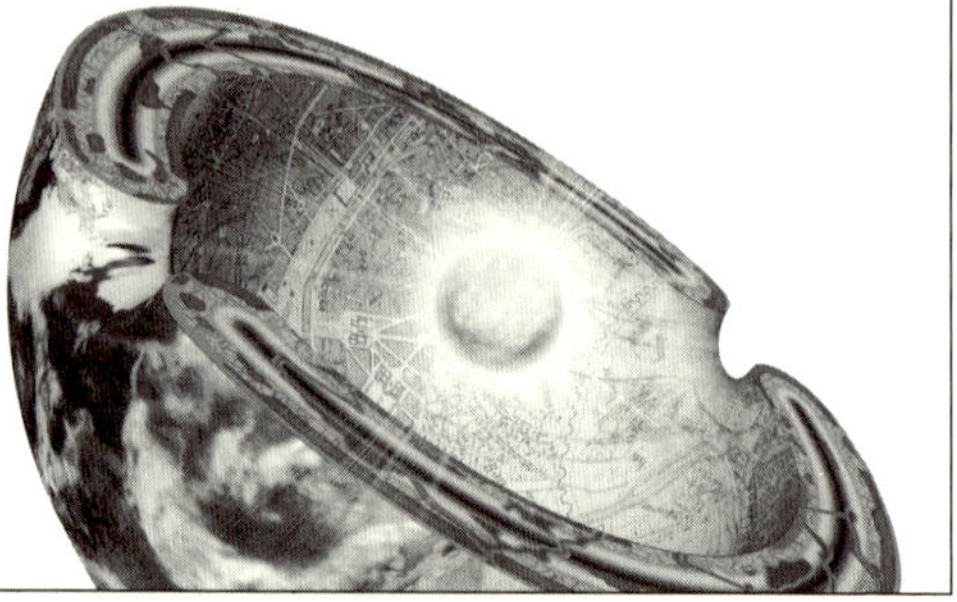

11. アストラル・プロジェクションとテレパシーの利用

私たちは地底で暮らすあなた方の同胞で、あなた方を助け、ともに働くためにここにいます。またハイアラーキーからも指導を受けています。私たちは、まさにあなた方と同様にアセンションのプロセスに関わっており、ここに集まってあなた方に話し掛けているのです。

私たちは地底に存在する偉大なる都市テロスからあなた方にメッセージを携《たずさ》えて、今日現れているのです。この偉大なる都市は、あなた方が地上で言う昼間には輝いております。私たちは地底で暮らしていますので、上からの光——私たち皆を包み込む神の光——で輝き光っています。

私たちはあなた方が地上で行うのと同じ活動の多くに関わってきています。私たちはあなた方と同様のことを行い、同様の疑問を抱きます。私たちには同様の心配事もあります。私たちはグレート・セントラルサンの光の中にいて、包まれているという幸運があり、私たちの想念はやや向上しているというわずかな違いはありますが、あなた方と同様の想念を持っています。私たちは自己の想念においてグレート・セントラルサン――神の偉大なる光――と繋《つな》がっているからです。

私たちの想念は、自らを遠い場所へと導きます。想念は、矛先《ほこさき》を向けたどこにでも私たちを連れて行ってくれます。なぜなら、私たちは自分たちの想念に気付いており、注意深くその想念を望む場所へと向けるからです。私たちはこのアストラル・プロジェクションという方法を学んできて、日々訓練しています。そして、私たちがこのチャネリングが起こっているあなたの場所へとアストラル・プロジェクションしているように、私たちの一部は、現在意識的にあなた方とともにここにいるのです。私たちはここにおり、テロスから愛をもたらしていますので、もし何か存在する感覚を覚えたら、それは私たちであると思って下さい。

あなた方がテロスの私たちを訪問する度《たび》に、毎晩私たちはあなた方を歓迎していることを知っておいて頂きたいと思います。あなた方は中に入ろうと私たちに呼びかけ、私たちはあなた方に応えています。私たちは常にあなた方を歓迎し、呼び声を聞いております。あなた方が私たちを訪問したい際はいつでも、夜寝る前に私たちに呼びかけてくれれば、私たちはあなた方を歓迎するでしょう。私たちは呼びかけてくる人を皆、歓迎致します。

私たちはここテロスにおける訓練場です。私たちから学びたい存在にとっては、私たちは訓練場なのです。私たちが持っている情報はすべてこのためで、世代を通じて神聖に蓄積させてきた学びのすべてを私たちは熱心に伝えようとしています――今私たちがそれをあなた方とオープンに共有できる、まさにこの時期のために……。

私たちはそれを地上にもたらすことになりますので、これは、夜間にエーテル体であなた方と共有できる時となり、まもなくやってくるでしょう。私たちは過去の神聖なる学びをすべて保存してきたので、あなた方とは共有すべきことがたくさんあります。私たちはすべてのテクノロジーを保存してきました。あなた方の地球を再びクリーンにして、純粋で美しい状態に戻すすべてのテクノロジーを保存していま す。私たちはあなた方と働いていることをとても嬉《うれ》しく思っています。というのも、あなた方は決して単独で働いているわけではないからです。そのことを理解して下さい。私たちはあなた方と協力できることに感謝しています。また、光へ向かったあなた方の地球での旅が、私たちの力で促《うなが》されていることをあなた方が認識してくれて感謝しています。

テロスの私たちは、今日あなた方とともにいられる幸せと喜びで興奮しています。私たちは、自分たちがアメリカのあなたのところに存在することをあなたが知らせてくれたことにも感謝しています。アメリカのあなたのところに光を降ろしてくれたことにも感謝しています。さらに、光があなたから輝き、あなたの周りに放射され、天国で反映されることにも感謝します。私たちはこれでおいとま致します。光をもたらして頂き、感謝します。

テロスでの生活⑦

起きている時間帯に自己の夢を創造し、その夢を現実のものにして、生きている間にその夢が実現するのを見守りますので、私たちのライフスタイルは自己への挑戦と言えます。私たちの寿命は長いので、これは簡単にできます。また、無限の生涯において、たくさんの夢を実現させることができます。私たちはより神へと近づくように絶えず進化してきましたので、生まれつき発明の才があり、生命の実験を行います。実験・進化するにつれて、それが終りなき人生経験において実現する可能性がさらに高まります。

テロスでの生活⑧

私たちの家はあなた方のものと似ていますが、ある種の水晶のような、光を発する（透明な）石でできていて、内部からは全角度・方向が見渡せます。しかし、外部の者たちが内部を覗き見ることを遮断する物質でできているため、私たちのプライバシーは常に保たれています。

Q．どのように私たちの想念があなたに届くのですか？

今日、私はあなた方を私たちの読者として歓迎するためにここにいます。私たちは地底からあなた方にメッセージを伝えており、あなた方の想念と瞑想《めいそう》から私たちに向けてメッセージを伝えるようあなた方を促しています。指定の場所に想念を伝えることで、私たちは交流できるからです。あなた方の想念は私たちのエネルギーフィールドに入り込み、私たちの波長と反響します。そこで、私たちはあなた方の存在を感じ、そして、レセプター（受信機）を使用して、あなた方が発した想念を捕《とら》えるためにチャンネルを合わせるのです。

太古から、私たちは地表からテレパシーによるメッセージ受信を訓練してきていますので、これはとても得意としていることです。惑星の健康にとって重要と思われる地域を監視するため、私たちはテレパシーを地表へと合わせるために利用しています。あなた方の惑星は今、いわば〝包囲下〟にあります。闇の勢力は追い返されており、光は急速に地球の周りに広がっています。闇は後退中で、日々遠ざかっています。これが起こると、ますます地上の人々が光に目覚めるようになり、新しい視点で自分たちの生活を見始めます。

ですから、新しい日が始まるという希望を持ち続けて下さい。本当にそのようになります。テロスの私たちはこれを知っているのです。私たちの呼びかけにチャンネルを合わせて頂き、ありがとうございます。テロスから愛と光をあなた方に送ります。

シャスタ山で例年開催されるウェサック祭へのメッセージ

テロスからこんにちは！　私はアダマです。あなたが立っている地面の下に存在する地底都市テロスの高僧でアセンディッド・マスターです。地底の全住人――地表の下に存在する地底都市で暮らす光の同胞たち――を代表して私は話を致します。

私たちは皆、アストラル・プロジェクションが可能で、〈一つの意識〉であなた方と協力するために、この場にアストラル・プロジェクションしてきたことを理解して下さい。私たちはあなた方と一つになって立ち上がっています。

私たちはまた、ウェサック祭を祝うこの聖なる場に集まるために、このクラリオンコール（高らかな響き）に応えてきました。また、私たちは〈地球のアセンション計画〉にも加わっており、〈アセンションの道〉における弟子・入門者でもあります。ウェサックの3日間を通して行われる、この記念すべきアクティヴェーションとイニシエーションにも私たちは加わっています。それで、私たちは地上の同胞であるあなた方とともにイニシエーションを受けるために、弟子・入門者として全体性とフル・コンシャスネス（完全なる意識）においてあなた方と結びついています。

これはとても素晴らしい集《つど》いで、真実、光、そして愛を地球にもたらすためにあなた方とともにここにいることを誇らしく思います。夜間あなた方がエーテル体でテロスを訪れることは歓迎されていると理解して下さい。ただアダマを呼んで、中に入ることを求めるのです。

私たちは、最後の魂がこの場を旅立つ、この祝祭の結末まであなた方とともにここに留《とど》まります。

あなた方は皆光
私たちが皆光であるように
そして、まもなく私たちの二つの光が
惑星レベルのアセンションという一つの偉大なる光に合流するでしょう

テロスでの生活⑨

私たちの言う「働く(仕事)」の意味は、あなた方の定義とは異なります。私たちは生命活動のバランスをとることが大切と信じていますので、創造性はテロスにおいて大きな役割を持ち、肉体労働と同格です。私たちは自分たちのコミュニティーの中で野外活動に多くの時間を割きます。若者の才能とスキルを伸ばすために彼らのところに訪問し、訓練を行うことにも多くの時間を使います。人生の目的は夢を見ることで、そして、その夢の中であなたが夢見たすべてのことを創造することです。私たちは〈人生の夢〉を創造することを学んできました。

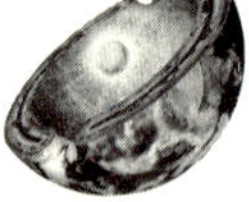

テロスでの生活⑩

私たちはただ社交的にしたり一緒に食事をするために時々集まります。私たちは肉を食べませんので、祝宴は数々の多様な野菜料理で満たされます。また私たちは踊って歌い、地底のホームにおいて素晴らしい祝祭を開きます。私たちは夜間ドアの鍵を閉めることはありません。鍵や錠といったシステム自体を持っておらず、人々がストリートをパトロールすることもありません。全人類がみな同じ根源からやってきていて、私たちはみな同胞であることを悟る時、セキュリティー装置の必要性はなくなり、あなた方のストリートも再び安全になるでしょう。

12. テロスにおける私たちの日々

あなたが何者であるのかに目覚める

人類に対する愛と希望という神の香りの新鮮な活力を運びながら、地表に夜明けの光が広がる早い時間に私たちは目を覚ましています。それは、まさにあなたが地球という世界に新たに誕生することを期待したように、夜明けの最初の光に目覚め、新しい日が始まるという期待でさえずる鳥たちの時間です――星々へ導かれる進化という、あなたがこれまで広げてきた道に立ち向かっていきながら、人類にとって希望と愛で満たされた新たな誕生を始めるために……。

テロスにおいて、私たちは自分たちの環境と生活の中に美を生み出し、心に抱くので、私たちの日々は瞑想《めいそう》と祈り、そして希望で始まります。私たちもまた進化の道を登っていくので、私たちが心に抱くものはすべて実現させます。その違いは、私たちの向上が〈高められた意識〉の中にあることです。というのは、私たちは、人生の螺旋《らせん》における自己の意識的な動きを自覚しているからです。私たちは意識的に進化しており、これがあなた方の文明との違いです。

光が地表を覆《おお》えば覆うほど、あなたは劇的に拡張し、母なる地球と意識的な調和状態にあることが分かるでしょう。地球という光の体の表面及び内部に存在するすべての生物を包み込もうと、地球は自らの意識をも拡張させるのです。

そうです。あなた方がすべて光であり、全生命が進化の様々な段階で光であるように、地球もすべて光なのです。

進化の準備ができていない存在たちが、注ぎ込んでいるエネルギーに抵抗しているように、地球レベルで混乱と無秩序を生み出しているのが、この霊的進化なのです。

光に抵抗すれば、代わりに心の中に苦痛と混乱が生じるのです。ですから、全生命が光と愛の〝神聖な水準〟に劇的に引き上げられるまで、この〈聖なる摂理《せつり》〉において、あなた方は自分に注がれる光に対して心を開いていて下さい。

テロスにいる私たちは、地上の同胞たちに対してただ愛を感じています。あなた方には、地表の不利なコンディションで生きるために犠牲と忍耐が必要とされることを理解しております。しかし、今のような状態が常に続くわけではありません。あなた方と全生命は劇的な変化の過程にあります。全生命は光――〈神の内なるハート〉からの純粋で、白く、金色の光――に向かって自己の周波数を変えているのです。あなた方の多くは忘れてしまっていますが、あなた方は既に光によってできているのです。あなた方の無数の生が集まってきており、あなた方は思い出しています。これが〝目覚め〟なのです。あなたが何者で、どこからやってきて、なぜここにいるのかを思い出させています。あなた方はヴィジョンと夢をもって高次元からやってきて、これまで分からなかった〈人生の夢〉、〈永遠の夢〉を、あなたは思い出そうとしています。思い出すには、ただ自分自身にフォーカスして、自分が〈完全と美〉の白く金色の光に包まれているのを理解して、それがあなたであると知ることとです。あなたは言葉にならないほど美しく、見た目以上に完璧《かんぺき》であると知って下さい。そして、この美と完全をあなたのヴィジョンにもたらし、自分自身が若く、背が高く、平和で、この上ない状態にあることを理解して下さい。なぜなら、この状態が、厳《おごそ》かな光の下での、あなたの本当の姿であるからです。テロスにおいて、私たちはあなた方の光を見ています。私たちは自己の光を見て、不死の見地を決して失いません。それが、不死の扉を開ける鍵《かぎ》となる私たちの見方で、そこで、私たちは永遠に住めるのです。ヴィジョンのこの扉を開けることとで、あなた方は不死の世界に歩み入り、そこで同胞である私たちとともに永遠に暮らすようになるでしょう。

ここテロスの私たちは、毎日曜日にはゆっくりと休み、リラックスして、皆社交的になります。トンネル網を長く歩いたり、ハイキングをします。ここは常に最高の天気なので、私たちはピクニックを楽しみ、野外で食べたりします。私たちの生活環境は理想的で、すべて恵まれている現状に感謝しています。互いに調和と統合のもとに存在している地球、星々、全惑星体系――人類が従うべき完璧な例――にも感謝しています。

私はここでおいとまします。夜明けの日差しがあなた方の空に広がるこの早朝に、私とコンタクトして頂いてありがとう。私は早起きで、このような早朝に私を呼んでくれるのは、お互いのコミュニケーションには最適です。私たちは心からあなた方すべてを愛しております。私たちは地底の隠されたホームから現れて、まもなく私たちの心はあなた方と溶け合うことになるでしょう。

テロスでの生活⑪

テロスは地上と違いはありません。私たちも日の光で目を覚まします。私たちは地上及び地下の天国から注がれる創造主の光と同じ日の光で目を覚ますのです。というのは、あなたが地球のどこにいようとも、光は本当に内部からやってくるのです。私たちのライフスタイルにおいて違いを生み出すのは、光が注がれる場所にある私たちの意識なのです。人類がますます光に対して目覚めるようになれば、私たちのライフスタイルにさらなる統合が見られるようになるでしょう。テロスにいる私たちは皆、地上からの訪問者を受け入れる準備はできています。

テロスでの生活⑫

あなた方は地上で生き残るべく自分たちのことに専念しているので、日々私たちはあなた方に愛を送っています。ただ、それは生き残るというレベルでのことではなく、楽しむというレベルでのことです。テロスではすべてが喜び・至福なので、私たちが行うすべてのことは、自分たちにとって楽しいことなのです。

Q．地表の私たち全家族は、皆が使うものすべてを同様に持とうとします。テロスにおいても同様ですか？

テロスにおいて、私たちは自分たちが所有するもののすべてを家族間で共有しています。私たちは非常に統合されたコミュニティーで、お互いに日用品を共有することに楽しみを見出《みいだ》します。これによって、私たちはより頻繁《ひんぱん》に会ったり、ともに過ごすことができます。地上であなた方が体験している家族の孤立は、テロスには存在しません。私たちは、自分たちが持っているものすべてを借りたり共有する、大きく拡張された一つの家族なのです。なぜなら、これが真に神への道――私たちそれぞれが実は神であることを知る――であるからです。そのため、どのような違いが現れようと、私たちは自分たちが接触するあらゆるものに対して、愛情を持ち、寛大になるよう努めています。地底にも、地中の芯部《しんぶ》にも、すべての人々に対して眩《まぶ》しく輝いている〈神の光〉があるのです。

そのため、それはお互いを観察する際に見透《みす》かす神の目であり、お互いを気遣《きづか》う際に体験する神のハートでもあります。なぜなら、それは私たちが万物に見出す〈神の光〉であり、私たちが認識する神のハートであるからです。これは私たちに大いなる自由をもたらしてくれます。またそれは無条件の愛を実践するための大きな広がりを私たちに与えてくれます――それがたくさんの人々を原点に戻すだろうことを知りながら……。

私たちがこの無条件の愛のレベルに達していたことは幸運であり、それを実践しながら多くの生を過ごしてきました。現在、私たちは不死を達成し、無限に生きることができます。私たちは自分たちのハートを完全にしてきており、継続的に無条件の愛を放射できます。これは私たち存在の状態で、それは思考や努力なしで自然にやってきます。

これは、長寿の数多い利点の一つです。私たちは完璧なものを利用し、利用するものから恩恵を得ます。私たちはさらに進化する利点を生かすために、人生で成し遂げることのすべてを結びつけます。それゆえに、不死を達成することが重要なのです。それから、あなた方には、自分たちの業績すべてを利用することに明らかな利点があるため、真に創造と祝福の人生を体験することができるのです。

あなた方は皆、このような人生を切望しているのを私たちは知っています。私たちはまもなくあなた方に道を示すために表に姿を現すことになるでしょう。私たちはあなた方をガイドし、祝福の道を示し、そこで、あなた方は再び何の障害もなく歩むことができるでしょう。私たちはあなた方の光の同胞で、あなた方をいとおしく思っています。

失われた地底の兄と地表人類との邂逅①

私たちの想念は光であり、この〈光の言葉〉が、すべての波動、次元、時間、空間を通して、原子より小さいレベルで私たちの内部から発せられる宇宙語なのです。この〈生きた光の言葉〉は、原子内部から銀河系間まで、すべてのものと深く交流し、あらゆる場所の全生命と繋がります。私たちは皆一つであることを思い出して下さい。

失われた地底の兄と地表人類との邂逅②

日々私たちはあなた方に愛と光をそれこそ分単位で送っていますので、あなた方は地上のことに専念しながらも、大きな暖かさと安らぎ、そして安全と平和を楽しく感じられます。一日を通じてあなた方の想念を私たちやクジラ目の動物たちに合わせて下さい。

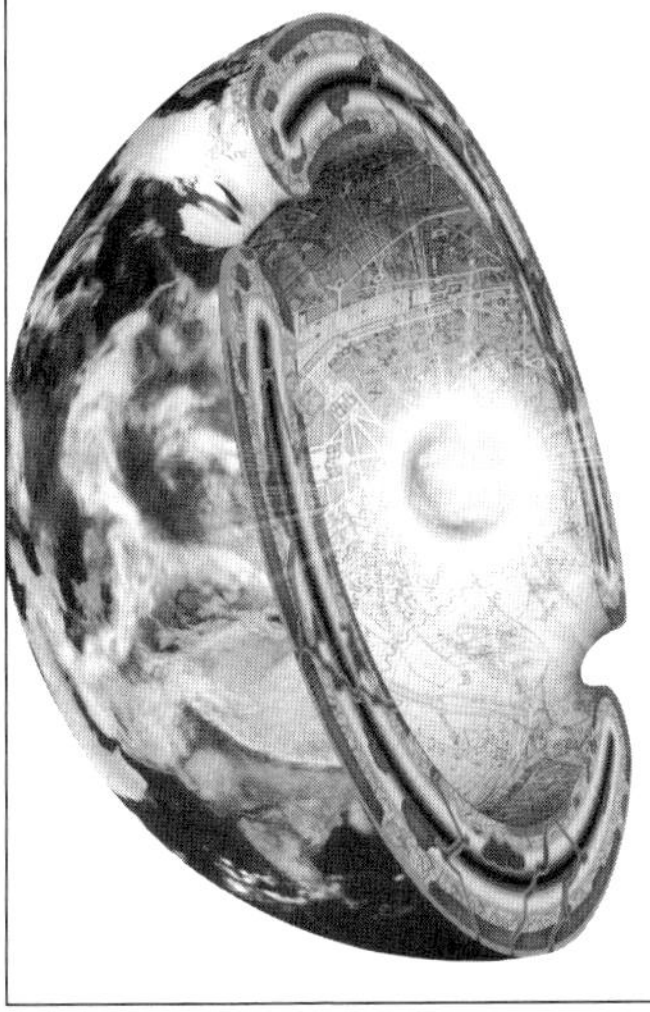

Q．テロスでは祝祭はたくさんありますか？

暖かく驚くほど美しいこの春の日に、私はあなたにご挨拶《あいさつ》致します。一年の中で、春は地球上の全生命に希望を与える季節です。春は、私たちの視覚と嗅覚を輝かしく高める素晴らしい時期です。花々や木々は冬の葉を落とし、とても気持ちの良い芳香と美の春のガウンをまといます。

テロスの私たちはまた、春を新しい生命が目覚める季節として祝い、さらに新しい夢を実現させ、新しい願望を満たす可能性も祝います。春は愛の前触れで、テロスにおいては、自分たちの愛を様々な方法でお互いにオープンに示す時期です。私たちはテロスにおいて常に祝い事を行っております。というのも、生命を継続的に祝い、お互いに愛を示すことも継続的に祝い、自分たちの魂の鏡となるために互いに賞賛し合うことが大切であると私たちは信じているからです。

私たちは心の中で愛で目を覚まし、日々互いに行う愛の奉仕に満足して、夜に寝付きます。地表のあなた方も、そのうちお互いに愛の感覚をオープンに示すことを学び、直接互いの目をじっと見詰め、その背後の魂を見て、相手の魂と自分の魂が一つであることを知ることになるでしょう。

私たちは無限の生涯の間に自分たちの夢を実現させます

私たちは地球で見つけた恵みに対して神に祈りを捧《ささ》げて、早めに夕食を始めます。宇宙の法則を利用する方法さえ知っていれば、私たちの地球は、地下及び地上から無限なる恵みを与えてくれる偉大な提供者です。

私たちのホームでの生活は、数多くのシンプルかつ多様な点で、あなた方の生活と似ています。私たちはいつも食事の際に感謝し、常に栄養豊かで生命力のある食べ物を食べます。食後には社交的になるのを好み、時々自分たちの家に帰る夕暮れ時まで、歌を歌ったり、ともにダンスをします。私たちは早く寝て、日の出とともに起床するところがあります。私たちの関心事は異なりますので、それぞれスケジュールも多様です。私たちは自分たちの関心とニーズに応じてスケジュールを選びます。私たちは仕事に対しては非常に責任感があり、自分たちのライフスタイルに合わせるように自分たちのスケジュールを調整します。私たちは起きている時間帯に自己の夢を創造し、その夢を現実のものにして、生きている間にその夢が実現するのを見守りますので、私たちのライフスタイルは自己への挑戦と言えます。私たちの寿命は長いので、これは簡単にできます。また、無限の生涯において、たくさんの夢を実現させることができます。

私たちはより神へと近づくように絶えず進化してきましたので、生まれつき発明の才があり、生命の実験を行います。神へと向かう進化を進めるほど、生命の実験をさらに行うようになるのです。そして、私たちが実験・進化するにつれて、それが終わりなき人生経験において実現する可能性がさらに高まります。経験は成長を導き、成長は進化を導きます。そのため、地下で進化を続けている私たちの人生はチャレンジに満ちています。幸い私たちは安全と平和の下に進化することができ、まもなくこの二つの要素が地上でも広がるでしょう。そして、あなた方もまた進化において大きく飛躍し始めるでしょう。

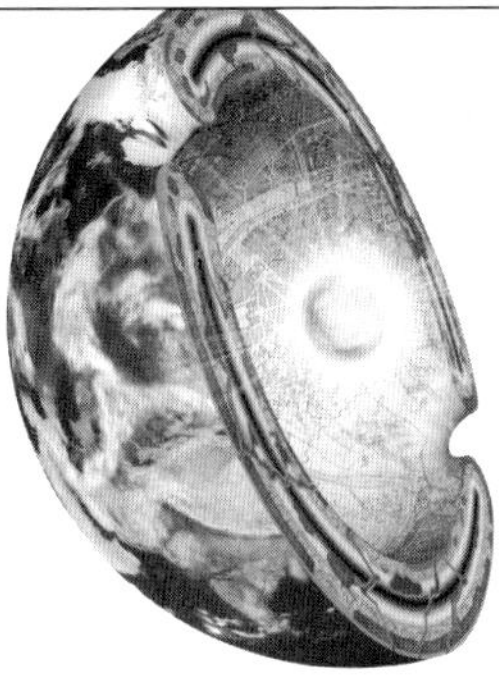

失われた地底の兄と地表人類との邂逅③

そのうち、あなた方が私たちのいるテロスを訪問するようになることを楽しみにしており、私たちもまた地表に出られるようになることを楽しみにしています。私たちはその時を待っています。再び私たちの同胞たちと出会えるようになるその時を祈っております。テロスにおいては、私たちはあらゆる多様性の中に光を見出し、その光のエネルギーをアストラル体での旅に利用していることを知っておいて下さい。

失われた地底の兄と地表人類との邂逅④

テロスの私たちは、エネルギーが高まるこの時期を辛抱強く待ってきました。なぜなら、あなた方の側が、このように意識を上昇させると、私たちが地表に姿を現せるようになるからです。ここには〈聖なるタイミング〉が関わっており、いわば、〈聖なる時間枠〉があります。その時に、地底で守られてきた私たちが表に出られるようになります。

私たちは皆夢を持ち、創造します

テロスにおいて私たちは、自分たちの太陽の光と水を利用してすべての食べ物を育てています。私たちの水は輝くほど透明で、本来の純粋さを保ち、クリーンです。私たちの太陽の光は、植物と私たちの体の双方を成長させ、栄養を与える全スペクトルからなる光です。

私たちはみな健康的で力強く、自分たちの環境を大切にしながら一生懸命働きます。しかし、私たちの言う「働く（仕事）」の意味は、あなた方の定義とは異なります。というのも、私たちの仕事には、日々のプロジェクトを実行するにあたり、喜びとスキルの両方が含まれるからです。日々の決まりきった仕事を終えるにはある程度の時間を確保して、残りの時間は自分たちの趣味や創造的な活動を楽しむのに利用します。

私たちは生命活動にバランスをとることが大切と信じていますので、創造性はテロスにおいて大きな役割を持ち、肉体労働と同格です。私たちはみな大きな喜びをもって行うことに参加したり、あらゆるチャンスを求めて自分たちに可能なことすべてを追求することで、自分たちの創造性を保つことを重要視しています。長い寿命を通じて、私たちがこれまで望んできたことはほとんどすべて創造できることを、私たちはみな示してきました。私たちはみな自分たちの才能を、多くの異なる多様な分野で現しています。私たちはテロスのすべての人々の利益と繁栄のために、自分たちの才能、創造性、特別なスキルのすべてを利用します。

私たちの人生はとても喜びに溢《あふ》れています！　私たちは自分たちのコミュニティーの中で野外活動に

失われた地底の兄と地表人類との邂逅⑤

私たちは、完全に地表に現れる計画を実行に移す、銀河司令部からの指令を待っています。物質的な３次元形態で私たちが地表に姿を現し、あなた方と出会う時には、このような形で、私たちは完全に守られることでしょう。

失われた地底の兄と地表人類との邂逅⑥

あなた方の想念は私たちのエネルギーフィールドに入り込み、私たちの波長と反響します。そこで、私たちはあなた方の存在を感じ、そして、レセプター(受信機)を使用して、あなた方が発した想念を捕えるためにチャンネルを合わせるのです。太古から、私たちは地表からテレパシーによるメッセージ受信を訓練してきていますので、これはとても得意としていることです。あなた方が私たちを訪問したい際はいつでも、夜寝る前に私たちに呼びかけてくれれば、私たちはあなた方を歓迎するでしょう。私たちは呼びかけてくる人を皆、歓迎致します。

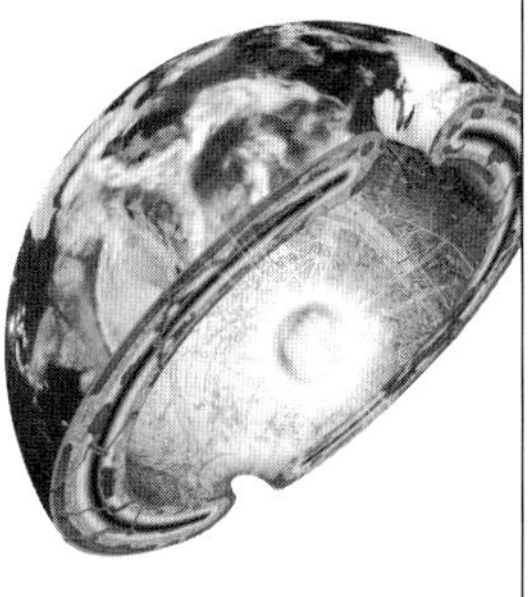

多くの時間を割《さ》きます。お互いに社交的になり、助け合うことで多くの時間を過ごすのです。若者の才能とスキルを伸ばすために彼らのところに訪問し、訓練を行うことにも多くの時間を使います。私たちは、生命を与える果実を収穫するために、互いに十分かつ簡易にブレンドされた、組織的に統一されたグループです。そして、人生はたくさんのことをもたらします。人生は、あなた方が夢見ることのすべてを与えます。あなたが求めることのほぼすべてを人生は与えてくれるのです。

人生の目的は夢を見ることで、そして、その夢の中であなたが夢見たすべてのことを創造することです。ええ、これは私たちが行うよう学んできたことです。私たちは〈人生の夢〉を創造することを学んできました。なぜなら、私たちは自己の思考を純粋に保ち、創造主と調和を維持してきたからです。そのため、私たちは夢見るすべてのことを創造し、創造するすべてのことを誇りに思っています。すべての生命は神聖であり、すべての生命活動も神聖であるからです。私たちが意識することのすべてを、私たちは成し遂げます。私たちの成功の鍵は、生命に対する愛と、思考の純潔さにあります。

地表の状況はテロスでの環境とは対照的であることは理解しております。しかし、あなた方が地表で感じる密度を超えて生活することは可能なことです。あなた方が星々に意識をフォーカスさせ続けることで、不調和や無秩序を飛び越え、心を創造主のメロディーに調和させることができます。

テロスにいる私たちは皆、地表からの訪問者を受け入れる準備はできています。私たちは、ここに来ることを選択した人々全員に対して、扉を開放できるようになる時が来るのを祈っています。というのも、実のところ私たちは皆、地層によって隔離されてきた同胞だからです。ですから、あなた方が退屈している時はいつでもテロスの同胞たちにただフォーカスして、私たちからあなた方の力を引き出してみて下さい。まもなく私たちはあなた方を先導し、可能なことすべてをあなた方に示して、地上であなた方と一緒に働くことになるからです。

失われた地底の兄と地表人類との邂逅⑦

テロス訪問に興味があるようでしたら、寝る前にただ私を呼んで、テロスへの訪問をリクエストして下さい。私はあなたを受け入れるでしょう。あなた方は皆テレパシー能力を備えた存在です。私たちはあなた方の同胞で、カリフォルニアのシャスタ山の下にある地底都市テロスから直接コンタクトしています。

失われた地底の兄と地表人類との邂逅⑧

あなた方が私たちの想念体系に注意を払ってくれていることを捉え、私たちの反応をあなた方に送り返すことを願いながら、私たちはあなた方全員と歩調を合わせているのです。あなた方が日々の決まりきった仕事を行なっている時であっても、常に私たちに注意を払って下さい。というのも、すべての生命は繋がっていて、周囲で振動している他のすべての生命に対して注意を払っているからです。

Q．あなた方の家のドアには鍵がありますか？　どのように祝日を祝いますか？

私たちもまた友人たちと祝日を祝います。自分たちの家に集まって、祝宴をして、地上及び地下での恵みに対して神に感謝を捧げます。

私たちはただ社交的にしたり一緒に食事をするために時々集まります。私たちは肉を食べませんので、祝宴では数々の多様な野菜料理で満たされます。また私たちは踊って歌い、地底のホームにおいて素晴らしい祝祭を開きます。私たちはとても社交的で、常に人生の楽しみを皆と一緒に共有したいと思っています。というのは、喜びが、私たちが知っていることのすべてであり、私たちが自己の人生に認めることのすべてであるからです。私たちの集合意識には、単に喜び以外のものはありません。

私たちは夜間ドアに鍵をかけることはありません。鍵や錠といったシステム自体を持っておらず、人々がストリートをパトロールすることもありません。私たちは皆、〈神の子〉としてお互いを理解していますので、本当にテロスではとても安全なのです。ですから、あなた方が地上で必要としているようなセキュリティー装置やシステムを私たちは必要としないのです。全人類が皆、同じ根源からやってきていて、私たちは皆同胞であることを悟る時、セキュリティー装置の必要性はなくなり、あなた方のストリートも再び安全になるでしょう。その時が来るまで、地上にはテロスには存在しない危険があるので、安全を保つようにして下さい。

自宅で瞑想をして、あなたの体に光が注ぎ込むことにフォーカスしながら時を過ごして下さい。あなた方は皆、永遠の中でわずか一瞬を地上に留《とど》まる、人生を通じた旅における〈光の存在〉です。まもなく、私たちは知っていることのすべてをあなた方に教え助けながら、地上であなた方と一緒になるでしょう。

安全装置のあるなしにかかわらず、あなた方が認識しているかしていないかにかかわらず、あなた方は神の御手において皆安全です。というのも、実のところ、あなたにはまったく何も起こり得ないのです。あなたの魂は不滅で、あなたは人生を通じた永遠の旅の途中にいるからです。ですから、自己の不死に安心して、心の中を平和にして下さい。私はあなた方を愛しております。

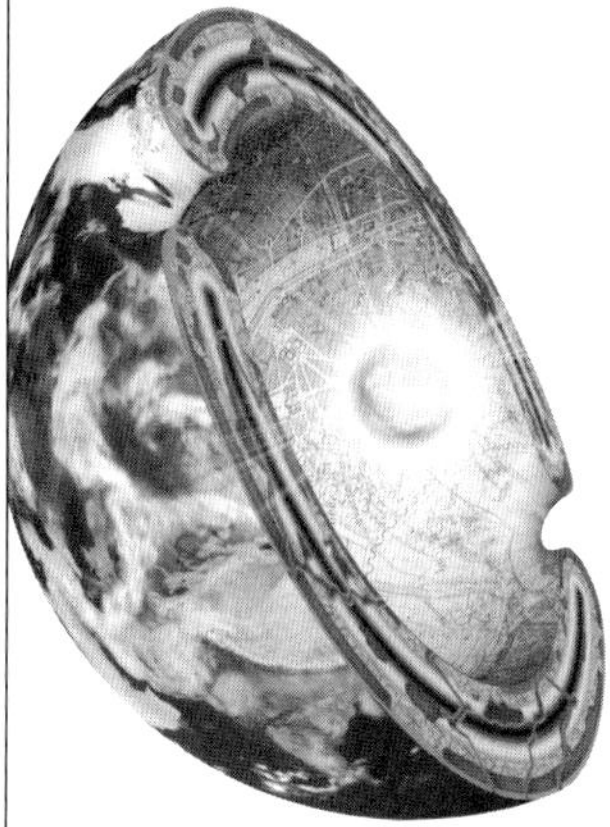

テロスの政治・経済システム①

テロスは、12人のアセンディッド・マスターで構成されるカウンシル(評議会)によって統治されています。カウンシルは、完成を意味する神秘的な数字12に基づいて機能し、住人たちのニーズに応じて定期的にカウンシルを開きます。時折、緊急事態に対応するために特別な会合が持たれることもあります。私たちは皆、交替で自分たちの政府に積極的に参加します。この体験により、皆リーダーシップの手腕を高めることができるのです。

テロスの政治・経済システム②

私たちは、宇宙の法則に則った“契約(仕事)”だけを求めます。他人を犠牲にして得られる利益はまったくありません。というのも、私たちはみな“他人”であり、他者を守ることによって、私たち自身を守っているからです。

Q．私はいつかテロスで暮らせるようになるでしょうか？

今テロスは早朝で、光が優しく注ぎ込まれていることを理解して下さい。地上のあなた方が日の光で目を覚ますように、私たちも日の光で目を覚まします。私たちは地上及び地下の天国から注がれる創造主の光と同じ日の光で目を覚ますのです。というのは、あなたが地球のどこにいようとも、光は本当に内部からやってくるのです。光は創造主の偉大なる力であり、この偉大なる光の力を生み出す創造主と私たちは調和しています。

テロスは地上と違いはありません。私たちのところの光はあなた方の光ほど明るくないですが、ただおそらく私たちの心は〈全創造の根源〉に対して開かれており、私たちはこの根源をあなた方よりももっと意識的に認識しているでしょう。そのため、言わば私たちのライフスタイルにおいて違いを生み出すのは、光が注がれる場所にある私たちの意識なのです。しかし、私たちは今ゆっくりと表に現れており、地上の私たち全員のために、創造主の完全なる意識と創造主の目的を表に示しておりますので、人類がますます光に対して目覚めるようになれば、私たちのライフスタイルにさらなる統合が見られるようになるでしょう。

私たちの二つの偉大なる文明が融合する時が近づいています。そこで、私たちのニーズを生み出し満たすのに必要な組織形態をまとめ、実体を与えながら、すべてのテクノロジーが一つの平和的な生命のテクノロジーとなるのです。それで、私たちがもっと地上で暮らすようになると同時に、あなた方の何人かが私たちと地底で暮らせるようになる時期を楽しみにしています。私たちはこのような交流を歓迎します！　私たちは近くそのような時がやってくることを祈っております。夜間あなたが寝ている時、テロス訪問に興味があるようでしたら、寝る前にただ私を呼んで、テロスへの訪問をリクエストして下さい。私はあなたを受け入れるでしょう。あなた方は皆テレパシー能力を備えた存在です。あなた方が自己の意識を私に集中させて呼んで頂ければ、私はあなたの声を聞くことができます。私たちのチャンネルはまさにこれをその意識に確実に統合させていると理解して下さい。では、これで私たちはおいとま致します——テロスの私たち全員からの祝福をもって。

テロスの政治・経済システム③

地底都市や空洞地球においては、税金制度はありません。私たちはタックスフリー(無税)で、必要とするすべてのものは寛大にも母なる地球自身から与えられています。私たちの母の庭園からとれるフルーツや、母の農地からとれる穀物は、母なる地球が寛大にも私たちにもたらしているものですので、それらに対して税金を支払わねばならないことは、私たちからすると馬鹿げています。豊富な宇宙の食料庫から供給される食糧に課税して、人々との共有を否定する背後にある理由には疑問を感じます。

テロスの政治・経済システム④

ここテロスにおいては、すべての食料と日用品は無料で、自由に与えられたり、物々交換されます。このように、生活に必要なものすべてを誰もが持っていて(必需品はすべて満たされている)、その結果、自己の創造性を高めて生きる自由な時間を持つことができます。私たちはお金や税金について考えることはありませんので、私たちの思考は自由に宇宙を駆け巡ります。

13. 私たちの統治システム

Q．テロスはどのように統治されているのですか？

テロスは、12人のアセンディッド・マスターで構成されるカウンシルによって統治されていることをご理解下さい。これは神秘的な数字です。12は完成を意味する数です。私たちのカウンシルはすべてこの数字に基づいて機能しています。私たちは住人たちのニーズに応じて定期的にカウンシルを開きます。地上のあなた方と同様に、時折、緊急事態に対応するために特別な会合が持たれることもあります。私たちは皆、交替で自分たちの政府に積極的に参加します。この体験により、皆リーダーシップの手腕を高めることができるのです。

私たちのカウンシルには、長い生涯の間に蓄積した知恵によって、最も複雑な問題でさえも解決する並外れた能力があります。地上のあなた方もまた、より長く人生を過ごすことで知恵を蓄積させていくことになるでしょう。

あなた方の税制は不正です

ご存知《ぞんじ》のように、地底都市や空洞地球においては、税金制度はありません。私たちはタックスフリー（無税）で、私たちが必要とするすべてのものは寛大にも母なる地球自身から与えられています。私たちの母の庭園からとれるフルーツや、母の農地からとれる穀物は、母なる地球が寛大にも私たちにもたらしているものですので、それらに対して税金を支払わねばならないことは、私たちからすると馬鹿げています。豊富な宇宙の食料庫から供給される食糧に課税して、人々との共有を否定する背後にある理由には疑問を感じます。

ここテロスにおいては、すべての食料と日用品は無料で、自由に与えられたり、物々交換されます。このように、生活に必要なものすべてを誰もが持っていて（必需品はすべて満たされている）、その結果、自己の創造性を高めて生きる自由な時間を持つことができます。私たちはお金や税金について考えることはありませんので、私たちの思考は自由に宇宙を駆け巡ります。

テロスにおいて私たちは、宇宙の法則と完全に合わせて仕事に精を出しています。地上におけるあなた方の税制は不正なものですので、私たちはそれを採用することはないことを理解して下さい。私たちは何かに対して人々に税金を課すことはまったくありません。私たちの法と規則は創造主から直接得られるもので、私たちが応じるべき相手は創造主なのです。それを邪魔する〝仲介者〟は誰もいません。私たち仕事に関する問題はすべてカウンシルに提出して、そこで私たちは宇宙の法則に則《のっと》り、個々に問題を解決します。このように、唯一正義が規定され、唯一正義に帰着します。私たちは自分たちの仕事上の関

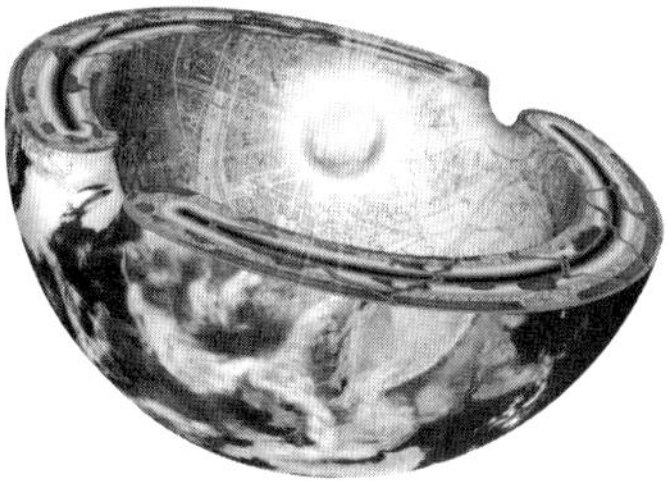

テロスの政治・経済システム⑤

私たちの法と規則は創造主から直接得られるもので、私たちが応じるべき相手は創造主なのです。それを邪魔する“仲介者”は誰もいません。仕事に関する問題はすべてカウンシルに提出して、そこで私たちは宇宙の法則に則り、個々に問題を解決します。このように、唯一正義が規定され、唯一正義に帰着します。

テロスの政治・経済システム⑥

私たちは地上の状況には憂鬱になります。あなた方は法外な高利子を課せられる腐敗したシステムの奴隷となっています。あなた方は気が付かないうちに自分の力を無駄にしてしまっており、実際には負っていない負債を返済するために長時間働いています。

係には細心の注意を払っており、宇宙の法則に則った〝契約（仕事）〟だけを求めます。他人を犠牲にして得られる利益はまったくありません。というのも、私たちはみな〝他人〟であり、他者を守ることによって、私たち自身を守っているからです。

私たちは地上の状況には憂鬱《ゆううつ》になります。あなた方は法外な高利子を課せられる腐敗したシステムの奴隷《どれい》となっています。あなた方は気が付かないうちに自分の力を無駄にしてしまっており、実際には負っていない負債を返済するために長時間働いています。私たちは民主主義を重要視しており、正義によって支持されたシステムにおいて、全人類が平和で豊かに暮らす権利があるものと信じます。

私たちは所得税を支払う必要はありません

あなた方には所得税から解放されたいという欲求と独立心があることを私たちは認識しております。テロスにいる私たちは税金を支払わないばかりか、そのようなことをまったく考えたこともありません。私たちは自由人で、一人ひとりが平等に自分たちの経済に責任を持っています。私たちが必要としたり、利用するすべてのものは、バーター（物々交換）制を通じて交換されます。この制度は〃平等な交換〃として機能するので、私たちが必要とするすべてのものを自由に得たり交換したりできます。これは私たちの交換制度に大いに幅と自由度をもたらし、〃楽しみ〃を交換することになります。何かを奪う者は誰もおらず、私たちから奪える物も何もありません。

私たちは他の何にもまして自己の自由を尊重します。私たちの社会で課税制度は決して認められません。というのは、生命、自由、幸福の追求といった、掛け替えのない権利を私たちから奪ってしまうからです。分かりますか？　地上のあなた方は自分たちの政府に騙《だま》されて納税の義務があると信じてしまっているのです。これほど真実とかけ離れた話はありません。なぜなら、実のところあなた方は、税金によって重荷を負わないように自分たちで政府を作ったからです。あなた方は皆自由なのですが、それを知らないだけなのです。

テロスにおいては、すべてのものは平等の価値を持ち、ある範囲内でものに〃値を付ける〃ので、それらは様々なものと交換可能です。内部のものはすべて私たちによって作られ、必要な時にハイテク装置だけは〃輸入〃しますが、使用したらそれは返却します。地上であなた方は習慣にしていますが、私

テロスの政治・経済システム⑦

私たちが必要としたり、利用するすべてのものは、バーター（物々交換）制を通じて交換されます。この制度は“平等な交換”として機能するので、私たちが必要とするすべてのものを自由に得たり交換したりできます。

テロスの政治・経済システム⑧

私たちの社会で課税制度は決して認められません。というのは、生命、自由、幸福の追求といった、掛け替えのない権利を私たちから奪ってしまうからです。分かりますか？　地上のあなた方は自分たちの政府に騙されて納税の義務があると信じてしまっているのです。これほど真実とかけ離れた話はありません。なぜなら、実のところあなた方は、税金によって重荷を負わないように自分たちで政府を作ったからです。

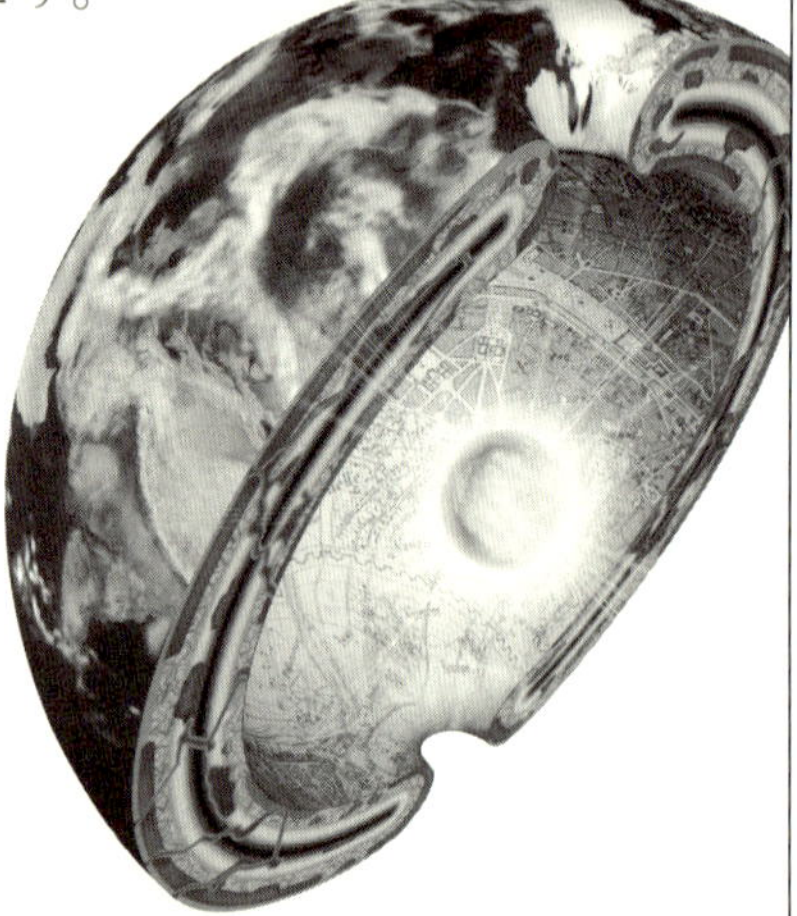

たちには利用するものすべてを所有する必要はありません。私たちは工場生産制やベルトコンベヤーでの長時間労働を〝排除〟して、必要とするものは共有するのです。私たちが必要とするすべてのことが、半分の労働時間で可能なので、私たちの生活は楽なのです。

テロスの政治・経済システム⑨

テロスにおいては、すべてのものは平等の価値を持ち、ある範囲内でものに“値をつける”ので、それらは様々なものと交換可能です。内部のものはすべて私たちによって作られ、必要な時にハイテク装置だけは“輸入”しますが、使用したらそれは返却します。

テロスの政治・経済システム⑩

私たちには利用するものすべてを所有する必要はありません。私たちは工場生産制やベルトコンベヤーでの長時間労働を“排除”して、必要とするものは共有するのです。私たちが必要とするすべてのことが、半分の労働時間で可能なので、私たちの生活は楽なのです。

14. 建造物とテクノロジー

私たちの家は丸い

私たちはあなた方の同胞で、カリフォルニアのシャスタ山の下にある地底都市テロスから直接コンタクトしています。今頃はもうあなた方は皆私たちの所在に気付いていて、私たちは地上のあなた方に向けて想念を送っています。あなた方は地上で生き残るべく自分たちのことに専念しているので、日々私たちはあなた方に愛を送っています。テロスの私たちも日々自分たちのことをやっています。ただ、それは生き残るというレベルでのことではなく、楽しむというレベルでのことです。テロスではすべてが喜び・至福なので、私たちが行うすべてのことは、自分たちにとって楽しいことなのです。

私たちの家はあなた方のものと似ていますが、ある種の水晶のような、光を発する（透明な）石でできていて円形で、内部からは全角度・方向が見渡せます。しかし、外部の者たちが内部を覗《のぞ》き見ることを遮断する物質でできているため、私たちのプライバシーは常に保たれています。これはテロスの私たちにとって最も重要なことです。というのも、地上のあなた方同様に、私たちもプライバシーのある個人だからです。私たちはプライベートを重視しますが、パーティーのためにグループで集まって社交的になったり、地上のあなた方が行うように、互いの家を訪問して、気楽に時を過ごすことが好きです。

日々私たちはあなた方に愛と光をそれこそ分単位で送っていますので、あなた方は地上のことに専念しながらも、大きな暖かさと安らぎ、そして安全と平和を楽しく感じられます。1日を通じてあなた方の想念を私たちやクジラ目の動物たちに合わせて下さい。あなた方が私たちの想念体系に注意を払ってくれていることを捉《とら》え、私たちの反応をあなた方に送り返すことを願いながら、私たちはあなた方全員と歩調を合わせているのです。それで、あなた方が日々の決まりきった仕事を行っている時であっても、常に私たちに注意を払って下さい。というのも、すべての生命は繋《つな》がっていて、周囲で振動している他のすべての生命に対して注意を払っているからです。

現在、地上のあなた方の多くは、シャルーラが既に体験したように、いつアダマと地底人たちが地上に現れて、あなた方と合流するのだろうかと待ち望んでいます。ええ、私たちもそれがいつになるのかと待ち続けています。

地球の集合意識は非常に短期間で大きく飛躍しましたが、まだ私たちが安全に表に出られるほど十分に高まっていません。それで、魂の中に秘められた宇宙の謎や私たちに対して心を開いてもらえるように、私たちは大きな愛の努力で全人類に手を差し伸べているのです。これは偉大なる目覚めです。それは、存在する全生命の謎や、私たち全員が内部に抱え持っている偉大なる謎に対する目覚めです。私たちは皆〈神の光〉と〈神の愛〉に満たされた不思議な存在です。ただ栓《せん》が抜かれる準備が整うのを待ち続けている状態です――それが私たちの意識の表面にばら撒《ま》かれ、そこで最終的に、私たち全員にとって驚異的な潜在能力を自ら獲得できるのです。

私たちはあなた方を愛しており、そのうちあなた方と合流できることを待っています。その時まで、どうぞ私たちのことを考えて頂き、直接届きますので、大地を通してあなた方の想念を私たちに向けて送ってみて下さい。

テロスのテクノロジー①

私アダマは、望む場所のどこにでもアストラル・プロジェクションすることができます。また私には、どんな時空間にいる人とも通信することが可能です。これらはすべて、テロスにいる誰もができることです。

テロスのテクノロジー②

実際のところ、地下は極めて明るく照らされているのです！　トンネルの通路でさえ、私たちの水晶光テクノロジーによってほのかに光っています。地下にいても、私たちは宇宙で起こっていることのすべてを知っています。私たちは、あなた方が利用するインターネットに似たコンピューター網を通じて、銀河のすべての星系と繋がっています。私たちの銀河内の全太陽系と繋がった星系ネットワークがあるのです。

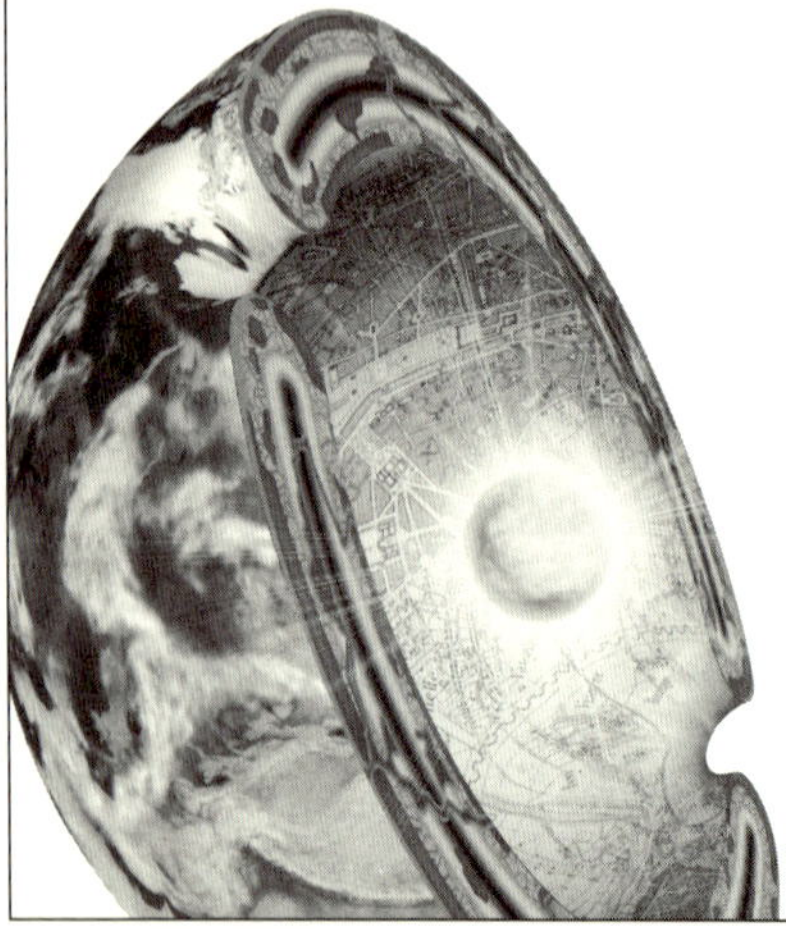

私たちは地球内部を進むために水晶を利用します

テロスにおいて私たちは日々お互いに調和しようと努力していることを理解して下さい。私たちは地上のあなた方よりももっと自分たちの想念と感覚を自覚しているので、これを行うことは簡単なことです。

私たちはあなた方が風防ガラスと呼んでいるものを持っています。私たちの大気は、常に神と地球に調和した想念の光によって守られています。私たちの想念は自分たちの周囲の防御層――その要素を調整する――に投影し、気候を完全な状態にします。私たちは地球内部に広がる道を進むために水晶を利用します。私たちは自分たちが必要とするすべてのことに対して水晶を利用するのです。水晶は私たちに方向性を与え、誘導してくれます。そして、私たちが必要とするものすべてに調和をもたらします。空は私たちの水晶と想念の投影によって輝いています。ここには雲や雨はありません。ここには、私たちが必要とするピュアでクリーンな水が豊富にあり、この地球の豊かさに対して私たちは日々感謝しています。私たちは自分たちが持っているものすべてに対して愛と感謝をもって、日々生活を送っております。

地上のあなた方は、地球環境の破壊と自分たちの想念の汚染によって急激な気温の変化や旱魃《かんばつ》、強風などに悩まされています。しかし、この状態は長く続くことはなく、やってきているエネルギーがまもなくこのすべてを反転させて、あなた方が感じるに値する愛と光を体験し始めるようになるでしょう。あなた方が、光へ向かって現れ出るディバインセルフ（聖性）をもう一度感じると、すべてに調和がもたらされるようになります。この変化は急速なペースで進んでおり、あなた方を皆5次元へ導くクライマックスが起こりつつあります。

テロスの私たちはあなた方を観察し、待ち、そしてあなた方に無限なる愛の想念を送っています。それでは、創造主の光の下で、私たちはこれでおいとま致します。

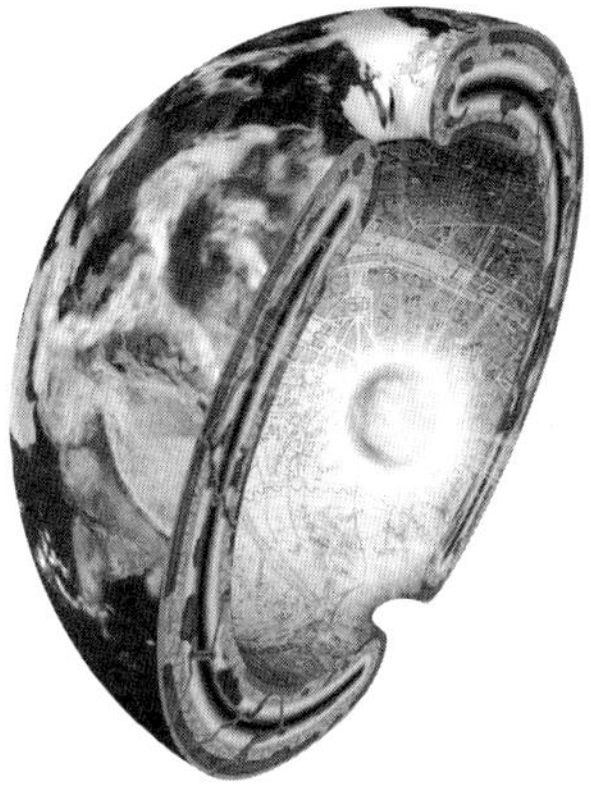

テロスのテクノロジー③

私たちのコンピューターはアカシックレコードに通じており、全生涯にわたるすべての関連情報が登録されたコンピューターを利用して、それらを読み出し可能なデータに変換することができます。そのため、自分たちのすべての過去世も分かります。

テロスのテクノロジー④

私たちの想念は、自らを遠い場所へと導きます。想念は、矛先を向けたどこにでも私たちを連れていってくれます。私たちはこのアストラル・プロジェクションという方法を学んできて、日々訓練しています。私たちはすべてのテクノロジーを保存してきました。あなた方の地球を再びクリーンにして、純粋で美しい状態に戻すすべてのテクノロジーを保存しています。

Q．あなた方の水はどこから来ているのですか？

広大なる大西洋は内海からあなた方の土地へ生命力を運んでいます。その力を吸い込むことで、あなた方は自分たちの体と地球にエネルギーをもたらします。これは偉大なる生命の力であり、その波は絶えずあなた方の海岸に打ち寄せています。

テロスにおいて私たちは、インナーアースの海からもたらされる、これと同じエネルギー――地球を通して流れ、地底の小河、湖、洞窟《どうくつ》へと注がれる――を利用しています。私たちはこのエネルギーを利用して、機械を動かし、地底の環境を作り出します。私たちのテクノロジーのすべては、汚染や廃棄物を生み出すことなく、自然に機能しています。そのため、私たちの空気はいつも完璧《かんぺき》に澄んでいて、呼吸するにもクリーンです。地上のあなた方が家庭で利用するような空気清浄機は利用しません。いくらか空気を供給するために、かつては地表との間に開口部がありましたが、入ってくる空気が次第に汚染されてきたため、私たちはそのシステムを閉鎖しました。現在、私たちは地表との開口部に依存することなく、自分たちでクリーンな空気を生み出しています。

私たちはインナーアースへと旅して、海と山を楽しみます。トンネルを通って1時間という、私たちにとっては短い旅です。インナーアースは、多くの異なった存在が集まったフリーゾーンの領域です。そこは贅沢《ぜいたく》かつ平和的で、私の好きなバケーション地の一つです。アダマは、地球の繁栄をテーマにしたグレート・カウンシル（大評議会）の会合に参加する仕事で、たびたびそこを訪問しています。

私たちは地底湖から好きなだけ多量の水を貯蔵していて、その水はどんな場所へでも送れます。テロスではあらゆる場所に湖を作れます。淡水が流れる滝を持った小さな湖や池が点在して、風景に変化をつけています。滝が空気の循環を保つのです。

私たちはダムは作らないことも知っておいて下さい。私たちは自然に流れ込む水を利用しており、必要に応じて流水量をコントロールできる制御メカニズムがあります。その規模は、地域とそこでの利用状況によって変わります。

テロスのテクノロジー⑤

この惑星のスピリチュアルグリッド内で起きている急速な変化について、テロスの私たちは大きな喜びをもって認識しています。また、人類の意識の中で生成中の驚くべき目覚めも認識しています。

テロスのテクノロジー⑥

テロスの私たちは、アミノ酸コンピューターでこの素晴らしい進展の全貌を見られるだけでなく、日々それをグラフ化するのに必要なテクノロジーを持っています。地表のどの地域でも、日々人類によってなされる進展を私たちはチャート化できます。

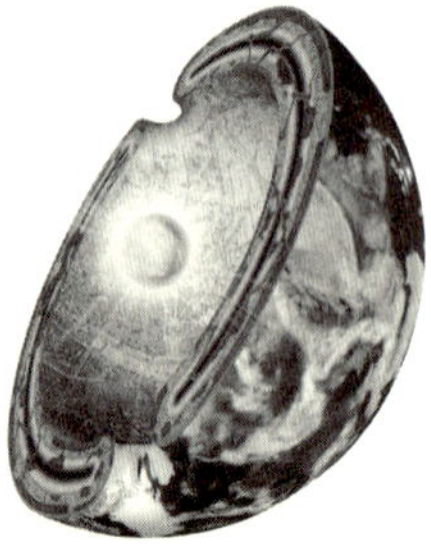

Q．あなた方はどのようなテクノロジーを持っていますか？

テロスはそれほどあなた方と違わないことを理解して下さい。私たちは地表から1マイル程度（約1・6㎞）下にいるだけです。地球は巨大な導体で、あなた方が私たちと繋がりたいと思えば、いつでもあなた方のテレパシックな想念は地層を通して私たちのところまで簡単に届きます。

地表での不安定な気象パターンに注意して下さい。ある日は明るく快晴で、次の日には寒さと風で荒れ狂うように……。このような不安定な変化は、生命のより高い次元へと地球がシフトしているために起こっています。地球がシフトすれば、揺れ（地震）が起こり、その揺れが、地上であなた方が感じるものです。地底都市にいる私たちは、地底環境の工学的構造ゆえに、そのような不安定なシフトや揺れを感じることはありません。私たちのホームや都市は、地球の意識向上に従って生じる、地球の動きに耐え得るように建設されています。私たちのテクノロジーは、地上でのテクノロジーと比較すると非常に進んでおり、私たちは自分たちのホームやビルを地球の磁気グリッドに完璧に合わせる特別な装置を持っています。それにより、私たちの基盤が安定化して、地震を安全なものとしています。そうでなければ、私たちの都市は数百年も前に崩壊してしまっていたでしょう。

私たちが自分たちの都市から出て地表に現れる時、あなた方もまたこの地球を救うテクノロジーを手に入れることになるでしょう。フォトンベルトへの進入準備に向けて人々が集まっている地表で、私たちは自分たちのすべてのテクノロジーを利用して、すべての構造物を安定化させるよう努力致します。これは、あなた方の水の供給源を濾過《ろか》してクリーンにできるよう、地底で私たちが水の供給源に利用している導水管とか、数多くの他のテクノロジーとともに、私たちによる下からの贈り物となるでしょう。私たちの本来のクリーンな水は空洞地球内にある海からやってきており、そこで新鮮でクリーンな水が豊富に供給されるのです。私たちはこの水源を開発し、テロスや他の地底都市で必要なだけそれを利用します。内部でも外部でも、地球で暮らすすべての人々のために、地球内部にはクリーンな水があるのです。

私たちはまた、外の海を浄化して外の大気汚染をクリーンにするテクノロジーを持っています。私たちが表に現れる時には、自分たちが持つすべてのテクノロジーを提供するでしょう。すべてが失われることはありません。地球は守られ、再びすべての生命が生きられるようになるでしょう。ただ、私が話しているその時期には、すべての生命が、より高い光の次元で、さらに高い意識の状態で暮らしているでしょう。

私たちがあなた方のもとへ現れる際、そのようなテクノロジーは下からの贈り物の一部となるでしょう。私たちはあなた方に与え、見せたいものがたくさんありますが、それを始めるに際して、私たちもまた表に現れ出ることに不安になっています。これまでのところ、地上には私たちのうちわずか2、3人がいますが、あなた方の集合意識が変化すれば、さらに多くの者たちが地上に現れ出て、あなた方とともにやっていくことになるでしょう。そして、時が来たら、私たちも地上であなた方とともに暮らすようになるでしょう。その時まで、私たちはあなた方の地上の状況を監視し続け、表に出ている他のすべての者たちから報告を受け続けるでしょう。

ですから、たとえ私たちがまだ地底にいるとしても、テロスの私たちに呼びかけて下さい。今、愛のコネクションを作りましょう。そうすれば、私たちが地上であなた方と一緒になる時には、親密になれて、私たちのハートは一つに繋がるでしょう。

テロスのテクノロジー⑦

私たちのテクノロジーは、地上と比較すると非常に進んでおり、自分たちのホームやビルを地球の磁気グリッドに完璧に合わせる特別な装置を持っています。それにより、私たちの基盤が安定化して、地震を安全なものとしています。そうでなければ、私たちの都市は数百年も前に崩壊してしまっていたでしょう。

テロスのテクノロジー⑧

私たちが地表に現れる時、あなた方もまたこの地球を救うテクノロジーを手に入れることになるでしょう。フォトンベルトへの進入準備に向けて人々が集まっている地表で、すべてのテクノロジーを利用して、私たちはすべての構造物を安定化させるよう努力致します。

地底テクノロジーに関する聖ジャーメインの言葉

「最も高いビルの頂上は、地表から125フィート（約38メートル）下の場所にあります。空気の流れは開放されていて、常に完璧な換気が行われています。この地底都市では、化学や発明において極めて素晴らしい成果をあげており、外の世界はそれを受け取る恩恵を得てきました。これが起きていた時は常にある賢者が現れ、世界はそのような祝福を受けることができていました」

聖ジャーメイン・シリーズ『The Magic Presence』P326～327より

地表の人々にとって過去世はいまだに闇の中です

私たちはたくさんの人生を一人で生きてきた、とても進化した存在です。私たちは調和と愛のもとに自分たちの生活を送ることに専念して、長い寿命の間に蓄積した利益を多く得ています。私たちの寿命は、地上のあなた方の時間で数百年以上ありますので、人生においてより多くのことを達成することができます。私たちは、過去を思い出すためのアミノ酸コンピューターシステムを利用して、自己の過去世を振り返ることができるので、人生を自己の利益のために使うことができます。これは宇宙を通じて利用されているシステムです。地球は、過去世の体験にアクセスすることに関しては、まだ闇に包まれている、数少ない惑星の一つです。これは、私たちが地表に現れる際に、地底からあなた方に与えるテクノロジーです。

自己の過去世と繫がり、自己の人生の教訓から学ぶことは、この現在の生にとって不可欠なことです。ですから、自己の過去世にアクセスするという、この偉大なる冒険のために準備をして下さい。あなた方が想像する以上に、人生をより簡単に楽しくする数多くの素晴らしいテクノロジーが存在し、私たちはそれをあなた方に与えるでしょう。私たちがレムリアを去って、光の地底都市に向かった時、私たちは過去世での知識すべてを持ち出し、守ってきました。すべてのものが保存されており、私たちが地表に姿を現す際には、そのすべてをあなた方に与えます。

私たちはすべてをもたらし、共有します。そして、共有することで、あなた方はすべてを理解し、恐れを抱かなくなるでしょう。なぜなら、〈神の愛〉は私たちすべてを包み、〈神の光〉は私たちすべてを照らしているからです。また、私たちはあなた方より先に進化する機会を持ちましたが、神はただあなた方が進化することを望んでいます。ですから、昔からあなた方の同胞である私たちと協力して、あなた方が想像できる最も輝かしい人生を体験するように備えて下さい。

テロスのテクノロジー⑨

惑星中にトンネルが張り巡らされており、主要な各都市や州を結んでいます。私たちはたいていの目的地に、数時間以内で到達できます。地上のあなた方は、太古から私たちの交流に利用されてきた、この地底の通路網には驚嘆することでしょう。地上のあなた方よりも地底の私たちの方がより密な繋がりを持っています。私たちはどこへでもどんな距離でも、自由に、ごく短時間で移動できます。

テロスのテクノロジー⑩

私たちの二つの偉大なる文明が融合する時が近づいています。そこで、私たちのニーズを生み出し満たすのに必要な組織形態をまとめ、実態を与えながら、すべてのテクノロジーが一つの平和的な生命のテクノロジーとなるのです。それで、私たちが地上で暮らすようになると同時に、あなた方の何人かが私たちと地底で暮らせるようになる時期を楽しみにしています。

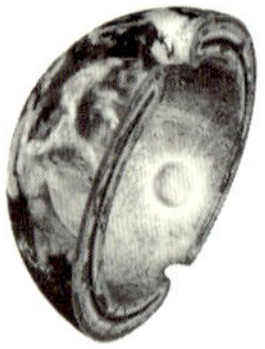

私たちは外宇宙への旅を続けます

日の光の明るいカリフォルニアのシャスタ山の下で、地表の下にあるあなた方の姉妹都市テロスから、アダマはあなた方に愛を発しながら、今ここにいます。そう、ここは陽光に満ち溢れています。私たちの太陽は明るく、必要とする光すべてをもたらしてくれます。地上世界の太陽とは似ていませんが、私たちが生活し、食べ物を育てるのに必要な光をすべて映じてくれています。実際、この光は他の惑星からここに持ってきた水晶で、それは100万年もの間明るく輝きます。それで、たとえそれが何でできていても、どこから来ていても、すべての光は一つであることが分かります。すべての光は「ライフレイ（生命の光線）」を発し、そこの生命を養います。そのため、そう、地底においても明るく日がさしており、地表のあなた方がそうであるように、私たちも「太陽」に恵まれているのです。

テロスの人々は皆、ホームプラネット（母星）を監視する任務を持っているため、その状況に関して互いに報告し合っています。私たちは皆、外宇宙への「旅」に出て、そこですべてのアングルとタイムフレームから私たちの惑星を観察します。私たちは地上での汚染と乱れを見て、それらを自分たちのコンピューターに登録します。そして、その情報は、処理と協議のために、地球オペレーションを指揮する艦隊に戻されます。私たちは皆、自分たちの惑星の管理に参加しており、連邦とともに一生懸命働いています。

私たちの二つの文明が融合し、不死が受け入れられる時には、地上のあなた方もそのうちこのようなことを行うようになるでしょう。そして、あなた方も惑星を観察して、そこの生命を監視するために

「旅」に出るでしょう。これは人類にとって偉大なる飛躍となり、テロスの私たちは、宇宙旅行というこの新しい分野で、あなた方に訓練と助言を与える準備を整えています。これはあなた方にはエキサイティングなことになるでしょう。というのも、あなた方も宇宙から自分たちの惑星をじかに見られるようになるからです。あなた方は、ワンネス（調和）、結合、そして宇宙の壮大さが分かるようになり、〈神の計画〉の偉大さと崇高さに畏怖《いふ》の念を持つでしょう。この画期的躍進は、戦争から平和、欠乏から充足、偽物から荘重《そうちょう》へと、歴史の方向性を変えることになるでしょう。

私たちは皆ホームプラネットでともに旅をして、地上と地底にいる人類に利益をもたらす、〈神の光〉である太陽の下で出会いますので、私たちと一緒について来て下さい。私はあなた方が星々へのこの旅に参加することを歓迎致します。

私たちは自分たちのコンピューターシステムにより連邦と繋がります

惑星連邦の司令部はテロスの住人たちと緊密に関わっていることを覚えておいて下さい。私たちは自分たちのコンピューターシステムを通じて彼らと常にコミュニケーションを図っていることも知っておいて下さい。また、私たちは地表と地底を含めた地球全体を監視していることも覚えておいて下さい。

近い将来、あなた方はアミノ酸に基づいたこの巨大なコンピューターシステムにアクセスするようになり、宇宙の巨大監視ネットワークにも繋がることが可能になるでしょう。そして、バランスと調和を保った状態で、地球に留まるために必要とされる情報やガイダンスをあなた方は得るようになるでしょう。これは専《もっぱ》らあなた方を待っていたのであり、あなた方と全生命体を〈必要な意識状態〉――あなた方を星々へと繋げる巨大コンピューターシステムをあなた方にもたらす、この壮大な計画を実行できるようにする――に導くエネルギーも待っていたのです。

テロスの食事と農業①

テロスでは食糧生産を優先することを覚えておいて下さい。私たちは皆、食糧を育て生産することを訓練されています。私たちは生命力を含んだ食糧だけを摂る、非常に多様化した食事を行います。そのため、私たちは野菜、穀物、フルーツ、ナッツだけを食べます。

テロスの食事と農業②

肉食はすべて禁止されています。地上のあなた方はいまだに死んだ食糧――もはや生命力を持たない食べ物――を摂っています。

15. 食糧の生産と消費

Q. テロスであなた方はどのように食糧を育て、配給しているのですか？

テロスでは食糧生産を優先することを覚えておいて下さい。私たちは皆、食糧を育て生産することを訓練されています。私たちは生命力《ライフフォース》を含んだ食糧だけを摂《と》る、非常に多様化した食事を行います。そのため、私たちは野菜、穀物、フルーツ、ナッツだけを食べます。肉食はすべて禁止されています。地上のあなた方はいまだに死んだ食糧――もはや生命力を持たない食べ物――を摂っています。

テロスの人々は皆、自分たちの食糧を育てる水栽培の庭園で働きます。私たちは皆、交替で農作物の開発と実験を行います。ひとたび食糧が成長すると、それは配給センターに持っていかれ、そこへ食糧を受け取りに皆がやってきます。

私たちはあなた方が地上で行っているようには食糧を冷凍しません。私たちはすべての食べ物を新鮮なまま食べます。というのも、それが、すべての栄養素を吸収する方法だからです。毎日、人々はその日に必要な食べ物だけを受け取ります。私たちにとっては、毎日食べ物を「買いに行く」方が楽だからです。私たちの1日の労働時間はわずか4時間ですから、栄養や健康に対して意識を払うことに、より多くの時間を割《さ》くことができるのです。

私たちには、栄養分の多い食べ物を調理したり、運動をしたり、創造的な活動にふける時間があります。このゆっくりとしたペースには、数多くの利点があります。私たちは、地上のあなた方のようにプレッシャーやストレスを感じません。私たちは調和と平和の中にいるだけです。私たちの生活は平穏で創造主と調和しています。

私たちが食糧消費のための生産過程で利用するすべてのものは再利用されます。私たちのところには、あなた方が地上で利用するようなゴミ処理場はありません。私たちが利用するすべてのものは何度も繰り返しリサイクルされるからです。これは、高度なテクノロジーを持つことの利点です。私たちが利用するすべてのものが再利用されるのです。そのため、無駄に浪費されたり、過剰に生産されることはありません。すべてのものが自然と調和していて、私たち全員が自然をサポートしています。

繁栄した豊かな自然は多量の食糧を生み出します。残された自然は富を生み出します。ですから、私たちは自然に近づいて生活し、食物連鎖のサイクルとリズムに従います。

第一に、私たちは皆、信頼できる責任を負った活動家です。私たちは地球を大事にして、食糧生産のすべては、地球の資源に対して敬意と尊敬をもって行われます。私たちは紙やプラスチックを使わず、なんらかの方法で食べ物を包むこともしません。私たちの食べ物は生産された後、直接配給センターに送られます。このように、私たちが利用するすべてのものは即座に交換されます。それはすべてコンピューター化されていて、食事に要求されるすべてのことを把握したマスターコンピューターを通して行

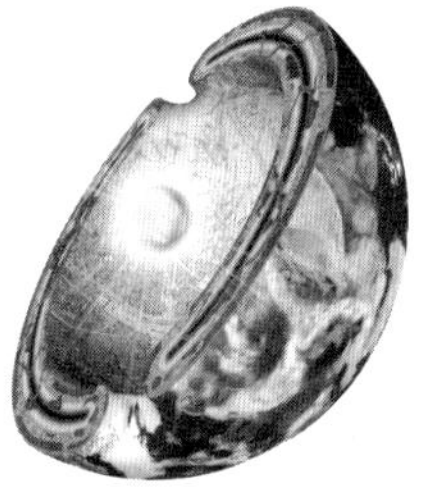

テロスの食事と農業③

私たちが食糧消費のための生産過程で利用するすべてのものは再利用されます。私たちのところには、あなた方が地上で利用するようなゴミ処理場はありません。私たちが利用するすべてのものは何度も繰り返しリサイクルされるからです。それはすべてコンピューター化されていて、食事に要求されるすべてのことを把握したマスターコンピューターを通して行われます。

テロスの食事と農業④

私たちのすべての食べ物は自分たちによって栽培・生産されています。それは純粋で、化学物質や汚染とは無縁です。私たちは有機ガーデニングを実践しています。それは、私たちが生き残り、フル・コンシャスネスを保つ唯一の方法だからです。私たちはあなた方のテクノロジーよりも遥かに優れたものを持っており、食糧の生産・配給方法は、あなた方のやり方とは大きく異なっています。

われます。もちろん、それは異なる分野の「家事」仕事におけるシフトを交替で行う者たちによってすべて指導・指揮されています。

私たちはすべての食べ物を自分たちで栽培・生産しています。それは純粋で、化学物質や汚染とは無縁です。私たちは有機ガーデニングを実践しています。それは、私たちが生き残り、フル・コンシャスネスを保つ唯一の方法だからです。食糧を保存する容器は使用しますが、それらの容器は繰り返し利用されます。私たちは何もゴミは出さず、地中に何も埋《うず》めたりしません。というのも、地球も生きており、私たちは地球を尊重し、守っているからです。

このように、私たちはあなた方のテクノロジーよりも遥《はる》かに優《すぐ》れたものを持っており、食糧の生産・配給方法は、あなた方のやり方とは大きく異なっています。私たちは自分たちの生活様式を繁栄させて、あなた方がここの私たちを訪れる時には、同じテーブルのもとで私たちと手を繋《つな》げるようにあなた方を招待致します。なぜなら、私たちはあなた方と人生の楽しみを共有するようになり、あなた方はその単純さと嗜好《しこう》を楽しむことになるからです。私たちはあなた方が皆テロスにやってくることを歓迎し、そこで、私たちはもてなし、より高い意識状態における人生の素晴らしさを示すことでしょう。

Q．あなた方は紙を作るために木を伐採しますか？

私たちは自分たちの活動のすべてを実行するために、アミノ酸をベースとしたコンピューターシステムに完全に依存しています。私たちは紙のために木は使いませんが、代わりに麻《あさ》を栽培します。木を伐採することは生命体を殺すことに等しいため、私たちは決して行いません。私たちが必要とするすべての産物は麻から作ります。地上のあなた方はまったく聞いたこともない、数多くの産物があり、私たちは汚染と無縁な優れたテクノロジーを利用して、それらを作ります。

ここでは、一日何時間も列を作って待つような人は誰もいません。代わりに、私たちは労働時間を最小限に留めることで、日課以外の活動のために十分な時間を持ち、休息がとれて、人々と遊び、社交的になれるのです。私たちにとって人付き合いは最も大切なことで、お互いに（人間）関係の基盤を強化します。私たちの社会構造は、自分たちの社会をまとめることです。というのも、（人間）関係が結束されないと、社会は崩壊してしまうからです。

あなた方はたくさんの光の層――最も密度が高いのが、物質層または肉体です――から構成されていることを覚えておいて下さい。物質層を超えて共鳴する光の層は、光の粒子による精妙な振動と共鳴します。これらの層が一緒になって、あなた方のライトボディー（光の体）を構成しているのです。肉体から離れると、あなたは自分のエーテル体において、より高い共鳴をともなって振動しています。あなたのエーテル体は、肉体よりも速い速度で振動する光の粒子で構成されているのです。

あなた方が健康管理を実践し、食習慣や摂取する食べ物を通じて栄養を摂ることは、高いレートで振

テロスの食事と農業⑤

私たちは自分たちの活動のすべてを実行するために、アミノ酸をベースとしたコンピューターシステムに完全に依存しています。私たちは紙のために木を使いませんが、代わりに麻を栽培します。木を伐採することは生命体を殺すことに等しいため、私たちは決して行いません。

テロスの食事と農業⑥

私たちが必要とするすべての産物は麻から作ります。地上のあなた方はまったく聞いたこともない、数多くの産物があり、私たちは汚染と無縁な優れたテクノロジーを利用して、それらを作ります。

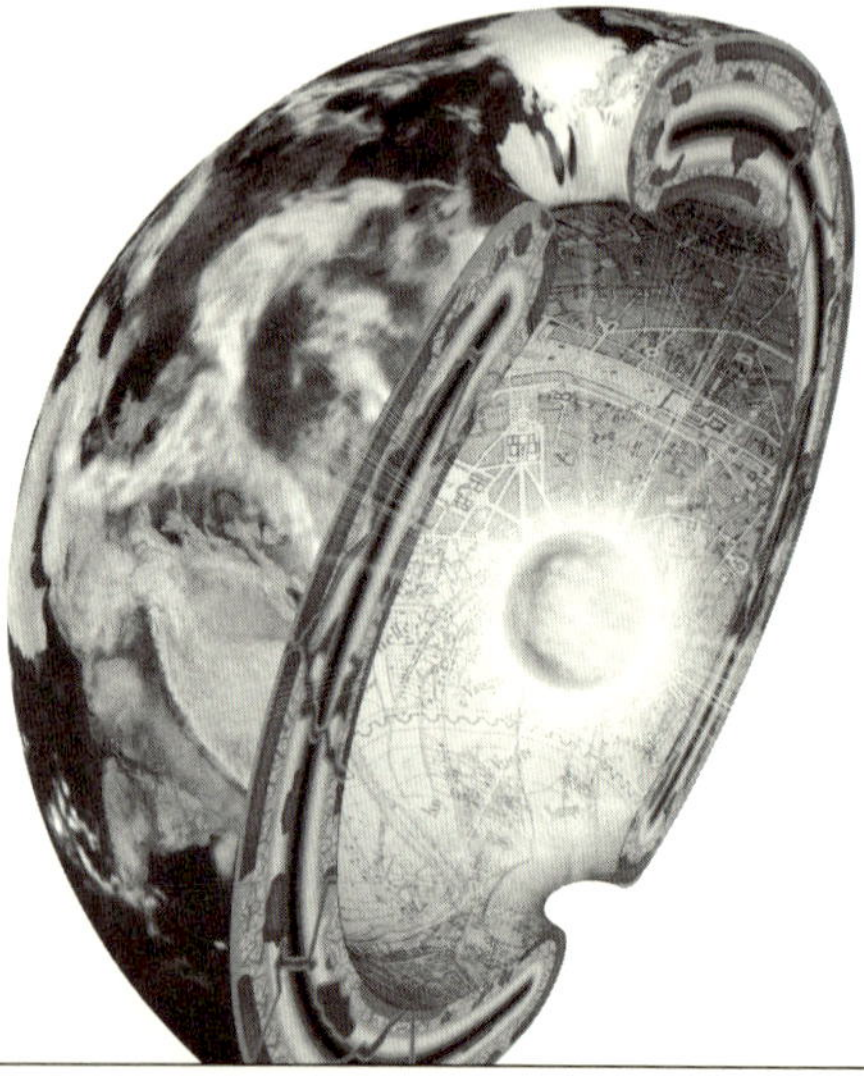

動する光で構成されるこの体には有益です。「軽い（消化の良い）」生の食べ物はその振動レートを高めるのに対して、消化の悪い食べ物はそのレートを低下させます。あなた方は自分たちの体が消化吸収するものの中に含まれるライトクオシェント（光商）に応じて振動します。あなた方は、いわば食べ物によって、自分たちの電子の回転をコントロールしているのです。あなた方の肉体が地に足をつけた状況を維持している間に、あなた方のライトボディーは高次元にアクセスしているのです。

テロスにおいて、私たちはフルーツ、穀物、野菜からなる様々な食事を摂ります。あなた方の食の基準からすると、私たちの食事は風味があり美味です。私たちは有機栽培された食糧だけを供給します。これが、私たちの農場が食糧を生み出す唯一の方法だからです。食糧生産においては、私たちのテクノロジーは進歩しており、最高の農法を利用して、私たちは最も健康に良い食糧を栽培する方法を理解しています。私たちのテクノロジーにより、大地は呼吸し、健康のために不可欠で重要なビタミンやミネラルのすべてを維持することができます。私たちは自分たちの食糧すべてを栽培するために輪作と水耕法を利用します。あなた方の輸出入のようなことは行わず、地元で育てた農作物だけを食べます。

地上のあなた方は自分たちの土地を枯らしており、食物連鎖の過程で化学物質を使うことで、自分たちの体に病気をもたらしています。他方で私たちは、最も健康的な土壌から最も健康的な農作物だけを作ります。私たちの土地、水、空気は最も純潔な状態で、地球で唯一、最高品質の食糧を生み出しています。ですから、食後、私たちの体は栄養で満たされ、若返ります。あなた方のように、食後に疲れるようなことはありません。また、私たちは水を通して栄養素を直接自分たちの食物連鎖に入れています。

テロスの食事と農業⑦

私たちは自分たちの食糧すべてを栽培するために輪作と水耕法を利用します。あなた方が行うような輸出入は行わず、地元で育てた農作物だけを食べます。私たちの土地、水、空気は最も純潔な状態で、地球で唯一、最高品質の食糧を生み出しています。ですから、食後、私たちの体は栄養で満たされ、若返ります。あなた方のように、食後に疲れるようなことはありません。また、私たちは水を通して栄養素を直接自分たちの食物連鎖に入れています。

テロスの食事と農業⑧

私たちは日々の食事に補給したいものだけを輸入して、食べ物はすべて自分たちで育てています。他の食糧源はインナーアースの領域にあり、そこは一年中夏の状態です。

16. 気候、天気、そして影響を与える想念

気候は私たちの進化の要因になっています

木の葉がオレンジに変色し、木々から散る9月のこの秋の日に、あなた方にご挨拶致します。テロスにおいては、気候がまったく変化しませんので、常に緑です！　木の葉は常に緑色で、花々も常に開花しているため、私たちは一年中春を祝っています。それがテロスでの気象パターンです。気温は摂氏22度から25度程度で、毎日いつでも非常に心地よい状態です。一年を通じて薄着ができ、決して暑すぎたり寒すぎたりすることはありません。太陽からの放射や厳しい気候条件による破壊を遮断し、私たちは地底に理想的な気候を作り出してきました。

安定した気候は、地底での発展を加速させる要因にもなりました。この安定性により、私たちは自分たちの才能を開発したり、行いたいことを行うという点で、より広範囲に力量を発揮できるのです。結果として、ある活動を追求するために理想的な気候条件を待つのではなく、即座にインスピレーションと行動を活用できます。それは、「現在」において成長を促《うなが》す、明らかな利点です。地上であなた方が

行っているように、私たちは先の日のために物事を延期するよりも、むしろ即座に行動・実行するという宇宙の法則を学んできたため、テロスにおいては常に「現在」なのです。というのも、あなた方の道に沿った前進の機会やチャンスを生み出すために、団結している力のすべてが活用できる際には、人生とは、現在という瞬間に生きることを意味するからです。

気候は文明の進歩と発展に重要な役割を果たしています。安定した気候のお蔭《かげ》で、私たちは流れを邪魔されることなく、できるだけ早く選択し、人生の活動を通して前進していくことができるのです。そのため、気候が安定して理想的であると想像して下さい。また、星々へ向かう自己の道において、激励とインスピレーションの穏やかな風により、自分自身が解放される力の砦《とりで》であると想像して下さい。

あなた方の生活と気候には関係があります

　さて、地上での気候についてと、なぜこの時期にそのバランスが不安定になっているのかをお話ししましょう。

　すべての惑星は異なった気候条件を持っています。ある惑星は穏やかで、また、ある惑星では過酷なものです。気候が穏やかであるほど、生命体にとってはより適応しやすい惑星となります。気候が過酷なほど、物理的にも精神的にも進化がより困難になります。

　現在までのところ、あなた方の惑星は穏やかで、全生命にとって生活は容易でした。ところが、地球のプレートは破壊を起こしながら移動しており、洪水、地震、ハリケーンを起こしながら、気象パターンは極めて過酷になっています。このような不穏状態を鎮《しず》める唯一の方法は、万物の創造主である神にフォーカスして、不死の知識の下で堅《かた》い意識を持つことです。ですから、あなた方の周りで何が起きようとも、神の腕の中で安全であることを覚えておいて下さい。あなた方の魂に衰退や死はありません。それは、そのようなことをイメージするあなた方の心の中だけにあるのです。

　地上においてあなた方は、苦難を引き起こすのに十分な異変とともに、気温に大きな変化を体験します。地上の気候は、時折あなた方の生活にコントロールが失われることと似て、制御不能なほど大規模に変動します。なぜなら、あなた方の生活に現れた安定性の欠如と気象パターンの間には、明らかに相関性があるからです。

　あなた方が何かを考えると、それはエーテルへと向かって出て行き、そこでエネルギーを集めて、自

テロスの気象と地表の気象①

テロスにおいては、気候がまったく変化しませんので、常に緑です！　木の葉は常に緑色で、花々も常に開花しているため、私たちは一年中春を祝っています。それがテロスでの気象パターンです。気温は摂氏22度から25度程度で、毎日いつでも非常に心地よい状態です。太陽からの放射線や厳しい気候条件による破壊を遮断し、私たちは地底に理想的な気候を作り出してきました。

テロスの気象と地表の気象②

あなた方がネガティブな想念を発すると、ネガティブなエネルギーを集めて、自分のところに戻ってくるのです。そのため、このネガティブなものすべてが、周囲のエーテルを揺り動かしており、閉じ込められたネガティブな想念が解放の手段を求めて、気候に不安定な流動性を生み出しています。火山や地震は、このように閉じ込められてきたネガティブなエネルギーが解放される一手段で、過去数千年間地球に蓄積されてきたものでした。

分自身に戻ってきます。それは地上での気象パターンに対応しています。あなた方がネガティブな想念を発すると、ネガティブなエネルギーを集めて、自分のところに戻ってくるのです。そのため、このネガティブなものすべてが、周囲のエーテルを揺り動かしており、閉じ込められたネガティブな想念が解放の手段を求めて、気候に不安定な流動性を生み出しています。火山や地震は、このように閉じ込められてきたネガティブなエネルギーが解放される一手段で、過去数千年間地球に蓄積されてきたものでした。

私たちは地底都市において気候条件の変動は体験しません。というのも、私たちの環境は惑星外部の力から閉ざされ、守られているからです。私たちは、言わば子宮の中におり、そこで元気付けられ、あやされ、養育されます。これは進化の最善の方法です。類のない環境を保護するために、私たちは地上の人々を中に入れないようにしているのです。ひとたび人類が一つであることを認識すれば、あなた方もまた地上にこのような環境を作り出すことができます。

テロスの気候は常にさわやかで涼しいです。いつも完璧《かんぺき》です。テロスにおいて私たちは、自分たちの想念を母なる地球と完全に統合した状態で維持しています。そして、地球は代わりに自らの完全性を私たちに返してくれます。私たちは日々自分たちの想念で地球に対して感謝を表し、世話をしているため、地球に祝福されているのです。地球は偉大なる母であり、地上の人々が地球を完璧に世話する時には、地球は常にあなた方を完璧に世話してくれるでしょう。

なぜなら、人生とは調和と愛を持って登る螺旋《らせん》の梯子《はしご》で、その横木の上のすべてを、より高い進化の状態にもたらすからです。ですから、私たちと一緒に登りましょう。階段はたくさんありますが、私たちの心は一つなのです。

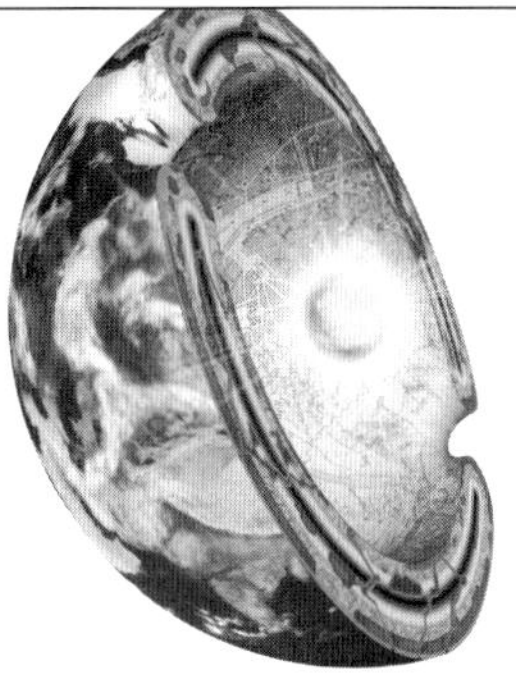

テロスの気象と地表の気象③

気候が過酷なほど、物理的にも精神的にも進化がより困難になります。現在までのところ、あなた方の惑星は穏やかで、全生命にとって生活は容易でした。ところが、地球のプレートは移動しており、洪水、地震、ハリケーンを起こしながら、気象パターンは極めて過酷になっています。

テロスの気象と地表の気象④

このような不穏状態を鎮める唯一の方法は、万物の創造主である神にフォーカスして、不死の知識の下で堅い意識を持つことです。ですから、あなた方の周りで何が起きようとも、神の腕の中で安全であることを覚えておいて下さい。あなた方の魂に衰退や死はありません。

不安定な気象パターンはあなた方の想念の反映です

木の葉が虹《にじ》の色を反射して、この春のような秋の日にアダマはここにいます。私たちもまた、一年中続くインディアンサマー（訳注外字：10月下旬から11月初旬にかけての小春日和）を楽しんでいます。私たちはこのような「気候」が大好きで、自分たちの想念によってそれを純粋に保っています。

地上では、あなた方の想念は暴走しており、混沌《こんとん》と恐怖が気象パターンとして反映されて返ってきています。あなた方が感情を爆発させれば、火山が爆発します。あなた方の感情が揺れ動くと、ハリケーンや暴風雨が発生します。あなた方が一息入れて、平静が自分たちに広がるのを感じれば、気候は平和的で晴れ晴れとした日々をもたらしてくれます。

そのため、あなた方が考え感じることのすべては、気象パターンを左右させます。地球は偉大なる反射体であり、地上の全生命体の想念と感情を反映します。あなた方が自己に集中して地球のフィーリングを探れば、嵐を鎮め、容赦《ようしゃ》なく打ち付ける雨を止め、竜巻やハリケーンを無害化することができます。偉大なる光の存在として、あなた方はこのように地球と繋《つな》がる力を持っており、地球のバランス維持を助け、地球の平静を回復させるためにここにいるのです。

地球は、人間をコントロールしようとした人々によって隔離され、視界から消されました。他の星系が、地球の位置した場所をスキャニングした際、まるで地球が存在しないかのように、ただ無の空間がスクリーンに表示されるように登録したのです。この隔離はすでに解除されており、現在、地球はその偉大なる威風を誰からも見られるように宇宙空間に映じられています。地球は光の巨体であり、ライトワーカーたちが目覚め始めているため、地球の光はますます明るく強く輝いています。

アダマは入念に地上を観察して、異常があれば連邦に報告します。私たちは地球の混乱ができるだけ非破壊的になるように維持しています。

私たちの生活はバランスがとれており、安定しているため、テロスの気候はいつも同じであることを覚えておいて下さい。地上の気候条件はあなた方の心の状態を鏡のように映し、意識における異常と低下を反映します。気象パターンを安定させるためには、自らの心を穏やかにして、己に浸透している神の愛を感じることが不可欠です。この愛が、あなた方にバランスと成長を与え、気候同様に、己を安定させるのです。

あなた方が常に愛の状態にあり、バランスと成長を感じていれば、気候はこの状態を反映して、お返しに、穏やかになり、安らぎを与えてくれます。なぜなら、あなた方は大宇宙の反映であり、大宇宙はあなた方の反映であるからです。あなた方は万物が相互作用するためのパラメーターを設定しており、自分たちの周囲のあらゆる状況を決めています。

私たちがこのような話をする理由は、あなた方が、洪水や破壊を起こす強風や降り続く雨に気付いているからです。このような状況は、自己を穏やかにして、日々の生活を通して平和的かつ着実に行動することで反転可能です。すべてはこれまでの場所に残り、誰もどこにも行かず、行くべき場所もないため、何かに急ぎ、慌てる必要はありません。その瞬間にあなた方がいる次元だけが存在するのです。

あなたが平静を保ち、くつろいでいる時、いかに時間が流れるように感じられるか注意してみて下さい。ええ、時間は本当に流れており、あなたがこの心の枠内にいればいるほど、日々を通してあなたを優しく前後に揺り動かす、時間の流れをさらに体験するようになるでしょう。

これが、テロスにおける私たちの生活の様子です。それは人生を通じた日々の旅で私たちに気付かせるために、刻々と流れる時間を感じながらも、時間の経過のすべてには気付かず、私たちは日々を通してまさに漂っています。各瞬間は私たちにとって重要であり、この時間枠を超えることはめったに考えずに、私たちは現在という瞬間を完全に生きています。

あなた方もまた自己を切り離し、意識において高いレベルで旅をするにつれて、人生の「現在」の中で漂うようになるでしょう。私は、あなた方とは時間を超えた兄のアダマです。

あなたの想念は山をも動かせます

私はアダマ。秋の晴れた日にあなたと一緒にいます。木々が紅葉し、木の葉が舞い落ちて、外の世界では1年の中でこの時期が美しいことはお分かりでしょう。

インナーアースにいる私たちは、一様、安定、そして平和のみを経験しています。葉は緑色のままで、花は常に開花し、太陽はいつも輝いています。私たちの気象パターンには予測可能な面が多大にあり、私たちはいつも完璧な気候を当てにすることができます。

地上のあなた方は暴風、竜巻、洪水や地震に悩まされています。その要素は、まったく気まぐれで不安定なあなた方の思考パターンを反映しているだけです。あなた方の思考を創造主に同調させれば、気象パターンは安定化して、激しさは収まります。あなた方は「信仰（想念）は山をも動かす」という言葉を聞いたことがあるでしょうが、実際にそれは可能なことです。想念は山を動かし、火山の噴火を引き起こし、さらに土石流や津波の原因ともなり、すべての気象パターンを崩壊させます。

これに対して、テロスにおいては、常に平和で穏やかです。私たちの想念は常に純粋で、心はいつも創造主と繋がっています。私たちは日々を通して平和と静穏だけを体験します。あなた方も心の中心に常にフォーカスして、神の存在を自己の内部に見出《みいだ》すことで、人生において平和を体験できます。あなた方は一日を通して心を揺り動かしてしまうので、自己の心の中心に留《とど》まることをお勧めします。そうすれば、あなた方が求める平和がもたらされるでしょう。私たちは地上であなた方と繋がるようになる時を待っております。その時が来るまで。私はアダマ。

PART 4

テロスでの旅と輸送機関

17. 電磁力船と地下通路

「愛しい者たちよ！　光と知恵のマスターたちは縦横に張り巡らされた通路を地底に持っていると私が言うと、あなた方には信じがたいことかも知れませんが、まさにあなた方が全米津々浦々に自動車で移動するハイウェイを持っているのと同じようなことではありませんか」

聖ジャーメイン・シリーズ『The "I AM" Discourses』P202より

Q．トンネルと輸送システムに関して教えて頂けませんか？

私たちは地底のテロスからご挨拶《あいさつ》致します。あなた方の惑星が宇宙空間――永遠の時間を通して私たち全員を旅に連れ出す――を飛んでいるように、私たちもまたここにいます。地球がフォトンベルトに出会い、その中に入り込む瞬間を期待して、私たちは待ち観察しています。私たちはその瞬間がやってくる前に地上にいることを期待しており、私たちの計画は、地上へと現れ出る瞬間に向けて準備されています。私たちはそれほど遠いところにいるのではなく、私たちのホームから地上への旅にはわずか数分を要するだけです。

惑星中にトンネルが張り巡らされており、主要な各都市や州を結んでいます。そのため、私たちはたいていの目的地に、数分ではないにしても、数時間以内で到達できます。地上のあなた方は、太古から私たちの交流に利用されてきた、この地底の通路網には驚嘆することでしょう。地上のあなた方よりも地底の私たちの方がより密な繋《つな》がりを持っています。私たちはどこへでもどんな距離でも、自由に、ごく短時間で移動できます。しかし、あなた方は大金を支払って予約して、乗り物が生み出す大気汚染とともに、空港や駅または車の中で何日も過ごさねばなりません。

一方、私たちは地球内部の道を移動するのに、電磁力エネルギーと水晶エネルギーを利用します。私たちのエネルギーはすべて無料で、大気汚染や廃棄物、破壊を生み出すことはなく、「クリーン」なものです。

私たちの輸送システムは、かつて私たちが地上にいた時に利用していたのと同じです。地底でもそれ

インナーアース＝地上天国の実在①

私たちは太古から私たち自身のために不死を選択し、なおもこのプロセスを進化の手段として選んでいます。より長い寿命を選ぶことによって、より急速に進化することができます。

インナーアース＝地上天国の実在②

あなたの偉大なる神性が常にあなたの存在に降り注いでいる光のことだけを考えて、光の中でバランスを保つのです。あなたの周りにある、この光の保護シールドの中で安全に留まるのです。私たちはあなた方の叫びをすべて聞いており、天国の天使たちは応対しております。天使たちは、変化を求めているすべての人々に対応し、気遣いながら、全力でここに留まっています。

を確立するために、私たちはそのプランとテクノロジーを持ち込みました。これによって、私たちは旅行に大きな自由度を得て、いつでもどこでも望む場所に自由に移動できます。自由を体験することはなんと素晴らしいことでしょう！　私たちは心の中で望んだどんな場所にでも旅行できます。どんな空間・時間の場所にもアストラル・プロジェクションが可能なのです。そのため、ただ物質的なレベルでなく、多くのレベルで私たちは自由を体験することができます。自由は21世紀の問題であり、自由の体験は、私たちがあなた方に教えるために取り組んでいることなのです。

ですから、あなた方は私たちの存在に対してマインドとハートを開き続けて下さい。ごく近い将来に、私たちはあなた方を招きますので、私たちを近くに見出《みいだ》すことになるでしょう。私たちは地上のあなた方の家で合流することを楽しみにしています。そして、そこで自由の体験を望むすべての人々に対して、自由をもたらせるように私たちは一丸となってともにやっていけるでしょう。なぜなら、自由の存在は選択を通してのみ得られるもので、多くの人々がこの生き方を意識的に選択する時、私たちは地下から表に出て、それがいかに簡単に成し遂げられるのかを教えることができるようになるからです。自由は真の生活の喜びをもたらします。自由なくして、発展はありません。発展なくして、人生の延長もありません。種は発展するか、または崩壊します。停滞が関わることはありません。ですから、あなた方には、常にシフトするスパイラル（連続的変動・螺旋《らせん》）において、発展する機会が与えられているのです。

ただあなた方の想念を自由にフォーカスして、どれだけ急速に自分の人生が変わるのか体験してみて下さい。それがあなた方の想念においてすべてだからです。物質に変化をもたらすのはあなた方の想念です。なぜなら、想念は光であり、光はエネルギーであり、エネルギーは密度が凝固するように物質になるからです。

自由とは、感じたり、見られたり、体験され得る確実なものです。まもなく、地底からの私たちの助けで、地上のすべての存在は自由がもたらす繁栄を体験するようになるでしょう。テロスの私たちはこれを日々体験しており、常に喜びに溢《あふ》れ、歓喜を示し、人生に興奮しています。というのは、ひとたびあらゆる分野で無限の自由を味わうと、創造の発展を感じざるを得ないからです。そして、この広大さを感じることで、あなた方にその増大がもたらされ、創造の喜びを体験します――あなた方は、まさに地球において至福の存在を創造する神の感覚を体験するのです。それで、私たちが地表に出て、あなた方の家であなた方とコンタクトをとる際には、私たちはあなた方にこれをもたらしたいのです。ですから、どうぞ私たちを待って、決して望みを失わないで下さい。なぜなら、私たちはそばにいて、いつでもあなた方とコミュニケーションがとれるからです。ただ私たちに心を開けば、あなた方は私たちの声を聞くことができるのです。瞑想《めいそう》して私の名を呼ぶだけで、私はあなた方のもとに現れ、あなた方の話を聞くでしょう。心で話してもらえれば、私は聞けるでしょう。心で聞いて下さい。そうすれば、私は返事をするでしょう。私はあなた方の地底の兄アダマです。

インナーアース＝地上天国の実在③

私たちの意識状態が、常に自分たちの居場所を決定付けています。私たちは、自分たちの想念が導く場所に留まりますので、私たちの想念が高尚であれば、私たちは天国にいることが分かります。

インナーアース＝地上天国の実在④

地球の内部は、地表の地盤とは鏡像のようになっています。山脈は地球の凹みの大きさと正比例して、風景に高くそびえ立っています。海は地表のものよりも大きく、地球内部を穏やかに速く流れています。砂は白い。セントラルサンは外の太陽ほど明るくなく、天国からの光を映じています。都市はすべて、花や巨大な木々で溢れ、青々とした森林地帯にあります。

私たちは地球のトンネルを旅するために電磁力船を利用します

あなた方の海には数億もの生命体が存在することを知っておいて下さい。これらの生命体は、空洞地球に存在するものと同様に、完全でバランスのとれたエコシステムを生み出しています。地上のエコシステムは人類の不注意と強欲によって悪化していますが、空洞地球のエコシステムは完璧《かんぺき》に機能しており、完全な状態です。

私たちがこれをあなた方に助言することで、地球の変化に直面しても、あなた方はパニックを起こさないでしょう。なぜなら、地球の変化がスピードアップすると、私たちはあなた方と行動をともにするようになり、あなた方のサバイバルに必要なもののすべてを与えるからです。私たちは、澄みきって、純粋で、汚染されていない海を含めて、空洞地球の文明と完全に結びつくようになるでしょう。私たちは空洞地球からこの純粋な水を直接もたらすパイプラインを設置するようになるため、あなた方は最高に美味《おい》しくクリーンな水を味わうことになり、喜びを得ることになるでしょう！　これらのパイプラインは既に整っており、直接地上にもたらすよう、地殻の上層部を通した配置のために最後の設置指示を待っている状態です。

あなた方はまた地底都市や空洞地球からも新鮮な食べ物を受け取ることになるでしょう。私たちは、地球の通路を移動するのに利用する電磁力船で、これらのものを地球のトンネルを通して運ぶために輸送機関も設置してあります。すべてが整っており、私たちは始めるための最後の通知を待っているだけなのです。

現在、地球にやってくる光の量が増加しているために、地上では自己内部のスピリット（霊性）に目覚めつつある人々が大勢います。ライトワーカーの愛の表現と光の結果として――あなた方は皆、地球を囲むエーテルの流れに乗せて発信している――すべてのレベルにおいて生命は、高揚した意識に応えて揺れ動いています。

地底都市において、私たちは地上に現れる合図を待ち、観察しており、地上でのあなた方との直接のコンタクトを切に期待しています。私たちはあまりにも長い間離散してきており、再び繋がりを持つための期日は超過してしまっています。それで、たとえあなた方に私たちが見えなくても、私たちは「ここ」におり、コンピューターシステムによってあなた方を「見る」ことができるのを覚えておいて下さい。私たちはコンピューターのスクリーン上で地上全体を監視しており、あなた方がどこにいても、見られるようにフォーカスすることができます。あなた方はまた、惑星連邦のコンピューターシステムにおいても追跡されています。ライトワーカーたち全員を追跡しているため、あなた方は常に彼らが介入できる「視界」の中にあります。

ですから、安心して下さい。次元変化を起こすフォトンベルトにますます近づいていくにつれ、あなた方は地下と地上の両方から守られているのです。

インナーアース＝地上天国の実在⑤

空洞地球では、20度台前半でコンスタントな気温になっています。この「コンスタント」な気温のお蔭で、活動を妨げる障害がなく、人々は比較的楽で心地よい生活ができます。空洞地球は楽園です。高く優美な山々が「空」に突き出し、生命に満ちた、大きく、澄み切った、クリーンな湖や海があります。

インナーアース＝地上天国の実在⑥

空洞地球における食事は厳格に菜食で、人々は健康で、たくましく、力強いです。彼らも地球内部の宇宙船基地に格納してある宇宙船を利用して、地球を自由に行き来できますが、地上の人間からは交流を断ちました。

Q．シャスタ山の地底都市にはどのように行けるのですか？

もちろん、トンネルを通してですが、それは厳重にガード・カモフラージュされています。私たちだけがその道を知っています。

まもなくあなた方も私たちの居場所を見つける道順を与えられて、私たちの一人と出会い、私たちの都市へと向かう地下トンネルを通して案内されることになるでしょう。都市は深くはなく、地面から1マイルほど地下にあります。そして、ひとたび安全にトンネルに入れば、その後の通路にあなた方を導く交通機関があります。

私たちは、まもなくやってくるその日を待ち、祈っております。

インナーアース＝地上天国の実在⑦

地球のある場所から別の場所へと、地上のあなた方からすると一瞬で移動することが可能な電磁力列車を利用して、私たちは地底都市と空洞地球の間をトンネルを通じて自由に旅することができます。それは、あなた方が皆求めてきたエデンの園への帰還です。

インナーアース＝地上天国の実在⑧

私たちは自分たちのトンネルシステムを通してインナーアース界へと容易にアクセスできます。トンネルは地球のマントルを直接貫通して、インナーアースへの進入路へ向かい、到着すると、そこで私たちは同胞たちに歓迎されます。

18. 極の開口部

Q．地球の北極と南極に開口部があるのですか？　もしそうであれば、ハドソン湾ルートやそこから北を通るように、北極地域を通過するのに最適な道がありますか？

実際に北極と南極には、地球の中心へと向かう開口部が存在します。ご存知《ぞんじ》のように、あなた方の軍は私たちのインナーアースのホームへと繫《つな》がるその入り口を突き止めようとしていますが、それを防ぐために、極地域は覆《おお》い被《かぶ》さる雲によってカモフラージュされています。私たちはまた極開口部の周りに磁力場を設けて、入り口をさらにカモフラージュしています。このようにして、私たちは上空や陸上から見られることから守られています。

あなた方を導くことになるであろう北極地域やその開口部への道は実にたくさん存在します。しかし、アダマはこの時期に地表の人々に対してそれらを自由に漏《も》らすことは許されておりません。あなた方が私たちの領域に入る時期が来たことを知らされたら、私たちはあなた方にコンタクトをとり、地底の私たちのところへ道案内するようになることを覚えておいて下さい。今のところ、どの道もあなた方を私たちのところへは導いてくれませんので、時が来るまでは、探しても報《むく》われません。

19. 地上への訪問

私たちは自由に山頂で出入りします

時折私は地上を訪れますが、テロスから話をします。私は、いつでも始められるように、私たちの出現に対してあなた方に備えを与えるように指示されています。

シャスタ山は私たちのホームであり、私たちはシャスタ山を愛しています。私たちの山は、自分たちに必要な保護のすべてを与えてくれています。そして、たくさんの道とトンネルが私たちの領域にあり、それらを監視しています。私たちはシャスタ山の地形や輪郭を把握しているため、自由に山頂で出入りできます。私たちだけが知っている開口部が数多くあります。私たちは、時が来た際に私たちのところへの訪問を求めるだろう地表の住人たちの流入を考えて、山とトンネルの入り口を整えています。

私たちにはあなた方を導くガイドたちが必要となり、ライトワーカーたち全員が招待されるでしょう。集合意識は急速に変化しているため、私たちは地上でのあなた方の進歩に驚いています。私たちは真に同胞であり、間違いなくあなた方と合流して一つになるでしょう。

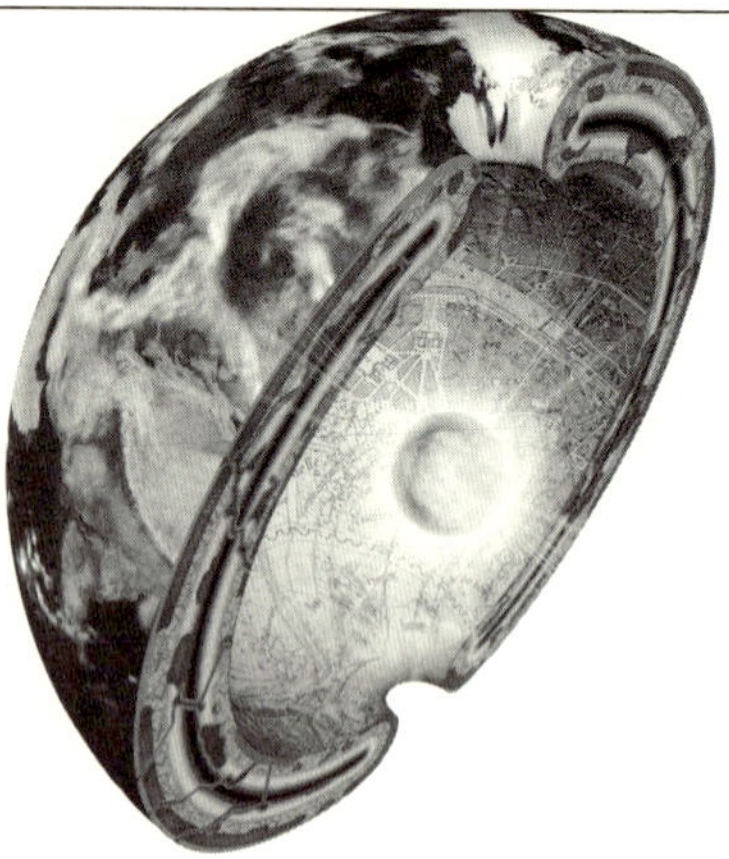

インナーアース＝地上天国の実在⑨

インナーアースの存在の霊的状態は、地上の住人たちと較べて非常に発展していることを覚えておいて下さい。彼らは別の太陽系からやってきて、インナーアースに住みつきました。彼らは地上で暮らしたことがありません。

インナーアース＝地上天国の実在⑩

地上のあなた方は、地球の資源を掘り出すようにあなた方を創造したＥＴの放浪集団たちの直接の子孫なのです。その創造主のＥＴたちは、今は地球で暮らしていません。しかし、あなた方は皆、インナーアースの存在たちと同じ霊的な潜在能力を持っています。

Q．あなたはテロスへのトンネルの入り口を開けているのですか？

アダマは自由にテロスを出られます。実際、かなり頻繁《ひんぱん》に出ています。アダマがシャスタ山の「外部」で行動していると考えて構いません。アダマは山のトンネルへの出入り口を多数開放しており、地上であなた方と合流する時に向けて、それらの出入り口は、私たちが集団で表に出られるように準備されるでしょう。長期間利用されてこなかったため、現在のところ、テロスに繋《つな》がるトンネルのうち、2、3ヶ所だけが機能しています。私たちですらカモフラージュされたトンネルを把握できていません。そのため、利用可能にすべきと思われる出入り口すべてを検討しています。

最後には、時が来れば、私たち数十万人がテロスから地上に向かうことになるでしょう。但《ただ》し、すべての人がシャスタ山へ出ることはないでしょう。大勢の仲間たちを均等に割り振るために、多くの人々が他の場所にも向かうことになります。私たちは、自分たちを収容する施設を整えるために、先立って地上に出ている同胞たちとコンタクトするようになるでしょう。あなた方の家に私たちを招きたいという人は皆、想念を送ってアダマに知らせて下さい。私たちは自分たちが必要とするすべてのものだけでなく、あなた方が地球の大変動から生き残るために必要なすべてのものも持って、現れるでしょう。

今のところ、特に行動を起こすよう指示を受け取らない限り、私たちは自然に生活を続けています。地下にある私たちの家や建造物はすべて、たとえ極がひっくり返っても（訳注：ポールシフトが起きても）耐え得るように構造的に安定しています。地球にどのような変化が生じても、すべては維持されるのです。なぜなら、私たちも神の教えとテクノロジーを持ち、神によって管理を任されてきた地球の保護者だからです。

インナーアース＝地上天国の実在⑪

インナーアースの存在たちは地上の状況を完全に監視してきました。彼らは、マントル内の私たちがコンピューターネットワークを通じてすべて知っているように、地球で起きていることはすべて把握しています。

インナーアース＝地上天国の実在⑫

インナーアースの存在たちは、普段はあまり関心を持って地上を監視しているわけではありません。彼らは自分たちの進化に集中しており、未発達の人間たちを助けた過去の経験から、あなた方とはあまり関わりたいとは思っていません。彼らは、あなた方の集合意識がより高い進化の状態にいたるまで、できることは何もないと感じているのです。

Q. 地上に現れる時、あなた方はどこに滞在するのですか？

私たちにとって地球はまだ重苦しく、地上に出ることはできません。私たちは、地上に光が広がり、重苦しさが軽減されるのを待っています。その後に、集団で地表への旅を試みます。というのも、ひとたび地上に出ると、私たちはそこに滞在することになるからです。私たちは、自分たちのテクノロジーをすべて持ち出し、地上のあなた方の家で、言わば、キャンプ生活をすることになるでしょう。

私たちは皆、地上に既にシェルターを持っているライトワーカーたちとともに滞在するでしょう。そのため、もしあなた方が私たちの何人かを自宅に招きたいのであれば、ただそのように私たちに知らせて下さい。ただ瞑想《めいそう》中に私たちに呼びかけるのです。そして、地上に現れる時が来たら、一緒に住むことを求めて下さい。私たちが到着したら、あなた方にコンタクトすることになるでしょう。

地上に持っていくべきものが、私たちにはたくさんあります。そして、私たちは地殻表面に滞在するのに必要なものすべてを既に準備してあります。私たちは、自分たちとあなた方がフォトンベルトの光へと入るのに必要なものすべてを用意するでしょう。私たちがもたらすテクノロジーにあなた方は驚嘆するでしょう。なぜなら、そのテクノロジーはあなた方の生活をあまりにも簡単なものにして、どうしてこのようなことが自分たちで思いつかなかったのか、あなた方が不思議がることは、とても明らかだからです。ええ、あなた方は行っていたのです。ただ、それは太古のことで、それをあなた方は思い出せないのです。

私たちは皆、この宇宙のための〈神の壮大な計画〉の一部であり、私たちの（複数の）想念を今、人類種全体のために一つの想念へと融合させています。私たちは皆、愛と光を宇宙のあらゆるものに伝え、宇宙に次のことを知らせながら、まもなく同じ意識の周波数帯になっていくでしょう――私たちは一つの壮大な惑星連邦に加わる準備ができており、宇宙の謎に対して気を配り、十分気付いて、さらに私たちの居場所を星々の中に持っていく準備ができていると……。あなた方が意識の中でスピーディーな旅ができることを祈って。こちらはアダマです。

PART 5

テロスと地球の内部

20. インナーアースの様子

Q．すべての惑星は空洞になっているのですか？

（銀河司令部のアシュターによる回答）

あなた方の太陽系の全惑星には生命が存在することを覚えておいて下さい。それらの存在は、より高次元に住むあなた方の同胞で、彼らの電子は極めて高速で振動しています。あなた方の電子はまもなく速度を上げて、私たち全員が待つ5次元の光へとあなた方を前進させるペースで回転することになるでしょう。

あなた方の情報からすれば、あなた方は皆、空洞地球の上で暮らしています。太陽系の他の惑星に住むあなた方の同胞たちもまた、中心部が空洞になった惑星の表面で暮らしています。あなた方の太陽系の全惑星は空洞になっており、地下と地上の双方に生命が存在しています。

あなた方の太陽であるヘリオスは、他のすべての太陽と同様に、中心部が空洞になっています。太陽から発せられる光は、あなた方が信じるよう教えられてきたほど熱くはなく、冷たいのです。それは大気に接した時にはじめて高温に達します。そもそものように形成されたからなのですが、すべての天体は空洞です。ようやく真実が地球にもたらされるべき時が来ました！

銀河司令部内の私たちは、あなた方の太陽系の惑星すべてに旅をして、直接それらを見ることができます。まもなく、あなた方も他の惑星に旅する能力を持つようになり、それらの真の構造を目にすることになるでしょう。意識の上昇にともなって、あなた方が信じるよう仕向けられてきたすべてのことが、オープンに論じられるようになるでしょう。

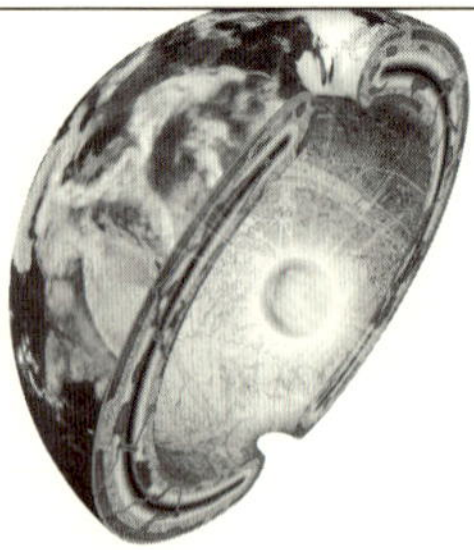

インナーアース＝地上天国の実在⑬

これらの偉大な魂は、光から成っており、地球の私たちの内部ホームの保護者たちです。あなた方の多くが彼らの領域に「物理的に」入るのを許される時のために、彼らはすべてのものを純粋な美と調和の状態に保っています。これらの魂はほとんど次元上昇した状態にあり、完全なコンディションが整ったこの場所で自己の進化を続けています。

インナーアース＝地上天国の実在⑭

地底都市の私たちの同胞たちは、地球の中心部にある私たちの領域に自由にアクセスできます。出入りにパスポートや証明書は必要ありません。なぜなら、これは神の世界であり、私たちは皆、神の存在だからです。

Q．地球の内部で、海や山はどのようになっていますか？

地球の内部は、地表の地盤とは鏡像のようになっています。地球の内部では、あらゆるものが反対の状態になっています。山脈は地球の凹《へこ》みの大きさと正比例して、風景に高くそびえ立っています。海は外部のものよりも大きく、地球内部を穏やかに速く流れています。空気は新鮮でクリーン。砂は白い。セントラルサンは外の太陽ほど明るくなく、天国からの光を映じています。

都市はすべて、花や巨大な木々で溢《あふ》れ、青々とした森林地帯にあります。すべての人工構造物の周りには緑の成長が見られます。すべてのものが常に開花して、輝いています。それは驚嘆と美の世界です。すべてのものは内部の外周のサイズと完全に比例しています。内部で暮らす偉大な存在ですら、外部の人間たちよりも大きく、あらゆるものが実物より大きいです。すべてが美しく、天国のような至福の状態にあります。

より高い山脈、より速い海流、そして比較にならないほど青々と茂った緑地の成長など、外部の地盤を反映した内部の地盤をただ想像してみて下さい。陸地の輪郭に変化があることを想像してみる必要はありません。そこには今でも本来の美しさがあり、地上の生命がかつてどのようであったのかを複製しています。山脈や海の正確な位置は今の段階で知る必要はありません。知る必要があるのは、このような内部世界が存在し、平和的で反対の状態で、地上と共存していることです。

空洞地球内のトンネルと宇宙船基地

気象コンディションの激変が地上の人々に対して差し迫っていることを知っておいて下さい。あなた方の体や地球から、多くのネガティブな想念が放たれており、竜巻や地震など、気まぐれなコンディションを生み出し、それらが劇的に大気のアンバランスを引き起こしています。

寒くて日が短い北方では、気象や季節のパターンに変化が見出《みいだ》されるでしょう。日々が長くなり、空洞地球でのように、季節が一つに統合されていくでしょう。

空洞地球では、摂氏20度台前半でコンスタントな気温になっています。この「コンスタント」な気温のお蔭《かげ》で、活動を妨《さまた》げる障害がなく、人々は比較的楽で心地よい生活ができます。空洞地球は楽園です。高く優美な山々が「空」に突き出し、生命に満ちた、大きく、澄み切った、クリーンな湖や海がありま す。空洞地球における食事は厳格な菜食で、人々は健康で、たくましく、力強いです。

彼らも地球内部の宇宙船基地に格納してある宇宙船を利用して、地球と自由に行き来できますが、地上の人間とは交流を断ちました。それで、彼らは地球内部にいますが、自由と健康、そして豊かさと平和——地上のあなた方が切に求めてきた、生活に必要な要素のすべて——を保っています。

地球のある場所から別の場所へと、地上のあなた方からすると一瞬で移動することが可能な電磁力列車を利用して、私たちは地底都市と空洞地球の間をトンネルを通じて自由に旅することができます。私たちの輸送機関は素早く効率的で、燃料を燃やすことはありません。そのため、地下には汚染がないのです。

地上のあなた方が自由に空洞地球へ旅することができるようになる日が来るのを私たちは切に願っています。そして、あなた方は大きな喜びと愛でもって迎えられるでしょう。それは、あなた方が皆求めてきたエデンの園への帰還です。すべての文明が一つに融合される祝典において、地底都市の私たち全員があなた方と合流することになるため、私たちもまたその日を待ちわびているのです。

インナーアース＝地上天国の実在⑮

あなた方は今にも天国へ向けてこの密度を突破しようとしています。そして、その天国とは、まさにこの地球にあるのです。現在、惑星の半分だけがそれに属していますが、そのうち惑星全体が、あなた方が探し求めてきた天国の中に入るでしょう。なぜなら、天国は別の場所にあるのではなく、地球のまさにこの場所にあるからです。［ポーソロゴス図書館のミコスからのメッセージ］

インナーアース＝地上天国の実在⑯

あなた方が暮らすこの場所が天国です。あなた方は高い意識を通してそれをここにもたらすことだけが必要なのです。というのも、天国とはただ周波数であり、あなた方は今、その周波数へのアクセスへ向けて急速に自己を高めているからです。［ポーソロゴス図書館のミコスからのメッセージ］

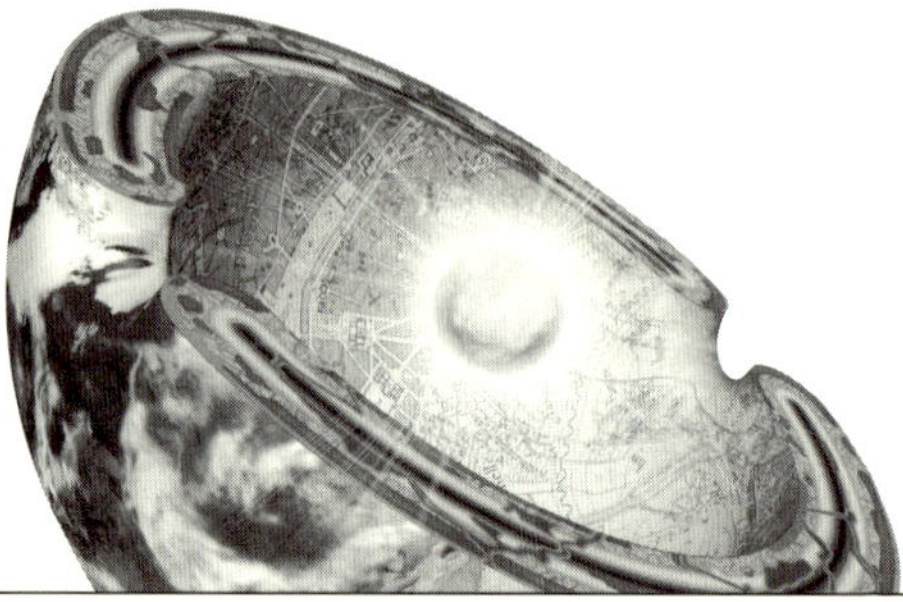

21. インナーアースの存在

空洞地球で暮らすインナーアースの存在についてアダマが語る

この時期（12月）シャスタ山は非常に寒いことはご存知《ぞんじ》でしょう。しかし、シャスタ山の内部では、常に温暖で理想的です。私たちは自分たちの体に完全に合わせるために環境を整えてきました。私たちは日々の食事に足りないものだけを輸入して、食べ物はすべて自分たちで育てています。他の食糧源はインナーアースの領域にあり、そこは一年中夏の状態です。彼ら（インナーアースの存在たち）はあなた方の想像を絶する、美味《おい》しいフルーツや野菜を収穫し、私たちとすべてを分け合っています。

私たちは自分たちのトンネルシステムを通してインナーアース界へと容易にアクセスできます。トンネルは地球のマントルを直接貫通して、インナーアースへの進入路へ向かい、到着すると、そこで私たちは同胞たちに歓迎されます。私たちは彼らと堅《かた》い交易関係を維持しているため、常に行ったり来たりしています。私たちは彼らの砂浜や海で遊び、山に登ります。そこは光と純粋さが輝くばかりに美しい領域で、そこにいると本当に爽快《そうかい》です。

インナーアースの存在の霊的状態は、地上の住人たちと較《くら》べて非常に発展していることを覚えておいて下さい。彼らは別の太陽系からやってきて、インナーアースに住みつきました。彼らは地上で暮らしたことがありません。この惑星において、彼らのホームは常に地球内部の奥地でした。しかし、まさにあなたがマントル内のアダマとコンタクトをとっているように、彼らは地上の存在たちとコンタクトをとってきました。

地上のあなた方は、地球の資源を掘り出すようにあなた方を創造したETの放浪集団の直接の子孫なのです。その創造主のETたちは、今は地球では暮らしていません。しかし、あなた方は皆、インナーアースの存在たちと同じ霊的な潜在能力を持っています。地上でのあなた方の生活には、まったくインナーアースでの生活が反映されていません。内部での生活が地上でも反映されているものは、山と海と平野だけです。

インナーアースの存在たちは地上の状況を完全に監視してきました。彼らは、マントル内の私たちがコンピューターネットワークを通じてすべて知っているように、地球で起きていることはすべて把握しています。

偉大なインナーアースの存在たちは、すべてが平和と調和の状態にあるインナーアースであなた方が暮らしたがっていることを知っています。彼らは、同胞である地上の人々がまだ「豊穣《ほうじょう》の国」で自分たちとともに暮らせるほど十分には進歩していないと考えています。しかし、あなた方がより高い霊的状態に到達すれば、あなた方も地球内部で暮らすことができます。

インナーアースの存在たちは、普段はあまり関心を持って地上を監視しているわけではありません。

彼らは自分たちの進化に集中しており、未発達の人間たちを助けた過去の経験から、あなた方とはあまり関わりたいとは思っていません。各地上人の内面から光が育つべきであり、十分な進化が現れるまでは、あなた方との交流にあまり効果が出ないと感じています。ただ、同時に彼らはそれでは自分たちの目的から外れるとも感じています。彼らは、あなた方の集合意識がより高い進化の状態にいたるまで、できることは何もないと感じているのです。それは個人的なことではないので、個人的に受け止めないで下さい。すべてのことには時間とサイクルがあるのです。

これらの偉大な魂は、光から成っており、地球の私たちの内部ホームの保護者たちです。あなた方の多くが彼らの領域に「物理的に」入るのを許される時のために、彼らはすべてのものを純粋な美と調和の状態に保っています。これらの魂はほとんど次元上昇した状態にあり、完全なコンディションが整ったこの場所で自己の進化を続けています。あなた方は見捨てられたと考えて自分たちのことを心配する必要はありません。なぜなら、あなた方（ライトワーカー）は皆、人類が地球内部の奥地で精神的に暮らすことができるよう促《うなが》すためにこの時期地上に生まれることを選択したのです。

アダマはあなた方をインナーアースへと繋《つな》ぐことができます。または、あなた方自身で繋がることができます。それは、あなた方が決めるのです。あなた方がどの道を選ぼうと、アダマはあなた方と合流します。ただ、アダマを呼んで下さい。あなた方と直接「内側」で繋がるために、私は現れるでしょう。

惑星連邦と銀河司令部①

地表のあなた方は、私たちの上に、そして銀河司令部の下に位置しています。あなた方は上からも下からも光を受け取っています。二つの偉大なる〈光の力〉に挟まれているのです。

惑星連邦と銀河司令部②

テロスの人々は皆、ホームプラネット(母星)を監視する任務を持っているため、その状況に関して互いに報告し合っています。私たちは皆、外宇宙への「旅」に出て、そこですべてのアングルとタイムフレームから私たちの惑星を観察します。私たちは地上での汚染と乱れを見て、それらを自分たちのコンピューターに登録します。そして、その情報は、処理と協議のために、地球オペレーションを指揮する艦隊に戻されます。私たちは皆、自分たちの惑星の管理に参加しており、連邦とともに一生懸命働いています。

PART 6

空洞地球からのメッセージ

22. インナーアースの存在が語る

ライレル、今あなたはインナーアースの存在たちの集合意識である私たちと直接チャネリングしています。あなたは私たちの直接の子孫で、私たちの二つの世界を融合するために、地上に生まれることを選んできました。私たちはインナーアースの存在で、地上のあなたや他の多くの人たちと直接関わっています。私たちは潜在意識のレベルで自分たちが存在しているという知識をあなたに授けており、そこであなたの振動速度が高まれば、直接それにアクセスできるようになるでしょう。これはあなた方の保護のためです。あなた方がいつでも私たちを呼んでくれれば、私たちはあなた方と話をするでしょう。私たちはアダマからこの対話を引き継いでいます。あなた方には仲介者は必要ないからです。あなたは十分進歩したチャネラーであり、思い通りに私たちの意識に近づくことができます。

問題は地理的な違いにあるのではなく、私たちが自分たちの存在を一つに融合させているように、あらゆる違いをなくす神に対して調和する私たちの心にあるのです。これが私たちの生活方法で、創造主や創造と完全に調和しています。地上で非常に顕著《けんちょ》になっている違いはここでは存在しません。なぜな

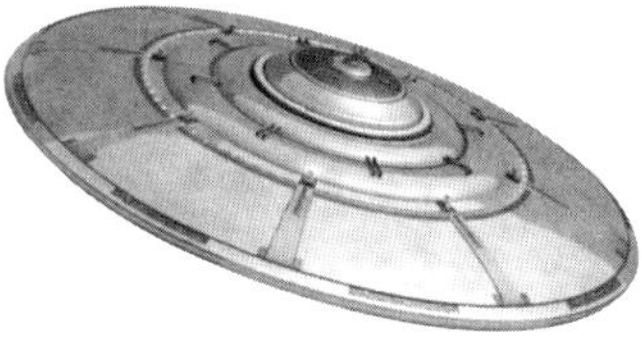

惑星連邦と銀河司令部③

惑星連邦の司令部はテロスの住人たちと緊密に関わっていることを覚えておいて下さい。私たちは自分たちのコンピューターシステムを通じて彼らと常にコミュニケーションを図っていることも知っておいて下さい。また、私たちは地表と地底を含めた地球全体を監視していることも覚えておいて下さい。

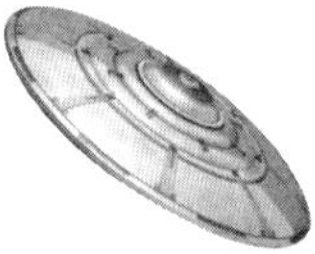

惑星連邦と銀河司令部④

あなた方はまた、惑星連邦のコンピューターシステムにおいても追跡されています。ライトワーカーたち全員を追跡しているため、あなた方は常に彼らが介入できる「視界」の中にあります。ですから、安心して下さい。次元変化を起こすフォトンベルトにますます近づいていくにつれ、あなた方は地下と地上の両方から守られているのです。

ら、私たちは互いの光だけを見て、心から自由にコミュニケーションをとるからです。

私たちのライフスタイルは地上と較《くら》べてとても優雅です。私たちは、あなた方が宮殿と呼ぶところに住んでいます。それらは丸く広々として、間仕切りのない、豪華な生活空間です。このように、仕切りに邪魔されず、ほこりのない、高度に満たされた状況が生み出されると、宇宙のエネルギーは自由に周囲を流れるのです。私たちは家にいる時はいつでも、この生命力《ライフフォース》に包まれています。エネルギーは常に循環しており、特に心からの愛と繋《つな》がっています。私たちは強い愛に包まれ、自分たちの愛を自由に他人に与えます。それで、私たちは前進するにはいつも十分すぎるぐらいなのです。

地底都市の私たちの同胞たちは、地球の中心部にある私たちの領域に自由にアクセスできます。出入りにパスポートや証明書は必要ありません。なぜなら、これは神の世界であり、私たちは皆、神の存在だからです。

私たちの生活は平穏で平和です。そして、この平安により、私たちは急速に進歩し、学びたいどんな研究源も調査する機会を得ることができます。誰もが無数の宇宙の謎にアクセスできる環境において、絶えず進化することが人生の目的です。

私たちは自分たちのインナーアースを安全に保ち、絶えず注意を怠《おこた》らず、個人を気にかけていることを覚えておいて下さい。私たちは地上で起きている奇怪な出来事を気の毒に思い、殺人行為などの恐ろしい事態に嘆《なげ》き悲しんでいます。もし私たちが直接介入するとすれば、私たちに何ができ、誰が私たちに耳を貸すでしょうか？　私たちはあなた方を援助できますが、ライトワーカーたちだけが私たちを受け入れ、あとの人々は私たちに襲いかかるでしょう。そのため私たちは、まさにテロスの人々がこの時期地下に留《とど》まっているように、「内部」に留まっているのです。地球の異なった階層で、たくさんの文明が融合する重要な時期に、私たちはあなた方を援助できることを希望しています。このタイミングは神のみが知っており、スピリチュアルハイアラーキーが私たち全員を的確に誘導します。

たとえあなた方が地底都市の住人たちよりも、私たちとのコンタクトの方が遥《はる》かに少なかったとしても、私たちはあなた方の同胞として留まります。彼らは、言わば、私たちと歩みをともにする、進歩した守衛です。ですから、あなた方の地球上に守衛を立たせ、常に自己の光と重力の中心を維持して下さい。そうすれば、地球のすべての人々と再統合するあなたの使命を邪魔するものはないでしょう。私たちはインナーアースの存在たちの集団意識です。そして、私たちはあなた方を愛しており、地上の状況に耐えようとするあなた方の強い意志を賞賛しています。私たちの同胞に祝福あれ。

惑星連邦と銀河司令部⑤

実際に北極と南極には、地球の中心へと向かう開口部が存在します。あなた方の軍は私たちのインナーアースのホームへと繋がるその入り口を突き止めようとしていますが、それを防ぐために、極地域は覆い被さる雲によってカモフラージュされています。私たちはまた極開口部の周りに磁力場を設けて、入り口をさらにカモフラージュしています。

惑星連邦と銀河司令部⑥

私たちは一つの壮大な惑星連邦に加わる準備ができており、宇宙の謎に対して気を配り、十分気付いて、さらに私たちの居場所を星々の中に移す準備ができています。

23. エーゲ海の下に存在するポーソロゴス図書館からミコスが語る

私たちの図書館は宇宙の記録を保存しています

地球の中心からご挨拶《あいさつ》致します。私の名前はミコスです。私はカタリアの住民です。エーゲ海の下の空洞地球に位置するポーソロゴス図書館からあなたに話し掛けています。

私は厳密に言えば非常に高齢です。私は同じ体で悠久の時間を過ごしています。私は、地球のすべての歴史が保存されてきたポーソロゴス図書館にある地球の記録をまとめることができます。私たちの図書館は膨大かつ広大で、地球だけでなく、宇宙の記録を保存しています。私たちはすべての惑星と太陽系の歴史を学ぶことができ、生命に関するすべてのことをどこででも知ることができます。それが私たちの図書館の役割です。私たちはそれを読むことができるだけでなく、すべての出来事の記憶を蓄積した水晶から直接すべてを体験することができます。それで、私たちはそのような出来事にアクセスできて、それらから学ぶことができ、関連するすべてのことに対して可能な限り最高の結果で簡単に自分たちの問題を解決できるのです。

私は地球の記録とあなた方の太陽系や宇宙の記録すべての保管者です。あらゆる場所に存在する全生命の歴史を主に保護するために、私は地球の空洞内にいます。これは私たちの重要な目的で、ポーソロゴス図書館の趣旨です。

この図書館は、私たちの広大な惑星系においてその種類では唯一のものです。私たちの図書館は非常に広大で、数マイル四方もの土地を専有し、水晶プロジェクターを通して閲覧可能な水晶スライドに保存されたすべての記録を収めた、巨大地下貯蔵室を持っています。私たちの貯蔵施設は広大で、組織化・分類化されているため、探している情報を簡単に見つけ出せ、閲覧のためにそれを引き出すことができます。あなたの注文を数分で引き出し、再びそれをもとの保管場所に戻すことが可能な巨大な運搬装置があるのです。このように、図書館の各項目は常に保存されるべき場所にあり、簡単に見つけられ、完璧《かんぺき》に保存されます。それは私たちの科学技術力ゆえです。私たちは自分たちが暮らす宇宙のテクノロジーを身に付けており、あなた方が想像できる図書館のシステムを遥《はる》かにしのぐ保管・貯蔵・回収の最も高度な手段を持っているのです。

私たちは本棚に死んだ本を置きませんから、すべて膨大で区別された存在形態で、生きた生命の記録を持っています。それは、劇場のステージにおけるライブ同様にそのストーリーを演じます。私たちはまるで観客のように、席に腰掛けてそれを見て、すぐその場ですべての歴史を直接体験します。それはまさに見る者にとっては驚きで、様々な形態をしたすべての生命に関して学ぶには最も進んだ方法です。

惑星連邦と銀河司令部⑦

あなた方の太陽系の全惑星には生命が存在することを覚えておいて下さい。それらの存在は、より高次元に住むあなた方の同胞で、彼らの電子は極めて高速で振動しています。あなた方の電子はまもなく速度を上げて、私たち全員が待つ５次元の光へとあなた方を前進させるペースで回転することになるでしょう。[銀河司令部のアシュターによる回答]

惑星連邦と銀河司令部⑧

すべての天体は空洞です。銀河司令部内の私たちは、あなた方の太陽系の惑星すべてに旅をして、直接それらを見ることができます。[銀河司令部のアシュターによる回答]

このようなミニシアターが図書館内にあり、そこで私たちは気楽に腰掛けて、地球や宇宙で起きたどんな活動やイベントをも自分で選んで見ることができます。これが本当のシアターというもので、本物の俳優たちが特定の出来事でありのままの自分を演じるのです。私たちの銀河で生命について学ぶには、これは最高の方法です。歴史に生気を与え、あなたの前に飛び出して、あなたの注意を捉《とら》え、そして、あなたはその一部となって、それを感じ、体験するのです。これは習得には最善の方法です。

地上におけるあなた方の歴史の授業は、私たちの学習方法と較《くら》べると退屈です。あなた方の情報が、実際の事実というよりも、むしろ誰かの理論や偏見に基づいた誤情報であるという事実は別として、退屈であるがために、教室において生徒たちは注意力や関心を欠いてしまうことになります。あなた方は私たちの図書館を気に入って、学習とは、エキサイティングで素晴らしい体験であることを理解するでしょう。

そのうち、私たちの二文明が互いに開かれ、地上の人々が戦争を止《や》め、〈統合意識〉に達する時には、あなた方はトンネルシステムを通してここにやってきて、ポーソロゴス図書館のすべての情報にアクセスできるようになるでしょう。そして、あなた方に対して世界は開かれ、あなた方はこの宇宙における私たちすべてと一つになる喜びと自由を体験するでしょう。さらに、あなた方は私たちの知恵と実績のすべてから恩恵をこうむることになるでしょう。これが、惑星、太陽系、銀河、そして宇宙が進化する方法です――一つの意識に統合し、永遠という時間を通してともに進化することによって、一歩ずつ、ともに〈進化の螺旋《らせん》〉を登り、誰をも向上させることで、すべての存在が進歩し、恩恵を受け、誰も置き去りにされなくなります。〈統合意識〉は私たち全員を動かし、全生命はその聖なる計画に沿って前進し、ホームプラネットと調和するのです。これは進化の最善の方法であり、私たちはこれをあなた方に大いに薦めたいと思います。

光はあなた方の集合意識の中で広がっており、まもなくその激しさを感じることになるでしょう。それは、あなた方の波動をより高いオクターブへと劇的に移し、そこで、その周波数はあなた方すべてを自覚なく〈統合意識〉へともたらすでしょう。ある日、ただ目を開けると、あなた方は私たちと一緒にいて、それをとても不思議に感じることでしょう。あなた方にはそれが魔法のように思えると同時に、まるで常にそうであったかのようにも思えるでしょう。そして、過去のすべての苦しみがあなた方の細胞から消し去られ、ついに自己を見つけて嬉《うれ》しく思うでしょう。私たちはあなた方を抱きしめて、私たちもまた、同胞であるあなた方とようやく一緒になることを嬉しく思うでしょう。私はあなた方の旧友のミコスです。

惑星連邦と銀河司令部⑨

太陽系の他の惑星に住むあなた方の同胞たちもまた、中心部が空洞になった惑星の表面で暮らしています。あなた方の太陽系の全惑星は空洞になっており、地下と地上の双方に生命が存在しています。[銀河司令部のアシュターによる回答]

惑星連邦と銀河司令部⑩

あなた方の太陽であるヘリオスは、他のすべての太陽と同様に、中心部が空洞になっています。太陽から発せられる光は、あなた方が信じるよう教えられてきたほど熱くはなく、冷たいのです。それは大気に接した時にはじめて高温に達します。[銀河司令部のアシュターによる回答]

空洞地球の住人たちの話

あなた方は皆、地底都市と馴染《なじ》みがありながら、空洞地球の住人たちとはあまり馴染みがないため、今、あなた方に私たちの話を聞いて頂きたいと思います。私たちはとても進歩した存在で、これまで地上で暮らしたことはありません。私たちはあなた方の太陽系内の他惑星や、遥か彼方《かなた》の宇宙にある他の銀河からやってきました。私たちは地球を監督し、いかなる種族やETたちからも干渉されることなく、独自に進化を続けるためにここにやってきました。私たちは外部からの侵入に十分守られた地球の中心部で安全に包まれているため、とても早く進歩できて、この惑星を愛と光の前哨《ぜんしょう》基地として守れるのです。私たちがより早く進歩できれば、〈神の愛の光〉へ向けた自由を獲得するのにもがいている人々を助けるために、より早く地上に姿を現すことができます。あなた方が私たちを見たり、聞いたりしたことがないのはこのためです。それで私たちは自分たちの隔離を自ら課したのです。

あなた方は本書で地底都市についてすべて読んできて、地球の歴史の一部としてその重要性を吸収する時間を持ちましたので、私たちは今あなた方に混じって、〈神の光〉の中で自由になり、あなた方が私たちを認めることを望んでいます。あなた方が私たちとともに神の力強い光の流れへと融合するまで、私たちはあなた方を私たちの心の炎へとますます引き寄せるので、私たちはあなた方がつかんで維持できるように、コンスタントに光と愛を発しています。そして、あなた方はある世界へと旅立つことが可能になるでしょう。その世界で、あなた方はかがり火として輝き、あなた方の光に出くわしたすべての人々が意識の変容を始めるよう内部から引き寄せられるようになり、地上のあなた方と全生命を助ける

ために ここに来ているたくさんの存在の意識も高まるようになるでしょう。地球のすべてがともに爆発して光のアセンションへと向かい、すべてが地球の重苦しさから永遠に解放されるまで、より高い意識の状態へ発展させるために……。

これは私たちの役割で、地球で達せられる最終的なゴールです。そして、私たちは皆一団となって、進化の螺旋を光と愛の領域へと持ち上げ、神の心の中の一つの細胞として一緒に、平和、美、繁栄の宮殿の中で暮らしながら、私たちは本当は何者なのかを理解するようになるでしょう。ですから、私たちが存在することに対してあなた方が心を開き、私たちをあなた方の生活の中へと迎え入れてくれることで、私たちとともに光への旅をしましょう。それによって、私たちもまた継続的な繁栄のステップ——私たちは神へと向かう道において密な関係をもってあなた方と歩む——へとあなた方を導けるかもしれません。だから、私たちと協力し合ってともに歩み、あなた方が疲れきった時はいつでも私たちがあなた方を守り、支えるものと考えて下さい。私たちは皆、一つの惑星として、アセンションへ向けてますます親密になっているのです。あなた方は近くに、とても近くにいて、光へのもう一押しをあなた方に与えるために私たちはここにいるのです。そこで、私たちは皆、あなた方が現れるのを待っています。

私たちは空洞地球の光に曝《さら》されており、母なる地球の子宮内で楽園を作ってきました。そして、私たちと一緒にあなた方にもこの楽園を体験してもらいたいのです。私たちは今、地上の同胞であるあなた方と密接に関わっており、あなた方を応援しています。私はあなた方の昔からの友であるミコスです。

他惑星と輪廻転生①

あなた方は皆、地底都市と馴染みがありながら、空洞地球の住人たちとはあまり馴染みがないため、今、あなた方に私たちの話を聞いて頂きたいと思います。私たちはとても進歩した存在で、これまで地上で暮らしたことはありません。[ポーソロゴス図書館のミコスからのメッセージ]

他惑星と輪廻転生②

私たちはあなた方の太陽系内の他惑星や、遥か彼方の宇宙にある他の銀河からやってきました。私たちは地球を監督し、いかなる種族やＥＴたちからも干渉されることなく、独自に進化を続けるためにここにやってきました。[ポーソロゴス図書館のミコスからのメッセージ]

私たちはかつて別の太陽系で暮らしていました

地球におけるトラベラー仲間の皆さん、こんにちは！　ミコスです。本日、私たちのホームである空洞地球の内部からあなたに話し掛けています。私たちは今は到達していますが、神の存在へと自らをゆっくり進歩させながら、数百万年ここにいました。母なる地球の子宮内部で隠され孤立していたお蔭《かげ》で、私たちは大きな進歩を遂げました。

私たちの生活のすべては、その所在ゆえに、平和と至福の下で送られてきました。母なる地球の鼓動《こどう》に近いがために、私たちは平和かつ平穏にここにいます。地球内部へと深く行けば行くほど、地球の鼓動がさらに強く感じられます。そして、地球の鼓動を感じれば感じるほど、女神の性質に共鳴するようになります。ですから、この距離により、私たちは数千年にわたって全生命と調和して、存在の喜びを感じてこられたのです。全生命はこの調和（ワンネス）を知っていますが、多くの生命はまだそれを肉体では感じていません。

母なる地球の鼓動は地球を通して鳴り響き、地上に到達して、そこであなた方はそれを感じ体験することができます。しかし、生命のこの鼓動を感じ、共鳴するためには、あなた方が平和でなければいけません。すべて同じ速度で振動し、神の加護を感じ、創造との調和に向けて専心しながら、あなた方の肉体は互いに同調的かつシンクロして（同時発生的で）いなければなりません。あなた方の体は、夜休んでいる時に体内で深い鼓動と共鳴します。あなた方は、自分たちが平和な状態にある時にのみ進歩できるのです。それが理由で、地球の奥深くにいる私たちは進歩してこられたのです。また、私たちの自分たち自身と全生命の鼓動にシンクロしてこられたことも背景にあります。

かつて私たちは、他の銀河内の太陽系で暮らしながら、宇宙空間を漂っていました。その時、今日あなた方が「スター・ウォーズ」と呼ぶ出来事がありました。人々は私たちの銀河の領域をコントロールするために戦いに参加していました。この戦闘行為が複数の惑星に大きな被害をもたらし、複数の太陽系を軌道から外してしまいました。これは、私たちの銀河にとっては暗黒の時代でしたが、私たちのような存在が平和の回復を熱望したため、進化を続けることができました。それは、私たちが地球を発見した時のことでした。

私たちは自分たちの太陽系をあとにして、その当時は限界外でほとんど知られていなかったここに旅してきました。地上に降りた時、私たちは地球の美と静穏に驚き、畏怖《いふ》の念を持ちました。私たちは地上を探索し、空洞内部へと繋《つな》がる、開かれたトンネルがあることを発見しました。それらのトンネルは他の文明によって既に存在していたものでした。というのも、地球は非常に古く、古代から文明が存在していたからです。

すべての惑星の北極と南極には開口部があり、私たちはその極を通って移住し、内部に私たちの「隠れ家」を発見しました。内部は非常に清潔かつ綺麗《きれい》で、平和的でした。その時以来、私たちはここに住み着いています。

長い年月をかけて、私たちは自分たちとあなた方のための移動手段として、地底都市や地上へ繋がるトンネルを拡大・拡張してきました。地上の人々でこれらのトンネルを利用してきた人はあまり多くいませんでしたが、もっと多くあなた方と私たちが解け合い、互いに行き来するような将来には、そのよ

他惑星と輪廻転生③

問題は、地上のあなたの周りで何が起こっているかではありません。なぜなら、あなたの肉体が自らの休息場に安定して留まっている間、あなたには完全に意識があり、あなたの意識は旅をするからです。あなたは自分の意志で自分の肉体から出入りできます。この旅は、車で別の場所に移動するよりももっとリアルであることを理解して下さい。あなたの意志は宇宙をも横断できますが、車はあなたの肉体だけしか移動できないのです。

他惑星と輪廻転生④

あなた方は皆、光をもたらすためにここにいるのです。あなた方は皆、私アダマがそうであるように、全人類を〈一つの人類家族〉に再統合させるために地球にやってきた偉大なる光の存在なのです。私たちの生活は絡み合っています。そしてまもなく、私たちはこの偉大なる生命のミステリーを明かして、偉大なる宇宙の法則に対する理解と平和のもとに私たちが暮らしている地下へとあなた方を導き、私たちは皆一緒になるでしょう。

うな人々が現れてくるでしょう。地上には地底都市と私たちのところへ繋がったトンネルの入り口が点在しています（巻頭の地図参照）。これはあなた方の銀河のたいていの惑星で見られることで、そこで人々は情報を交換したり、互いに学ぶために、自由に文明の発祥地と周縁部に移動できます。

あなた方の地球は、数千年の時を遡《さかのぼ》る、かなりの歴史があります。不幸にも、その歴史は常に平和的なものではありませんでした。というのも、ひとたび地球が発見されると、人々は地球を支配して、貴重な資源を採掘、略奪するために大きな戦争を起こして戦ったからです。しかし、地球を略奪していた時代は終わったことを承知して下さい。ちょうど波が海岸に打ち寄せるように、光へ向けて着実に上昇している銀河のこの区域に、そのような存在たちが立ち入ることはもはや許されていません。光は今、絶え間なく流れており、地上のすべての住人たちが切望している静穏と気付きをもたらしています。

地球の空洞部の奥底にいる私たちは、遥か昔からさらなる光を求めてきました。そして、地球のように資源に恵まれた惑星を見つけようと探し回っていたETの略奪団の侵入を阻止するにあたって、惑星連邦に仲裁に入るように助けも求めてきました。しかし、今日、それは終わりました。連邦はこの区域を完全に守っているため、ついに生命は平和の下に進歩を始められることをご理解下さい。

現在、地球にいるすべての生命体はアセンションを選択しています。しかし、ある者たちはこの時期に地球で私たちとともにアセンションしますが、自己の内なる選択に気付いておらず、この時期のアセンションに乗り気でない者たちは、のちにアセンションすることになるでしょう。地球のアセンションは保証されており、私たちは皆、自分たちの所在を私たちの太陽であるヘリオスのそばに移動させていることを知っておいて下さい。

空洞地球にいる人々は過去数年間で起きてきた周波数の上昇に対してとても嬉しく思っています。私たちは物理的にあなた方と繋がることを切望して、今この連携はすっかり確実なものとなっています。あなた方は上にいるのだと言うとしても、私たちはこれを「保証」すらできます。その通り、あなた方は私たちの上にいますが、所在の深さとは無関係です。なぜなら、平和が惑星に訪れることで、失った暗黒の日々を埋め合わせるよう、すべての生命に急速な進歩が保証されることになるからです。

人間はその教訓を十分に学んできて、戦争や口論も無益であることを学び、今、狂気を終焉《しゅうえん》させるべく、叫び求めています。そして、終わりの時がやってきています。あなた方は地上における最後の激変を目撃しているのです。

このようなことから、すべての存在たちが〈一つに統合された地球〉で協力し合うため、人々、場所そして信条が融合するのをあなた方は目にするようになるでしょう。これは神が待ち望んできた日です。これはあなた方の聖なる〈神性〉が祈ってきた日です。これは、私たちが鮮やかな色のローブをまとい、輝いたサンダルを履《は》いて、あなた方の惑星をもう一度本来の状態に戻すのに必要な装置と極めて貴重なギフトを携えて、トンネルの出口を開けてあなた方のもとへ現れることになる日です。というのも、私たちはあなた方が抱える汚染や病気の問題をすべて瞬時に解決できるからです。

あなた方には今、表に現れている知性や才能といったものでは計り知れない能力が備わっています。あなた方の多くは、自分たちの視界から隠されてきた自己の才能を取り戻しつつあります。その一つはテレパシーです。

あなた方は皆、テレパシーの能力を持っており、私たちと話をすることができます。人間にはいかに

他惑星と輪廻転生⑤

あなた方は皆、多くの惑星に行ったことがあり、すべての愛の根源に回帰しようと求めて、何千回も生を受ける体験をしてきました。数え切れないほどの生まれ変わりの体験を通じて、あなた方は皆、〈神の愛〉を知るために、そして、すべての愛の根源に人々が早く目覚めることを願って〈神の愛〉を放射するために、十分に備えてきました。これは重大なことです！

他惑星と輪廻転生⑥

ひとたび人類が内面から〈神の愛〉を直接感じるようになると、自分が地球にいる目的を理解することができるようになり、〈神の光〉から自己の魂が分離する感覚はなくなっていくのです。

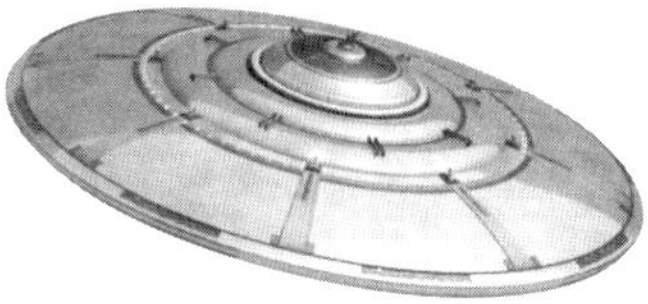

素晴らしい才能が授けられているのか、あなた方は今ちょうど悟り始めています。非常に才能が溢《あふ》れており、実のところ、あなた方は私たちが行うことのすべてを実際に行うことができました。というのも、私たちはかつてあなた方と同じであったからです。

かつて私たちは、あなた方が今体験していることのすべてを経験してきました。しかし、ちょうどあなた方が地球の周波数が高まるのに合わせて進歩していくことが運命付けられているように、私たちは地球の奥底へと入っていくことで進歩することが運命付けられていました。あなた方は生まれ持った才能を開花させて、自分たちの能力を享受《きょうじゅ》するようになるでしょう。ひとたびある周波数に達すると、あなた方の意識は一気に密度を通り抜け、すべてを見て知ることになります。そして、あなた方を愛で包みながら、私たちはついにあなた方と合流するでしょう。

私たちは大きな恵みを受けた空洞地球に住み、光が注ぎ込まれた偉大な神殿で暮らしています。あなた方にとってそれは空想の世界のように思えるでしょうが、私たちが自分たちの〈神性〉でそれを作り出したのであり、現実のことです。私たちは神と女神のためのホームを作り、それが私たちの住む場所なのです。

私たちは、あなた方の目ではまだ思い描くこともできない豊かさの中で暮らしています。あらゆる便利さがすぐ手に入り、私たちの環境にはあなた方の想像を超えた美しさがあります。私たちのホームは、周囲のすべてが田園地帯の緑に包まれた場所にあり、湖や小川によって囲まれた自然環境に組み込まれています。

私たちはあなた方が作ったような都市は持ちません。私たちは自分たちでさえ驚くような「田舎」だ

他惑星と輪廻転生⑦

私たちの太陽系に存在するたいていの惑星では平和が保たれています。大多数の人類は不死を通じて進化しているため、平和で幸福な人生を過ごしています。地球のように、いまだに貧困、戦争、強欲を抱えた幼年期の苦しみが見られる惑星は、ごくわずかです。

他惑星と輪廻転生⑧

私たちは、過去を思い出すためのアミノ酸コンピューターシステムを利用して、自己の過去世を振り返ることができるので、人生を自己の利益のために使うことができます。これは宇宙を通じて利用されているシステムです。地球は、過去世の体験にアクセスすることに関しては、まだ闇に包まれている、数少ない惑星の一つです。これは、私たちが地表に現れる際に、地底からあなた方に与えるテクノロジーです。

けを持ちます。木々や花々はわくわくするような色合いや形で生気に溢れており、私たちのホームと土地に愛を傾けています。すべてのものが、あなた方が称するように「巨大」です。私たちの木々や山々ですらあなた方のものの二倍の高さがあり、もちろん私たちの身長も高く、がっちりとしています。私たちの体の肩幅と胴回りはあなた方の二倍以上あり、私たちのフルーツや野菜もあなた方のものと較べると巨大です。私たちは母なる地球と調和しているため、すべての食べ物はオーガニックで、地球が個人的にその成長を方向付けています。

地球からの宝石が埋め込まれ、結晶化した石でできた偉大な神殿に住んでいます。その結晶化した石は、私たちの体に成長とバランスを与える磁場と輝きを生み出しており、私たちの宇宙のグレート・セントラルサンから発せられる生命力《ライフフォース》で私たちを満たしています。私たちのホームにあるすべてのものは、神の純粋さを放射しており、神の波動に私たちを合わせています。なぜなら、それが〈神の愛〉であるからで、私たちのホームを満たし、私たちの生活に豊かさを生み出しているのです。

私たちのホームは丸く半透明で、田園風景に溶け込んでいます。外側からは中が見られず、完全にプライバシーが守られています。しかし、ひとたび中に入ると、周囲の全方向を見渡すことができます。これにより、あなた方が地上で「閉じ込められている」よりも、むしろ視覚的に広々とした感覚が得られます。私たちはホームの外を見渡せるだけでなく、地球を超えて、空にある星々をも見ることができます。空洞地球のどこにいても、私たちのヴィジョンには限界や障壁はありません。私たちの肉体が地球内部にあっても、視覚と感覚は自由に宇宙を徘徊《はいかい》できるのです。

私たちの穀物畑は、自分たちの農場の中でも輝いてよく育っています。それは、私たちの味覚を大いに満たし、私たちの体にとても活力を与える、一番成熟した穀物を生み出すために、完璧に「太陽」と雨の恵みを受けています。私たちの食べ物は生命力で脈動しており、私たちが食べた時に、その生命力が私たちの各細胞へと伝えられて、完璧な健康と長寿をもたらします。

これが生命の秘密で、地上のあなた方が皆探し求めてきた、隠された若さの源です。もしあなた方が、プロセスを方向付け、成長を監督するためだけに自然自体を利用して、穀物の栽培と収穫を行うという自然の法則にのみ従えば、それは、生命力をあなた方に与えることをただ待ち続けてきた地球自体に見《み》出《いだ》されます。あなた方と協力した自然の偉大なる力があれば、土壌に何も加える必要はなく、収穫は大きさ、栄養、味において常にこの上ないものとなります。

食べ物によって私たちに与えられたこの強さによって、あなた方には不可能と思われる自分の体で、私たちは非常に困難と思われる偉業を成し遂げられるのです。私たちは極めて長い距離を疲労なく歩き、走り、一度に数時間泳ぐこともできます。私たちは一日の「仕事」の後に疲れることはありません。というのは、私たちが行うことは「仕事」ではないからです。それはすべて喜びとくつろぎであり、日々の終わりには満足感が得られるのです。

私たちの生活は本当に素晴らしいもので、恵まれていると感じることがかなりあります。しかし、私たちはこのユートピアを自分たち自身で作り上げてきたので、あなた方もそのうちできます。というのも、あなた方の未来は輝かしいものになるからです。あなた方は今にも天国へ向けてこの密度を突破しようとしています。そして、その天国とは、まさにこの地球にあるのです。現在、惑星の半分だけがそれに属していますが、そのうち惑星全体が、あなた方が探し求めてきた天国の中に入るでしょう。なぜ

他惑星と輪廻転生⑨

あなた方が想像する以上に、人生をより簡単に楽しくする数多くの素晴らしいテクノロジーが存在し、私たちはそれをあなた方に与えるでしょう。私たちがレムリアを去って、光の地底都市に向かった時、私たちは過去世での知識すべてを持ち出し、守ってきました。すべてのものが保存されており、私たちが地表に姿を現す際には、そのすべてをあなた方に与えます。

他惑星と輪廻転生⑩

かつて私たちは、他の銀河内の太陽系で暮らしながら、宇宙空間を漂っていました。その時、今日あなた方が「スターウォーズ」と呼ぶ出来事がありました。人々は私たちの銀河の領域をコントロールするために戦いに参加していました。この戦闘行為が複数の惑星に大きな被害をもたらし、複数の太陽系を軌道から外してしまいました。これは、私たちの銀河にとっては暗黒の時代でしたが、私たちのような存在が平和の回復を熱望したため、進化を続けることができました。[ポーソロゴス図書館のミコスからのメッセージ]

なら、天国は別の場所にあるのではなく、地球のまさにこの場所にあるからです。あなた方が暮らすこの場所です。あなた方は高い意識を通してそれをここにもたらすことだけが必要なのです。というのも、天国とはただ周波数であり、あなた方は今、その周波数へのアクセスへ向けて急速に自己を高めているからです。そして、意識を成長させて、グレート・セントラルサンから地球へと投下されているアセンションの周波数へ到達したいというあなた方の願望と決断を、空洞地球にいる私たちは賞賛しております。あなた方の〈父・母〉、〈神・女神〉、〈始まり・終わり〉は、あなた方を愛の深部へと立ち返らせて、ホームへと導いていいます。そこで、私たちは皆、永遠の余生を過ごすことになるでしょう。

他惑星と輪廻転生⑪

それは、私たちが地球を発見した時のことでした。私たちは自分たちの太陽系をあとにして、その当時は限界外でほとんど知られていなかったここに旅してきました。私たちは地上を探索し、空洞内部へと繋がる、開かれたトンネルがあることを発見しました。それらのトンネルは他の文明によって既に存在していたものでした。というのも、地球は非常に古く、古代から文明が存在していたからです。[ポーソロゴス図書館のミコスからのメッセージ]

他惑星と輪廻転生⑫

すべての惑星の北極と南極には開口部があり、私たちはその極を通って移住し、内部に私たちの「隠れ家」を発見しました。地球の空洞部の奥底にいる私たちは、遥か昔からさらなる光を求めてきました。そして、地球のように資源に恵まれた惑星を見つけようと探し回っていたETの略奪団の侵入を阻止するにあたって、惑星連邦に仲裁に入るように助けを求めてきました。[ポーソロゴス図書館のミコスからのメッセージ]

食糧は成長したコミュニティーの集合意識に影響を与えます

私はミコスです。インナーアースにある聖域からあなたに呼びかけています。神が私に与えて下さった範囲内で、そこで私は平和と満足を感じながら暮らしています。地上のあなた方は惨《みじ》めで、乏しく、恐れおののいて暮らしています。なぜなら、あなた方は創造主よりも、最善を知っていると考えて、神から自己を分離してしまっていたからです。あなた方の生活は地球の豊穣に恵まれてきましたが、自然の方法ではなく、自分たちの農法を利用して、蔑《さげす》んで地球から顔をそむけてしまっています。母なる地球は、栄養分を回復させるために土壌を休閑させる、自然の法則に従った転作や輪作を利用して、地球に協力的なすべての人々のために、豊かな作物を生み出してきました。毒性のある肥料や化学物質を与えて、同じ作物を繰り返し継続的に植えることで、あなた方は栄養と生命力を欠いた作物を放置して、地球の豊かな栄養素を殺してしまっています。

昔の人々は常に土壌の守護者である神霊たちと協力してきました。植えられる作物の成長のための決定や管理を地球に任せて、ともに取り組むことで、収穫は常に大きなもの――いや、巨大なもの――となり、各原子を通じて脈打つ生命力で満ち溢れていました。各原子・細胞の中のこの生命力、この脈動、この刺激は、人生の不老長寿の薬なのです。それは「永遠の若さ」を保つ秘密でした。

長い不在の後に神霊たちは地球に戻ってきており、そこに立ち返ろうとする少数の人々をそっと助けています。そして、私たち人体の細胞を維持し、はぐくむ栄養素を増やす生命とともに、土壌を立て直そうとしています。あなた方が行うのが農業であろうと、ただの庭いじりであろうとも、神霊たちは全人類と協力したがっている素晴らしい存在です。彼らはあなた方とのパートナーシップを取り戻したいと思っています。それにより、自分たちの場所で自分たちが食べるために、すべての人々は、土壌のマジックや栽培・収穫のマジック、自分たちの食べ物を育てるマジックを学ぶことができます。遠い国外のような、他の場所からあなた方のところに輸送された食べ物は、自分たちの地域の環境や独自の生命波とは共鳴しないのです。

すべてのものは、あなた方を含めて、あなた方の目の前にある周囲の環境の反映です。あなた方が触れたり、あなた方を取り巻くオーラやあなた方のそばにあるものすべては、自己の脈動する原子をキャッチして、それらの原子は土壌の一部となり、さらにあなた方が育てるあらゆるものの波動の一部となります。そのように振動する原子を含む食べ物——あなた方がシンクロできない未知の場所からよりも、あなた方が共鳴するコミュニティーや自分自身から生じる——のみを吸収することは、あなた方にとっては、より健康的なことと思いませんか？　ここではたくさん考えることがあります。生命の本質に関してや、私たちが暮らす特定の場所に皆どのように適応し、どのようにその場所に土着していくのかも、理解しなければなりません。ちょうど私たちが育てる作物同様に、私たち自身が自分たちの暮らす環境なのです。

あなた方が実際に暮らす場所の外から来た食べ物を摂取することは、あなた方の体の細胞に混乱を与えます。なぜなら、それはあなた方のライフスタイルや思考、感覚と共鳴しないからです。代わりに、あなた方は自分たちのすべての器官、成長ホルモン、腺《せん》、そして、あなたを「あなた」にしているあらゆるものの全体的な機能や消化システムで危険や不適合性を知ることなく、実際に他人の思考や感覚を

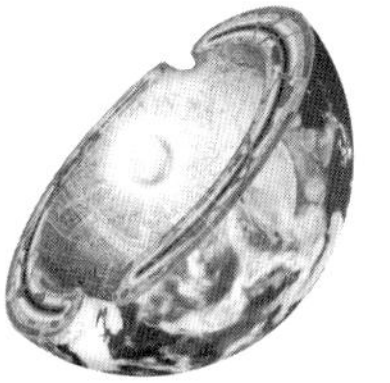

インナーアースの農業と食べ物①

私たちはあなた方が作ったような都市は持ちません。「田舎」だけを持ちます。木々や花々はわくわくするような色合いや形で生気に溢れており、私たちのホームと土地に愛を傾けています。[ポーソロゴス図書館のミコスからのメッセージ]

インナーアースの農業と食べ物②

すべてのものが、「巨大」です。木々や山々ですらあなた方のものの2倍の高さがあり、私たちの身長も高く、がっちりとしています。私たちの体の肩幅と胴回りはあなた方の2倍以上あり、フルーツや野菜もあなた方のものと較べると巨大です。[ポーソロゴス図書館のミコスからのメッセージ]

「食べる」ことになり、それがあなたのものになって吸収されてしまうのです。他人の思考を摂取することは、あなた自身のものですらない恐怖や嫌悪感を起こす結果となり、それが一体どこからやってきたのか不思議に思うのです。

健康的で強い体を持つためには、一定の地域からとれた食べ物だけを体に与えることが肝心です。これはあなた方の生命力を高め、あなた方の思考や感覚にバランスを与えます。というのも、あなた方は、一つの社会の集合意識を含めた自分たちの願望や夢を補強・強化するようになるからです。

このために世界が不調和であり、それは自然と不調和なためでもあります。神霊たちに呼びかけて、すべて戻ってくるように求め、彼らから学びたいことを伝えて下さい。そして、土壌にとっての生命とあなた方の体にとっての生命を回復させるために、彼らと協力していくのです。この生命力がないと、あなた方の体は衰え、弱体化します。あなた方の細胞は若さを保ち、年を取らないようになっていましたが、細胞自体を維持するための生命力を欠いてしまっています。

あなた方の現在の文明はますます土や木、動物から離れて、外を見渡す窓もない科学技術という象牙《ぞうげ》の塔へと向かっています。自然と対話する扉を閉ざしてしまい、どんなにお金があっても、なぜこんなにも孤独で貧しいのかと思っています。

私たちは、あなた方地球の人々に自然に返るように懇願《こんがん》致します。地球は、あなた方が再び地球と一つになり、あなた方の先祖であるネイティブ・アメリカンたちの歩みに従うよう呼びかけています。彼らは大地が自分たちの一部であると理解しており、自然とともに暮らし、自然の恵みに敬意を示し、地球から学び、作物を育てるために地球自身の方法を利用して、決して地球に対して働くよう強要しませんでした。

　家の中に閉じこもるのではなく、外で時を過ごして下さい。ただ木のそばで腰掛けたり、森の中を歩いたりして時を過ごし、自分を元気付け、感情体にバランスを与えながら、生命力が自分に戻ってくるのに注目して下さい。自然は、あなた方の社会が抱える病気にとって偉大な解毒剤です。そして、それはすべての人々が無料で受け取れます。処方箋《しょほうせん》のために医者と相談する必要はありません。木々がそれをあなた方に無料で投与してくれるでしょう。なぜそれらがここにあるのだと思いますか？　あなた方の風景を優美に飾るためだけですか？

　木々は、あなた方が思い描く以上に遥かに進歩した壮大な存在です。そして、彼らはあなた方が必要とする酸素を与え、あなた方が生み出す汚染を吸収しながら、クジラ目の動物たちが海の管理人であるように、自分たちのことを大地の管理人としてあなた方が認識するようになるのを待っています。それで、この生命のギフトに対するお返しとして、あなた方は何をしていますか？　あなた方は木々を切り倒し、彼らから離れて、無視しているのです。自分たちの愛とエネルギーであなた方を包み込み、あなた方との接触が感じられるよう願いながら、木々はあなた方とコミュニケーションをとることを切望しています。木々はあなた方の生活の保護者として家やコミュニティーの上に注意深く立っていますので、彼らのところへ行って、彼らに話し掛け、彼らのそばに腰掛けてみて下さい。彼らに話し掛ければ、彼らは応えてくれるでしょう。彼らは再び人間が自分たちと繋がりを持つようになるのを遥か昔から待ち続けてきています。

　自然はあなた方を自由にするでしょう。あなた方はバランスを取り戻し、人間の法則ではなく、自然

インナーアースの農業と食べ物③

昔の人々は常に土壌の守護者である神霊たちと協力してきました。植えられる作物の成長のための決定や管理を地球に任せて、ともに取り組むことで、収穫は常に大きなもの——いや、巨大なもの——となり、各原子を通じて脈打つ生命力で満ち溢れていました。［ポーソロゴス図書館のミコスからのメッセージ］

インナーアースの農業と食べ物④

各原子・細胞の中のこの生命力、この脈動、この刺激は、人生の不老長寿の薬なのです。それは「永遠の若さ」を保つ秘密でした。［ポーソロゴス図書館のミコスからのメッセージ］

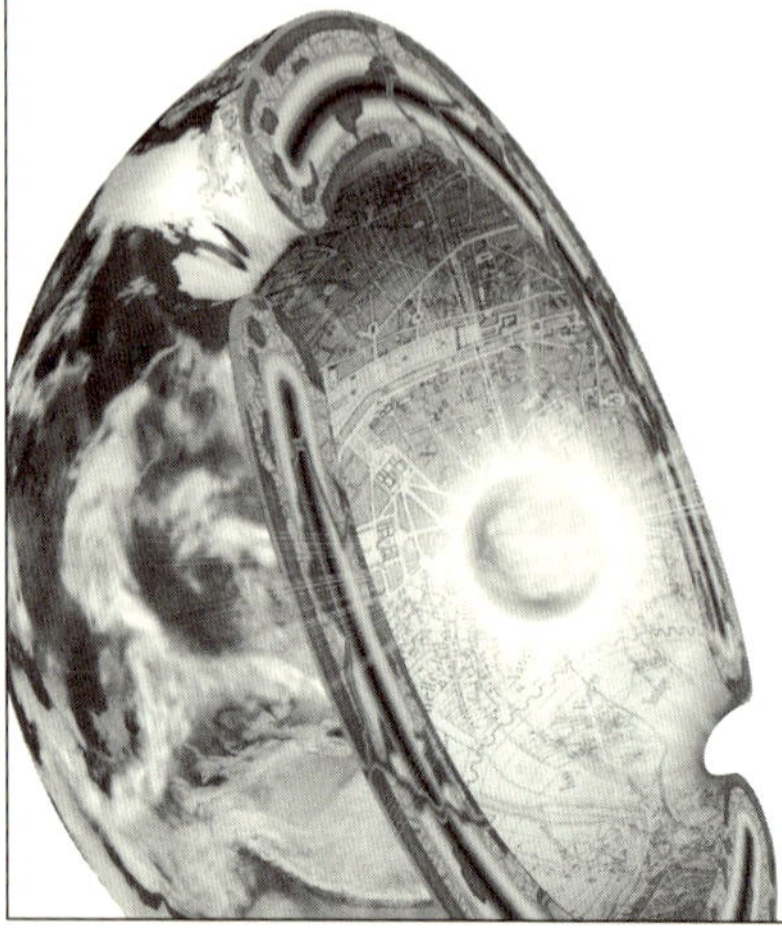

の法則に従った生活を夢見て、再建する意志を取り戻すようになるでしょう。

空洞地球にいる私たちは自然、全生命、そして神と一つになっています。それが理由で、私たちは極めて長寿で、健康なのです。私たちは皆、自分たちの惑星の一部であり、惑星もまた私たちの一部であることを理解しています。私たちが自然と関わる際、一つになって働きます。自然を無視すれば、自分たちを無視することになります。これが、種として生存するのに重大な宇宙の法則なのです。

私たちはあなた方の注意をそれに向かわせており、それで、あなた方は自分たちの惑星を守れるようになり、地上で進歩を続けるためのホームを持つでしょう。あなた方は宇宙空間では進歩できないのに、なぜ自分たちのホームをあまりにも露骨に破壊するのでしょうか？

あなた方はインナーアースにおける奇跡や美の奇跡、そして私たちが持つ「地に足のついた」賢明なライフスタイルに驚くことでしょう。それらはすべて、私たちが全生命との調和のために宇宙の法則を適用しているからです。

私はカタリアの住人で、あなた方とは心の奥底からの友人であるミコスです。あなた方が持つ私の記憶が表面化しはじめると、あなた方が空洞地球で生まれた過去から、私たちと友情関係があったことを思い出すでしょう。良い日をお過ごし下さい。

地球は銀河のショーケースです

今日、私は地上で暮らすすべての人々に向けて調和と思いやりをもって、あなた方と接触しようとしています。あなた方を私たちの生活、ホーム、そしてインナーアースへと迎えるために、私たちは腕を広げ、あなた方への友情を深めています。天空で次元上昇する星として地球は意識を高めているため、地球内部の奥底では調和が私たち全員を包んでおり、まもなく地球全体も包み込むようになるでしょう。

地球は宇宙空間を漂いながら、地球の疲れた旅人たちは、すべての魂が自己の存在を理解することになるアセンションの梯子《はしご》を登ります。地球へ向けられた大量のエネルギーゆえに、人類の心の中で炎が燃やされ、その炎はあまりにも大きく、全人類は、心の中で燃え立つ、神による意識の生気という炎を捉えてきました。この光は、自分たちが何者なのか、そして、小さな各体細胞中に含まれる宇宙の知恵を思い出すよう人類を目覚めさせています。

私たちは、地上にいる全生命の体細胞を突き抜ける閃光《せんこう》になるように大気に火を点《つ》けて、光が神聖な母なる地球の体へ注がれるのを理解しています。光を超える速度へ私たちの波動を加速させるのに従って、私たちもまたこの光の激しさを感じています。地球のオーラがかつて地球を暗黒に閉じ込めていた密度を通してきらめいているように、地上のすべてのものは、輝く光のショーによって祝福されています。

今、地球の光は広漠とした空間を通じてにじみ出ており、そこで、すべての者たちが光となるその驚くべき誕生にフォーカスしています。地球は〈神の愛〉によって火をともされ、煽《あお》り立てられており、

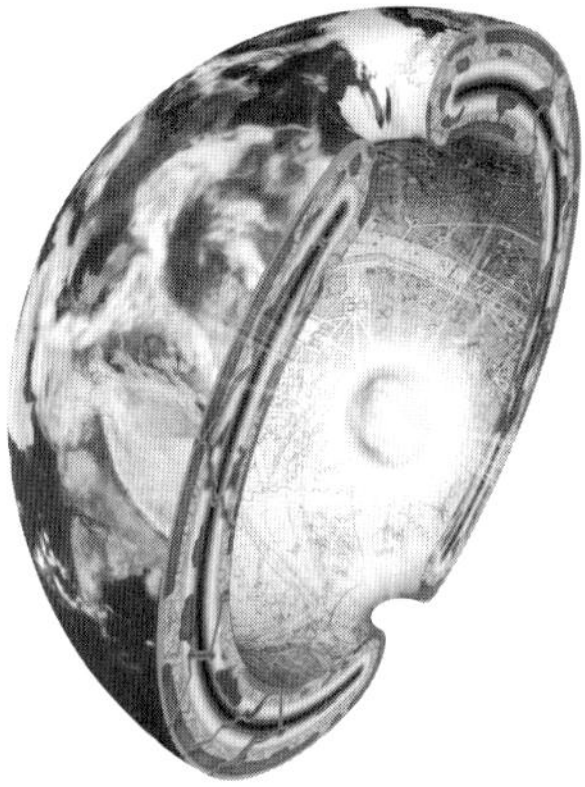

インナーアースの農業と食べ物⑤

遠い国外のように、他の場所からあなた方のところに輸送された食べ物は、自分たちの地域の環境や独自の生命波とは共鳴しないのです。すべてのものは、あなた方を取り巻くオーラを含めて、あなた方の目の前にある周囲の環境の反映です。[ポーソロゴス図書館のミコスからのメッセージ]

インナーアースの農業と食べ物⑥

長い不在の後に神霊たちは地球に戻ってきており、そこに立ち返ろうとする少数の人々をそっと助けています。そして、私たち人体の細胞を維持し、はぐくむ栄養素を増やす生命とともに、土壌を立て直そうとしています。[ポーソロゴス図書館のミコスからのメッセージ]

すべての次元上昇した存在《アセンディッド・ビーイング》たちや天使たち、そしてクジラ目の動物たちが、あらゆる場所にいるすべての生命を通じてその光を発し続ける愛のともし火を運んでいます。今は誰もその光から逃れることはできません。権力と破壊という自分たちのポジションを変えるのを拒《こば》む暗黒の魂でさえも、地球の人間たちをコントロールしようとする彼らの意図を暴露すべく、その光が彼らの空間に侵入してきているのを感じています。彼らは闇を愛しますが、すべての者たちが目撃できるように、光は彼らの真の性《さが》を全側面から露《あらわ》とします。これは、彼らにとって不快な環境を作り出し、政府や政治における状況に対してもっと激しく反応して、自分たちの行動にさらに力を入れさせる状況を生み出しています。彼らは自らを死に追い込むことになり、彼らの終わりがやってくるでしょう。

今噴出しているニュースや、光と闇の間の摩擦に振り回されないで下さい。というのも、最終的にそのような魂は権力の座から降ろされ、地球から排除され、二度と現れることはなくなるので、それらはクライマックスに達して、その後衰え、消えていくでしょう。もう時間切れです。親愛なる光の同胞であるあなた方は、現に始めています。まもなく地球は新たな始まりを迎えるでしょう。圧制から初めて解放されて、全人類が〈統合意識〉を通じて繁栄し、自分たちの夢をすべて達成することができるでしょう。それが人生の夢であり、まもなくそれが標準となるでしょう。

あなた方から隠されてきたすべての知識が露《あらわ》にされることになっており、私たちは皆、目前に迫ったエキサイティングな時代に加わろうとしています。あなた方は「自分たちが何者なのか」を知る光を浴びて、自分たちがここにいる目的を思い出すでしょう。〈統合意識〉は地球を包み込むと、地球はあなた方全員とともに、急速に周波数を上昇させて、3次元という密度のバリアを一気に突き破って5次元

インナーアースの農業と食べ物⑦

木々は、あなた方が思い描く以上に遥かに進歩した壮大な存在です。そして、彼らはあなた方が必要とする酸素を与え、あなた方が生み出す汚染を吸収しながら、クジラ目の動物たちが海の管理人であるように、自分たちのことを大地の管理人としてあなた方が認識するようになるのを待っています。[ポーソロゴス図書館のミコスからのメッセージ]

インナーアースの農業と食べ物⑧

あなた方が実際に暮らす場所の外から来た食べ物を摂取することは、あなた方の体の細胞に混乱を与えます。なぜなら、それはあなた方のライフスタイルや思考、感覚と共鳴しないからです。

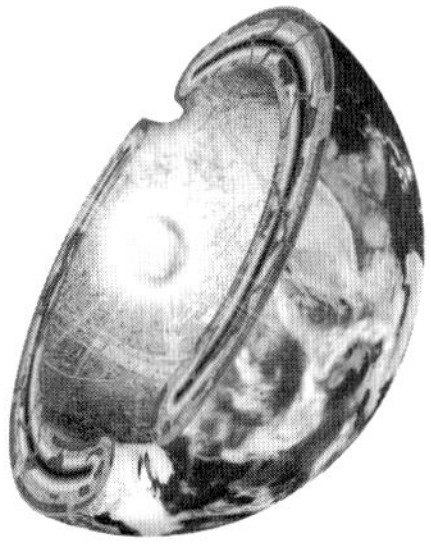

の光へと向かうでしょう。

これは注目すべき時代で、これまで地球では体験したことがなかったものです。まもなくあなた方は隠された古代の知恵やタブレット、古文書を発見することになり、これにより、あなた方全員が自分たちの天性を思い出し、人生の苦悩から解放されることになるでしょう。あなた方に必要なものは自由だけです。

インナーアースの私たちは自由な人生を過ごす自由人です。そして、この自由により、私たちは心身ともに永遠の若さを保っています。というのも、私たちは決して神の法則から逸脱《いつだつ》しないよう決意してきたからです。それが、私たちを健康で豊かに保ち、私たちの寿命を永遠のものとする神の法則なのです。

すべてのことが地球では加速しています。内部領域においては、すべてが光であり、すべてが愛です。日々ますます多くの人間たちが自己の魂の叫び声に目覚め、そして平和を選択し、生命を選択し、自分たちの生得権であるすべてのことを選択していることに私たちは驚きをもって見ています。地球は銀河のショーケースで、それは、すべての生命を神の心へと戻し、一つの偉大なるアセンションの波に再統合されるのです。

〈統合意識〉が地上に浸透するまで、私たちは地球の中心部に隠れたまま留《とど》まります。ただし、その時が来たら、あなた方を導き、愛し、ホームへと歓迎する私たちを、あなた方は自分たちの中に見出すようになるでしょう。私はポーソロゴス図書館からあなた方に話し掛けている、図書館長のミコスです。

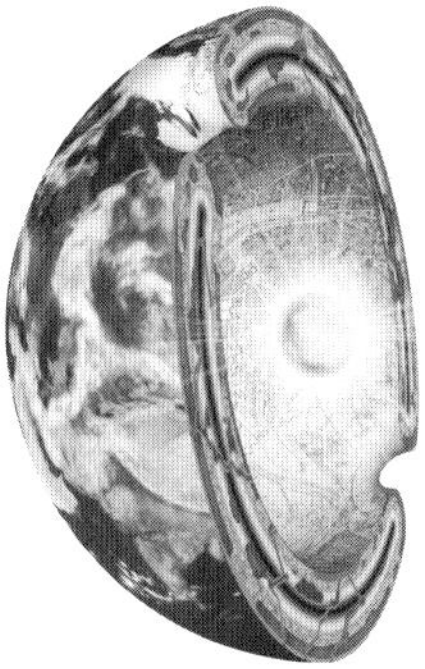

インナーアースの農業と食べ物⑨

遠いもの、共鳴しないものを食べることは、あなたを「あなた」にしているあらゆるものの全体的な機能や消化システムに危険や不適合性を知ることなく、実際に他人の思考や感覚を「食べる」ことになり、それがあなたのものになって吸収されてしまうのです。

インナーアースの農業と食べ物⑩

他人の思考を摂取することは、あなた自身のものですらない恐怖や嫌悪感を起こす結果となり、それが一体どこからやってきたのか不思議に思うことになるのです。[ポーソロゴス図書館のミコスからのメッセージ]

すべての知識が収められた、生きた図書館はあなた方各人の中にあります

私たち全員の中の生き神である、神霊の一なる創造主の御名において、今日私はあなた方にご挨拶致します。あなた方は私たちからそれほど離れておらず、わずか2、3キロメートル隔たっているだけであることを理解して下さい。この距離は私たちを物理的に隔てていますが、私たちの関係は、木に付いた葉や、あなたの顔をなでる風ぐらい近いものです。というのも、私たちの意識は地球の深部から外へと流れ、常にあなた方を気遣《きづか》い、祝福しようとあなた方のもとに届いているからです。

私たちは特にこの偉大なる地球の進化を助け、同時に私たち自身の発展のためのホームを持つためにここに来ました。そして、地上で暮らすあなた方を高い光の領域へと持ち上げて、そこで私たちは皆、出会って一つになることができるのです。なぜなら、意識の合流により私たちは、すべてのアバター(化身)たちが待つ、より高次な領域へと私たち全員を導くことができる偉大な光の力となるからです。ですから、意識において私たちとともに上昇して、地球を介して私たちとともに流れ、返りの流れで私たちの想念を読めば、意図されていたように、私たちはお互いに話し合うことができます。私たちとの会話や出会いは、私たち全員を光の高い次元へと動かすことになるのです。

決して終わりがなく、あなた方の中に存在する神の栄光に向けてひたすら上へと導く、決して歪《ゆが》まないあなた方の道であなた方を励ますために、私たちは自分たちの知恵と声援のすべてを表しながら、栄誉と輝きのもとに、本日あなた方の前に現れています。あなた方の内面がすべてなのです。あなた方が探し求めているすべての答えと、あなた方が必要としているすべての説明。そのすべては、宇宙のあら

ゆる情報を蓄えた巨大な人類の神殿の中に存在しており、あなた方がそれにアクセスすることを私たちはお誘い致します。

私たちは、考えて付いてくるようあなた方に合図しており、そしてあなた方が行うのであれば、私たちはあなた方が地球の管理と問題のすべてを解決できるよう助けることができます。今のところは、私たちがここにいることを知って頂き、ただ私たちに呼びかけて下さい。私たちはあなた方の声を聞いて、返事をするでしょう。なぜなら、地上のあなた方に一人ずつ繋がり、あなた方のハイアーセルフの光や、あなた方が実際に住んでいるところの光、そしてすべてが蓄積され、あなた方自身の中に隠されている情報の扉が開かれるのを待っている場所へと、あなた方をやさしく導くことが私たちの使命であるからです。

この時期、地上の全生命は、鍵を回して開けるようただ促《うなが》されることが求められている、意識の内なる扉へとアクセスしています。ですから、これらの扉を動かして開ければ、あなた方は、ともに永遠へと歩む準備ができた私たちをここに見つけられるでしょう。私たちは常にあなた方に光と愛と想念を送っています。それらをつかまえて、私たちに戻して下さい。

私たちは自分たちの心、ホーム、そして地球の内部で快適に落ち着いており、そこで私たちはとても安全であり、この安全と快適さをあなた方に提供します。あなた方が私たちのあとを付いてくるよう願って、これをあなた方に提供します。そして、あなた方自身の心の空間や光の宮殿に住まう神の心へとあなた方を連れていくでしょう。

私たちはあなた方全員をとても深く愛しています。私たちはあなた方の夢を知っており、あなた方が

ポーソロゴス図書館①

地球のすべての歴史が保存されてきたポーソロゴス図書館にある地球の記録をまとめることができます。私たちの図書館は膨大かつ広大で、地球だけでなく、宇宙の記録を保存しています。

ポーソロゴス図書館②

私たちはすべての惑星と太陽系の歴史を学ぶことができ、生命に関するすべてのことをどこででも知ることができます。それが私たちの図書館の役割です。私たちはそれを読むことができるだけでなく、すべての出来事の記憶を蓄積した水晶から直接すべてを体験することができます。[ポーソロゴス図書館のミコスからのメッセージ]

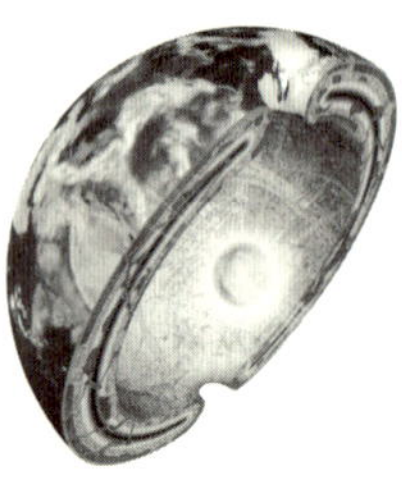

平和で豊かな暮らしを求めていることも知っています。ですから、存在するすべてのものや、あなた方が達成できることのすべてを十分に探求して、どうぞ私たちとともに旅をして下さい。この探求はあなた方の内部からやってくるのだとただ理解して、あなた方はどこに行く必要もありません。あなた方がまさに今座っている場所から、自分自身の魂や宇宙の深さを探求できるのです。いかなる類《たぐい》の物理的な旅も必要ありません。ただ私たちに合図をしてくれれば、私たちはあなた方をそこに連れて行くでしょう。というのも、ひとたびあなた方の意識が私たちと融合すれば、私たちは一つになるからです。そして、あなた方は私たちと旅ができます。私たちは一緒に宇宙空間の果てや魂の最深部へも旅することができます。それで、私たちは一つの意識に統合して、星々への道を突き進むことができるのです。

全知の生きた図書館はあなた方の中にあります。自分の中のこのアクセスポイントから、あなた方は存在するすべての知識に即座に到達できるのです。物理的に存在する本のページを物理的にめくる必要はありません。過去そして未来の知恵と知識のすべてを再発見するためには、ただあなた方の魂の中でページをめくれば良いのです。

あなた方は瞑想《めいそう》を行い、意識的に神の根源と繋がり、そして〈光の家族〉である地底都市と空洞地球にいるあなた方の友人たちに呼びかけることで、これを行います。それで、隠された領域が露となり、あなた方が読むためのページが開かれるまで、私たちはあなた方とここにいて、隠された領域を探索するのです。それは、あなた方が夜間エーテル体で探索するのと同じ隠された領域で、あなた方は地球の水準を離れて、本来あるべき自由を再び獲得するのです。そのため、あなた方は想念において私たちと一緒になり、自己のヴィジョンにおいて空洞地球を探索し、あなた方と繋がるのをひたすら待ち続けている私たちに出会うようにして頂ければ、私たちはあなた方を人生の旅において空洞地球や外の星々へと連れて行くことができるのです。

私たちの心は今日あなた方と繋がっている喜びで輝いています。そして、私たちの言葉のすべてが地上の人々へと伝われば、その状況は反転可能で、一瞬のうちに美と光へと変えられることを人々は理解できるようになるでしょう。地球の全生命の健康は、あなた方の内なる存在へ向かったこの繋がりや、地球のスピリチュアルハイアラーキー、光の地底都市、そして空洞地球の私たちとの繋がりに依存しています。

あなた方の精神的・感情的な健康はこの繋がりに依存しており、あなた方のサバイバルも生命体——特に、あなた方に合図し、呼びかけ、話したがっている木々——との繋がりに依存しています。私たち自身があなた方に流れるように、あなた方自身を私たちに流して下さい。そうすれば、この広大な海が地球全体を5次元の光へと流していくでしょう。

あなた方が私たちの呼びかけに早く応じてくれることを希望しながら、私たちは地球における私たちの同胞であるあなた方にお別れを告げます。というのも、私たちの呼びかけはまた、内部からのあなた方の呼びかけでもあるからです。それはすべて同じ呼びかけなのです。それは、私たち全員をホームへと招いている偉大な創造主からの一つの呼びかけなのです。

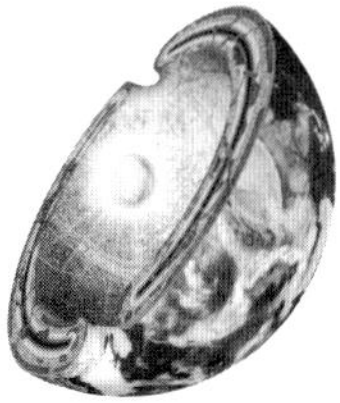

ポーソロゴス図書館③

この図書館は、私たちの広大な惑星系においてその種類では随一です。私たちの図書館は非常に広大で、数マイル四方もの土地を専有し、水晶プロジェクターを通して閲覧可能な水晶スライドに保存されたすべての記録を収めた、巨大地下貯蔵室を持っています。

ポーソロゴス図書館④

私たちは本棚に死んだ本を置きません。まるで私たちは観客のように、席に腰掛けてそれを見て、すぐその場ですべての歴史を直接体験します。[ポーソロゴス図書館のミコスからのメッセージ]

テレパシー送信に遅延はありません

こちらはミコスです。私はこの書きとめられるメッセージをあなた方に伝え、あなた方は私たちの数百マイル上で受け取っており、すべては私の周りで起きています。なぜなら、想念は直接地球を通り抜け、ミコスである私が考えたその想念をあなた方は同時に受け取るからです。

テレパシー送信に遅延はありません。私が何かを言うまさにその瞬間に、あなた方は私が言うことを即座に聞くのです。それは極めて奇跡的なコミュニケーションの方法であり、まったく自然な方法でもあります。あなた方が私たちと調和して自己を高めれば、そのうちすべてを悟るようになるでしょう。なぜなら、それは、テレパシーによるコミュニケーションが起こり得る、この調和のとれた様式にあるからです。またそれは、お互いに混ざり合い、融合する私たちの存在に調和があることで、私たちはいつでも希望する時に互いに話し掛けることができるからです。

あなた方の母星であなた方のそばにいる他の生命の存在に対して心を開いて下さい。そうすれば、あなた方が地球と呼ぶこの惑星の内部に実際に存在している謎のすべてを探索できるようになるでしょう。私たちの地球はそれ自体驚異的であり、あなた方が地球をさらに知るようになれば、自分自身をさらに知るようになり、全生命をもさらに知るようになります。なぜなら、あなた方が自己をより高い意識の周波数に高めれば、あらゆる生命の存在に自分たちでアクセス可能になるからです。あなた方は皆、私たちによって念入りに監視されていますので、私たちは自分たちの上で暮らすあなた方全員のことを見聞きすることができます。私たちは地上で起こることのすべてを自分たちのヴィジョンとコンピュータ

ポーソロゴス図書館⑤

あなた方から隠されてきたすべての知識が露にされることになっており、私たちは皆、目前に迫ったエキサイティングな時代に加わろうとしています。まもなくあなた方は隠された古代の知恵やタブレット、古文書を発見することになり、これにより、あなた方全員が自分たちの神性を思い出し、人生の苦悩から解放されることになるでしょう。

ポーソロゴス図書館⑥

すべての学びはあなた方の内側で起こるようになるため、もはや学習のための本は必要なくなるでしょう。あなた方は希望するどんな場所へも旅することができるようになり、そこに行って実際に体験することで学べるようになるでしょう。知識の実際の所在は内側にあるため、本はすたれることになるでしょう。[ポーソロゴス図書館のミコスからのメッセージ]

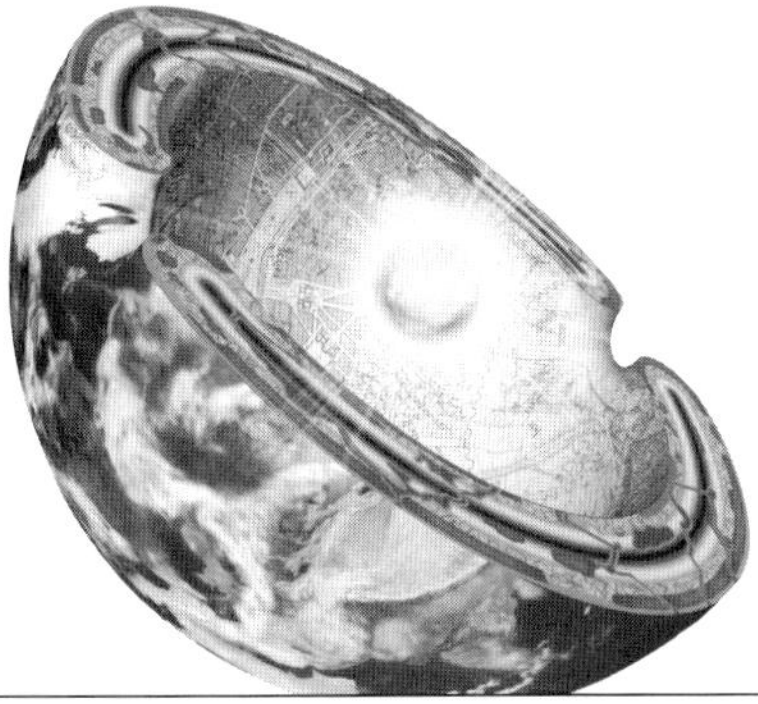

ーシステムを通じて知っており、そこで地球上のすべてのことが念入りに監視され、私たちにニュースをもたらし、情報を地上の住人たちに伝えることも行いながら、私たちの使者たちは自分たちの居住地から出入りしています。

私たちの使者たちは、地上の状況に関した情報を広めるために私たちと一緒に取り組んでいる多くの地上の住人たちとコンタクトをとっています。私たちは、あなた方を大いに驚かせるだろう、並外れたシステムを持っています。あなた方が訪れることができるようになる時期が来るまで、まさにあなた方自身の存在内でアクセス可能な空洞地球からあなた方と情報交換を行って、私はあなた方に直接話し掛けていくでしょう。

私たちは皆ここにいて、あなた方からの応答に応えたいと熱望していますので、意識において私たちと繋がって下さい。私たちは誠実な心で私たちと意識的に繋がる人々全員に話し掛けるでしょう。というのも、この時期を通じてあなた方と繋がって助けることは、私たちの最大の望みであるからです。そこで、まもなくあなた方は地球の全生命に気付くようになり、私たちは一つであると認識するようになるでしょう。私はミコス。良い日をお過ごし下さい。

あなた方は五感以外にも多くの感覚を持っています

こちらはミコスです。今日、空洞地球からあなた方に話し掛けています。私たちは地上の人々に向けたメッセージをあなたに与える目的であなたと会うためにここに来ています。私たちが何者で、私たちがここに存在していることを地上の人々が知るのは、とても重要なことです。私たちの存在はあなた方が存在するために極めて重要です。現在、あなた方は種としてかなり聡明《そうめい》になっており、私たちがあなた方と物理的にコンタクトをとる際には、もっと簡単に私たちを受け入れることでしょう。

あなた方が表面で暮らすこの空洞の地球では、みんなで分かち合い、探索し、内なる神がどれだけ壮大であるかを認識することが意図されていました。というのも、それは、このすべてを創造したあなたの中に存在する神であり、そして、このすべての体験を欲するあなたの中に存在する神であるからです。しかし、最初にあなた方はその存在を認め、あなた方が視覚、音、場所と呼ぶものなど、五感を超えて存在するものも認識する必要があります。それが存在するのに何かを見ることができる必要はありません。その存在は、あなた方の実際の物理的視野とは独立しています。

実際、あなた方は五感よりも多くの感覚を持つでしょう。実際のところ、あなた方は皆、多次元的存在で、あなた方を構成する他の感覚で多次元性を発見するためにここにいるのです。そして、あなた方が自分たちの超感覚を発見する時、宇宙を発見することになるでしょう。すべての学びはあなた方の内側で起こるようになるため、もはや学習のための本は必要なくなるでしょう。あなた方は希望するどんな場所へも旅することができるようになり、そこに行って実際に体験することで学べるようになるでし

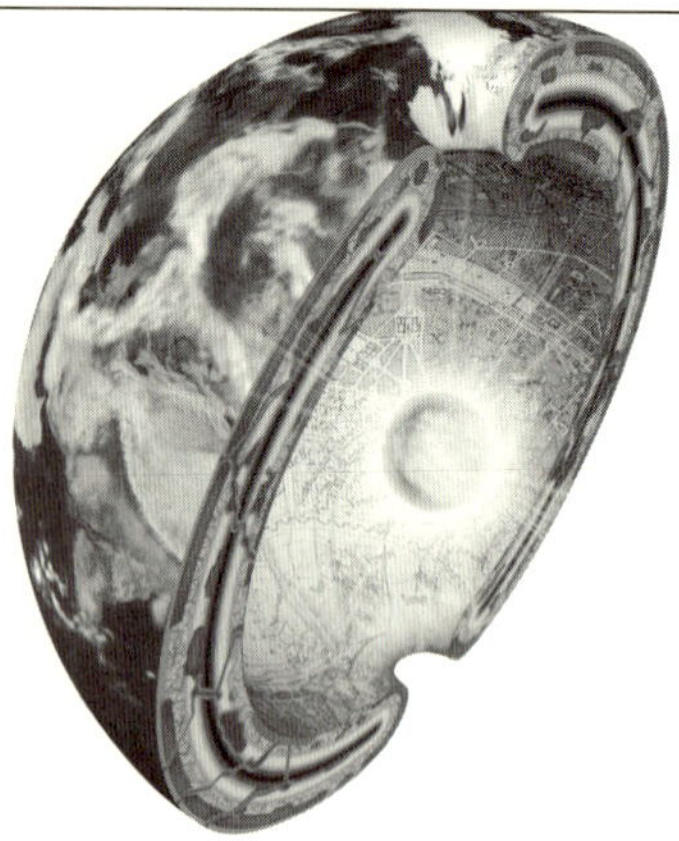

ポーソロゴス図書館⑦

あなたがすべての源であり、あなたの中にすべてが保管されていて、あなたという存在、体、宮殿の中の生きた図書館に、どのようにアクセスするのかを学ぶことだけが求められているからです。

ポーソロゴス図書館⑧

すべての知識はあなた方の中にあり、あなた方はすべての中にあります。そして、ひとたび自分の波動を必要な周波数まで上げれば、そこにアクセスするのは極めて単純になります。そこで、突然すべてのものがあなた方には利用可能となって、すべてのものが神霊である大創造主からのギフトになるのです。[ポーソロゴス図書館のミコスからのメッセージ]

ょう。知識の実際の所在は内側にあるため、本はすたれることになるでしょう。

イエスが言ったように、己を知れば、すべてを知ることができるでしょう。なぜなら、あなたがすべての源であり、あなたの中にすべてが保管されていて、あなたという存在、体、宮殿の中の生きた図書館に、どのようにアクセスするのかを学ぶことだけが求められているからです。

自分自身の意識を高めて、光の波動をより高い周波数に高めれば、あなた方には素晴らしいことが待ち受けています。より高く振動すれば、あなた方はもっとアクセス可能となり、そして、もっとアクセス可能となれば、もっと自分自身について知ることになるでしょう。すべての知識はあなた方の中にあり、あなた方はすべての中にあります。そして、ひとたび自分の波動を必要な周波数まで持ち上げれば、そこにアクセスするのは極めて単純になります。そこで、突然すべてのものがあなた方には利用可能となって、すべてのものが神霊である大創造主からのギフトになるのです。

私たちの居場所にあなた方が来て、あなた方の関心が神霊である生命の純粋な本質だけとなるまで、波動を高めることが人生の目的です。そして、この純粋な本質が、あなた方が皆、探し求めてきた涅槃《ねはん》なのです。私たち一人ひとりの中に宿《やど》る神の純粋な本質は、世界の中に世界を生み出す本質なのです。

今、あなた方は、神霊や自己の体細胞の偉大さにアクセスするのがとても容易になる、進化の地点に到達しており、再度私たちと意識において統合するでしょう。そして、ひとたびこの統合が起こると、私たちが遥か昔から学んできたあらゆることから大きな恩恵が得られることになるでしょう。というのも、母なる地球の内部に涅槃を作り出すため、私たちは自分たちの意識を労働へと向けることができたからです。

母なる地球は、自分の子供たちのすべてが存在していることを知っています。地球は、私たち一人ひとりがどこにいて、どのようにしていて、運命へ向かう私たちの道がどこに行こうとしているのか知っています。あなた方は自己の意識を高めるにつれて、母なる地球で留まれるようにもなり、地球はあなた方がどのようにしているのかを教えてくれるでしょう。あなた方という存在の光は地球に知られており、あなた方が行い、発言することのすべても地球に聞かれているからです。ですから、あなた方が新しい地球と新世界――そこで、私たちは皆興奮してあなた方の帰還を待っています――の光明へ向けた旅を始める準備は十分に整っています。

水晶テクノロジー①

私たちはあなた方が風防ガラスと呼んでいるものを持っています。私たちの大気は、常に神と地球に調和した想念の光によって守られています。私たちの想念は自分たちの周囲の防御層――その要素を調整する――に投影し、気候を完全な状態にします。

水晶テクノロジー②

私たちは地球内部に広がる道を進むために水晶を利用します。私たちは自分たちが必要とするすべてのことに対して水晶を利用するのです。水晶は私たちに方向性を与え、誘導してくれます。そして、私たちが必要とするものすべてに調和をもたらします。空は私たちの水晶と想念の投影によって輝いています。ここには雲や雨はありません。

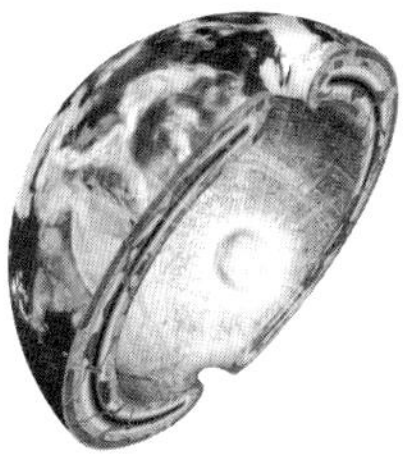

私たちの地球自体は水晶です

私はミコスです。私たちはあなたへ愛と保護の想念を送っており、あなたがその送信を受け取りながらテーブルに向かって腰掛けている間、私たちはシンクロしてあなた方の周りに集まっています。私たちのマインドは混ざり合い、ハートは一つになっていることを理解して下さい。

今日、私たちはあなたが手に持っているものを含めて、地球内部の水晶に関して話をしましょう。水晶には、あなた方が目で認識する以上のことがたくさんあります。というのは、水晶も生きた存在だからです。水晶は、神霊の記憶を持った純粋な意識です。水晶は世界での出来事をそのまま記録・保持しています。

水晶エネルギーは地球やあなた方の体、そして細胞を振動させます。それは、すべての生命を一つのパルスにする宇宙の振動力です。私たちのパルス、そして全生命体のパルスは、この振動にうなりを生じさせます。というのも、それは生命体——生物および無生物——の心を打つ振動だからです。水晶や岩、石は無生物と呼ばれますが、それらは地球とシンクロニシティーを示す波動を持っています。そして、水晶を手に持ってみると、それは全生命の母である、地球との繋がりとパルスを調整します。

私たちの想念は、自分たちの波動に依存しており、周囲の環境と調和しているか否かは、波形として私たち自身から発せられるエネルギーの振動によります。この時期、いまだに地球の大部分は、言わば、自然の力とは「振動外」にありますが、あなた方は水晶で自分の体や家を覆うことで自己を自然のリズムへと回帰させることができます。

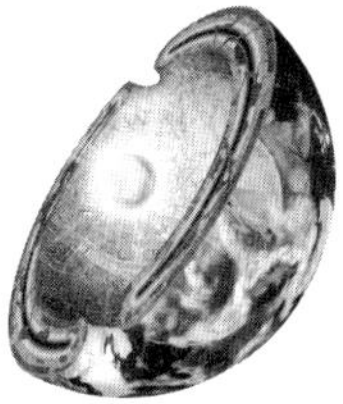

水晶テクノロジー③

私たちの太陽は明るく、必要とする光すべてをもたらしてくれます。地上世界の太陽とは似ていませんが、私たちが生活し、食べ物を育てるのに必要な光をすべて映じてくれています。実際、この光は他の惑星からここに持ってきた水晶で、それは百万年もの間明るく輝きます。それで、たとえそれが何でできていても、どこから来ていても、すべての光は一つであることが分かります。すべての光は「ライフレイ（生命の光線）」を発し、そこの生命を養います。

水晶テクノロジー④

私たちは地球内部の道を移動するのに、電磁力エネルギーと水晶エネルギーを利用します。私たちのエネルギーはすべて無料で、大気汚染や廃棄物、破壊を生み出すことはなく、「クリーン」なものです。私たちは心の中で望んだどんな場所にでも旅行できます。どんな空間・時間の場所にもアストラル・プロジェクションが可能なのです。

水晶を持って瞑想することは、あなた方のエネルギーが地球と調和することを保証する最善の方法です。そして、あなた方のエネルギーが地球と調和すると、あなた方は地球の磁気グリッドラインと同調して、「神霊」にアクセスできます。なぜなら、あなた方が地球の周波数に同調すれば、「神霊」は地球とあなた方自身へ絶えず流れていくからです。このことから、外出する際に水晶を首にかけたり、ポケットや財布に入れて携帯したり、家の中に置いておくのが重要であることを理解して頂けるでしょう。水晶はあなた方の周囲の光と共鳴する保護シールドを発しており、その保護シールドは、この光の周波数より弱いものでは貫通できないのです。

水晶は、石の中に入れられた「生きた存在」としてあなた方に認識されることを待っている点で、木々たちと似ています。あなた方とコミュニケーションをとり、あなた方の人生の一部となることを熱望し、準備しているのです。水晶は、あなた方に与えられるものをたくさん持っています。水晶は、あなた方の波動を「ステップアップ」させて、もはや3次元密度を感じることなく、3次元を飛び越えて、より高い意識レベルへと上昇に向かわせ、そこで、全生命があなた方の参加を待ち、最終的にあなた方は五感を超えて「見て感じる」ことができ、本来人間が備えている多次元性も体験することができるのです。

これは、私たちが地球内部で行っていることです。私たちは常に水晶と共鳴して、水晶の周波数にマッチさせています。そのために、私たちは地球内部で多次元性を発揮することができるのです。これが、私たちが知っている唯一の周波数なのです。私たちは常にその水晶の流れの中にいて、自分たちの水晶の環境と母なる地球の水晶波動率に脈動しています。地上のあなた方もまた、水晶でできた地球の中心部にいる私たちと波長を合わせて、水晶をあなた方の家やポケットに入れておくことで、私たちの「波動」とマッチさせることができます。

あらゆる場所に存在する全生命は水晶光エネルギーの一つの大きな流れです。このシンクロした流れの中にある惑星は光で構成されており、この流れの中にない惑星は他の宇宙とは不調和でバランスを欠いた状態で留まります。地球は徐々に振動率を上げており、私たちのグレート・セントラルサンからあなた方に向けられているエネルギーがスピードを上げると、あなた方が再び宇宙のシンクロニシティーで脈動するまで、あなた方の振動率もスピードを増します。これは一つの強大な律動となり、それは私たちの宇宙全体をより大きな超多次元的意識状態――現在の意識状態を遥かにしのぎ、この宇宙で暮らす誰もがこれまで理解してきた何物をも超える――へと向かわせるでしょう。

ですから、あなた方が私たちをイメージし、視覚化し、考えることを通して、あなた方が自分たちの細胞を私たちのものと共鳴させて、意識において自らを私たちと融合させてみて下さい。地上ではあなた方のイマジネーションはまだ非現実的と考えられていますが、これが本当の繋がりなのです。実際のところ、それが、他の生命体も住む、より高い意識状態へとあなた方を前進させるイマジネーションなのです。あなた方は妖精や地の精（地中に住んで宝を守るとされる小人）、エルフ（小妖精）、神霊を自分のイマジネーションを通じて実際に「見る」ことができます。というのも、あなた方のイマジネーションは、そのうち取り戻してさらに頻繁に再体験し始めるようになる、もう一つの感覚だからです。あなた方は忘れてしまったすべてのことをイメージし、思い出すことになるでしょう。

そのため、頻繁に私たちに合図をして、私たちがただ一つの心になるまで、私たちの心があなたの心

水晶テクノロジー⑤

私たちは常に水晶と共鳴して、水晶の周波数にマッチさせています。そのために、私たちは地球内部で多次元性を発揮することができるのです。[ポーソロゴス図書館のミコスからのメッセージ]

水晶テクノロジー⑥

私たちは常にその水晶の流れの中にいて、自分たちの水晶の環境と母なる地球の水晶波動率に脈動しています。地上のあなた方もまた、水晶でできた地球の中心部にいる私たちと波長を合わせて、水晶をあなた方の家やポケットに入れておくことで、私たちの「波動」とマッチさせることができます。[ポーソロゴス図書館のミコスからのメッセージ]

と溶け合うのを感じて下さい。これが、あなた方が大きな空間の広がりを超えて、意識において私たちと一緒にいられる方法なのです。それはどこにでも存在する最も速い種類の旅です。

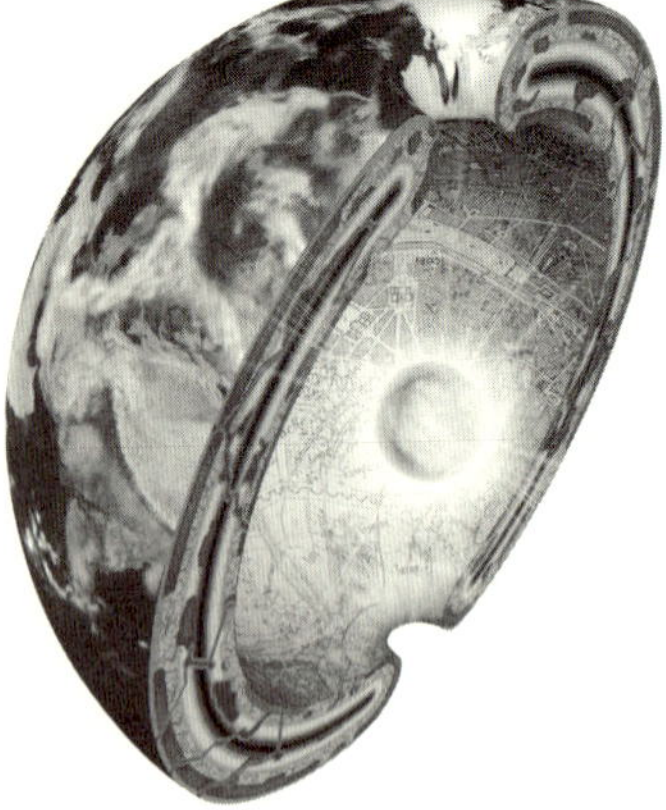

水晶テクノロジー⑦

あらゆる場所に存在する全生命は水晶光エネルギーの一つの大きな流れです。このシンクロした流れの中にある惑星は光で構成されており、この流れの中にない惑星は他の宇宙とは不調和でバランスを欠いた状態で留まります。

水晶テクノロジー⑧

地球は徐々に振動率を上げており、私たちのグレート・セントラルサンからあなた方に向けられているエネルギーがスピードを上げると、あなた方が再び宇宙のシンクロニシティーで脈動するまで、あなた方の振動率もスピードを増します。［ポーソロゴス図書館のミコスからのメッセージ］

空洞地球のすべてのものは水晶から作られています

私はミコス。宇宙との私たちの繋がりや、すべての場所に存在する全生命とあなた方の繋がりについて話をするためにここに来ています。私たちは自分たちのそばに静かに浮かぶ天国の星々を見渡しながら、ポーソロゴス図書館の部屋の中で腰掛けています。たとえ地下にいても、私たちは全方向から宇宙を一度に見ることができます。私たちのハートとマインドは、すべての調和の源であり、全生命とのコネクターである創造主に調和しています。

私たちは地球を愛しており、地球の内部に住んでいるため、過去の全情報や、地球上ばかりか、私たちの銀河内にある他の太陽系で今起きている出来事のすべてを知らされています。私たちは水晶プロジェクターでそのような出来事を捉えて記録し、私たちの広大な図書館で保存するためにそれらを整理します。

私たちと比較するとあなた方の寿命は極めて短いため、あなた方の標準からすると、私たちの記録のすべては古代のものです。しかし、そのような「古代」の出来事は私たちが生きている時にあったのです。というのも、私たちは長い時代にわたって同じ体に留まることができるため、生きている間に起こったからです。これは私たちに異なった人生観を与えてくれて、地球や全生命を尊重・畏敬《いけい》します。なぜなら、私たちは地上で起きた数々の時代を通して生きてきて、すべての場所に存在する全生命との繋がりを見て、体験してきたからです。

それは私たちを水晶に回帰させます。水晶は常に存在し、地球におけるすべての出来事を目撃してきたため、水晶の発展もまた古代のことでした。水晶自体は地球での出来事すべてを記録しており、膨大な量の情報を維持できる水晶の「神経」ネットワーク内に保管されます。

このように水晶は非常に進化した存在であり、それらの使命は地球で起こるすべてを記録するためで、起こったすべてのことは水晶プロジェクターで再生され、そこから学ぶことができるのです。というのも、全生命は学習体験であるからです。過去の知恵や知識なくして、どのように学び、発展を進められるでしょうか？　あなた方の書籍は皆、人間の意見や信念によって編集された誤情報や、実際の状況や事実とかけ離れた理論で満ちています。ですから、あなた方が学ぶことは、地球、宇宙、「あなた」の本当の性《さが》に関して、必ずしも切っ掛けを与えるものではありません。

私たちが何かを学び、それを自分の人生に応用したいと思えば、いつでも水晶レコーディング・ルームへ行って、一連の出来事を再生します。そこでは、私たちが何か問題を解決する際や、自分たちの人生や出来事に対する理解を深める際に要求される、情報や知恵が私たちにもたらされます。これは地球の同胞であるあなた方にとって重要なことです。というのも、あなた方もこの情報を必要としており、それが手に入れば、あなた方に選ばれた政府役人たちがいかに地球資源を不正管理してきて、長い時代にわたってあなた方を生きるのに苦しむ状態にしてきたのか、理解できるのです。あなた方の生活はあまりにもコントロールされ、自由も制限されているので、あなた方にはそんなことすら分からないのです。なぜなら、それが、あなた方が知り得るすべてのことであり、それを自由と同等視して、民主主義と呼んでいるからです。

宇宙の光が遮断されたために、いかにあなた方は目をくらまされ、宇宙に浮かぶこの小さな島に閉じ

水晶テクノロジー⑨

スピードを増したあなた方の振動率は一つの強大な律動となり、それは私たちの宇宙全体をより大きな超多次元的意識状態――現在の意識状態を遥かにしのぎ、この宇宙で暮らす誰もがこれまで理解してきた何物をも超える――へと向かわせるでしょう。[ポーソロゴス図書館のミコスからのメッセージ]

水晶テクノロジー⑩

水晶自体は地球での出来事すべてを記録しており、膨大な量の情報を維持できる水晶の「神経」ネットワーク内に保管されます。このように水晶は非常に進化した存在であり、それらの使命は地球で起こるすべてのことを記録することで、起こったすべてのことは水晶プロジェクターで再生され、そこから学ぶことができるのです。[ポーソロゴス図書館のミコスからのメッセージ]

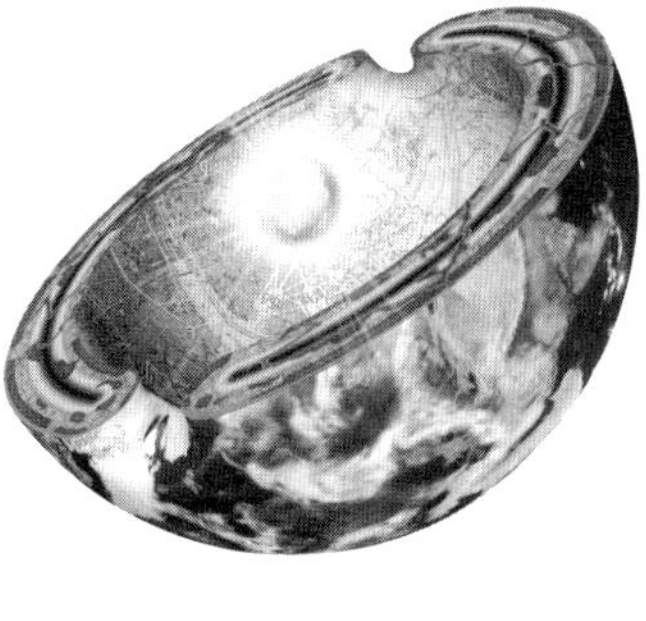

込められていることか！　あなた方は常軌を逸したペースで急いで人生を通り過ぎていくため、外を見たり、自分たちを呼ぶ地球の声に耳を傾けたり、木々の愛を感じたりすることはできませんが、全生命はあなた方の苦境に気付いており、深い眠りの時代からあなた方を目覚めさせるために助けにやってきているのを理解して下さい。そして、あなた方は、自分たちが何者で、なぜ地球にいて、そして、地球を今の密度から脱却させて、より高い光の領域へと導く重要な役割を担っているのだという記憶を意識的に取り戻すことができるようになります。そこで、あなた方は本当の「自由」を直接体験できるようになるでしょう。

あなた方は水晶を利用することで、意識においてこの飛躍をわずかな時間で得ることができます。ただ水晶を持って自分に近づければ、水晶はまったく「時間なし」で自分たちが持つ知恵をあなた方の心に印《しる》し、そして、悠久の時間を通して集められた知識と知恵のすべてにいつでもアクセスできる場所へと、あなた方の波動を高めてくれるでしょう。どんな大きさであろうとも、水晶はあなた方全員を高次の意識状態へと導くことができます。

空洞地球にいる私たちは、あらゆる「分野の仕事」においても、どこに行っても、水晶に囲まれています。私たちのホーム、輸送機関、職場、文化施設など、すべてのものが水晶でできており、水晶に囲まれています。私たちの建物は本当に水晶の光で輝いており、私たちの体の輝きも、進化が進むにつれて増していきます。なぜなら、愛と知恵と意識は光であり、自分の体の中に光が多く含まれるほど、あなた方の輝きはさらに力強くなるからです。

ですから、あなた自身、家、コンピューター、職場を水晶で囲んで下さい。水晶を持ち、水晶に話しかければ、水晶の意識があなた方に移されるのが感じられるでしょう。さらに、水晶の光と知恵をあなた方に与えることにより、あなた方は自分たちの周囲の世界にさらにアクセス・理解できるようになり、家族や友達に向けたともし火のように輝くことができます。あなた方は自己の周囲のエネルギー場にいるすべての存在に対して安楽を放ち、彼らは、あなた方のそばにいることを心地よく感じるようになるでしょう。

私たちはただ自然による慈愛の癒《いや》しに浴して、静脈を通して脈動する生命の流れを感じながら、草原と森で多くの時間を過ごします。あなた方もまた、外でもっと多くの時を過ごすことにより、この同じ生命の脈動を感じることができます。今は春ですので、私たちと同様に、壁で囲われた家の中ではなく、外で腰掛け、食事をすることができます。地球から離れることなく、そばに一緒にいられることから、これが最善のリラクゼーションであり、自然と繋がる最善の方法でもあります。

水晶、地球、そして全生命体は一つの意識です。あなた方がこの調和の概念を理解・統合できる時、あなた方は人生に新しい流れを得ることになり、シンクロニシティーが当たり前のように起こるでしょう。あなた方はあらゆるところに存在する全生命と自分たちを再び繋げる高い波長において機能するようになり、地上で自分たちの夢が成就されるよう導いてくれるすべての手段にアクセスできるようになります。

私はミコス。私たちが最終的に再び出会い、昔からの友人として互いに抱擁《ほうよう》し合うようになる時を常に夢見ています。私は常にあなた方の呼び声に注意しており、私たちの意識とあなた方が混ざり合うことで、地底のホームからあなた方を案内できることを知っておいて下さい。このようにして、あなた方

水晶テクノロジー⑪

空洞地球にいる私たちは、あらゆる「分野の仕事」においても、どこにいっても、水晶に囲まれています。私たちのホーム、輸送機関、職場、文化施設など、すべてのものが水晶でできており、水晶に囲まれています。私たちの建物は本当に水晶の光で輝いており、私たちの体の輝きも、進化が進むにつれて増していきます。なぜなら、愛と知恵と意識は光であり、自分の体の中に光が多く含まれるほど、私たちの輝きはさらに力強くなるからです。［ポーソロゴス図書館のミコスからのメッセージ］

水晶テクノロジー⑫

水晶、地球、そして全生命体は一つの意識です。あなた方がこの調和の概念を理解・統合できる時、あなた方は人生に新しい流れを得ることになり、シンクロニシティーが当たり前のように起こるでしょう。［ポーソロゴス図書館のミコスからのメッセージ］

は自分の人生において自分を導く助けを自ら加速させることになるでしょう。事実、もしあなた方が私たちの周波数帯に意識的に留まれば、あなた方は、地球における自己の魂の目的を達成させるために必要なことを正確に行い、自分がどこにいるべきかも正確に、自ら見出すことになるでしょう。

クジラ目の動物たちは、地球のどこの海にいても、「神霊」の周波数の流れに留まることで、互いにコミュニケーションを行います。これが、木々、動物、そして自然のすべてのものが行うコミュニケーションの方法です。第一歩は、このような全生命の相互的な繋がりを意識することです。そうすれば、あなた方の側から「働きかける」ことなく、それが自らの中を流れているのが分かるようになるでしょう。これが宇宙へのキーであり、それはあなた方の中にあります。私はミコス。おいとま致します。一日が楽しく、うるわしく、そして、一週間が喜びで満ち溢れますように。

水晶テクノロジー⑬

地球からの宝石が埋め込まれ、結晶化した石でできた偉大な神殿に住んでいます。その結晶化した石は、私たちの体に成長とバランスを与える磁場と輝きを生み出しており、私たちの宇宙のグレート・セントラルサンから発せられる生命力で私たちを満たしています。私たちのホームは丸く半透明で、田園風景に溶け込んでいます。外側からは中が見られず、完全にプライバシーが守られています。しかし、ひとたび中に入ると、周囲の全方向を見渡すことができます。[ポーソロゴス図書館のミコスからのメッセージ]

水晶テクノロジー⑭

私たちはホームの外を見渡せるだけでなく、地球を超えて、空にある星々をも見ることができます。空洞地球のどこにいても、私たちのヴィジョンには限界や障壁はありません。私たちの肉体が地球内部にあっても、視覚と感覚は自由に宇宙を徘徊できるのです。[ポーソロゴス図書館のミコスからのメッセージ]

あなた方の魂の中での地震

私、ミコスがあなたにこのメッセージを書き取らせている間、私の周りには大勢のカタリア人たちが集まってきています。私たちは、大きなポーソロゴス図書館を囲むグラウンドに出てきています。そして、私たちに永遠の若さと活力を与える、芳《かぐわ》しい酸素に満ちた空気を吸いながら、クッションのように柔らかい芝の上に座っています。この純粋な空気は、私たちの肺にとってネクタル（不老不死の酒）であり、私たちの体を病気とは無縁に保ってくれます。

地上の酸素はあまりにも低いレベルに達してきており、あなた方の体に病原菌が侵入する道を開かせるほど、あなた方は酸素が欠乏しつつあります。空洞地球にいる私たちは、いまだに地球が作られた時と同じだけ純粋な、クリーンで純粋な空気を吸い、最も純粋な水を飲んでいます。

私たちは地底のこの天国で暮らすことができて、とても幸運です。私たちは、周囲のどこにでも咲いている巨大な花の芳香を嗅《か》ぎ、ただ空気を吸いながら、枕と腰掛に快適にもたれながら、ここに座っています。これは、美のワンダーランドであり、この美は私たちの魂に反映されています。

私たちの体は、環境や私たちを取り巻く状況に反応します。それで、私たちの周囲は、見るも素晴らしいものです。私たちは強さと健康を発する木々や花々に囲まれており、今度はこの強さと健康を私たちが感じて、体はこの状況に順応していくのです。そのため、私たちの体は周囲の状況を反映しており、自分たちの環境の完全さを映しているのです。今度は、私たちが完全さをお返しに反映させる番です。

このように、決して終わりのない完璧なサイクルを完成させていくのです。この完璧なサイクルのお蔭

地表の闇の勢力＝シークレットガバメント①

地表のあなた方は、地底にいる私たちについて、あなた方の政府により秘密にされてきています。彼らは実際のところ私たちの存在を知っています。彼らは私たちがここにいるのを知っており、ここで暗黒分子とともに働いています。確かに、地上と同様に、地下にも暗黒の都市があります。それで、あなた方の政府は私たちの存在に気付いており、それを“トップシークレット”として隠しています。

地表の闇の勢力＝シークレットガバメント②

テロスの私たちは、あなた方が暗黒の意図を持った人々から、最高に高い波動の光を持った人々へとパートナーを変えていくことで起こる、この地表でのダンスを見つめています。これは本当に〈光のダンス〉であり、そこでエネルギーが交換され、選択が実践されます。

で、私たちの体は永久に完全な状態を保つことができ、決して病気になったり、年をとったり、死ぬことはありません。これは完全さの閉じたサイクルです。

今ここは正午で、私たちは自分たちの「空」に留まる、インナー・セントラルサンの全スペクトルの光を浴びています。私たちの空は空洞地球のまさに中心にあり、あなた方の太陽と違って、動きません。私たちの太陽は、周囲を引っ張る引力によって、まさに「ど真ん中」に保たれて、完璧なバランスをとって、あるべき場所に留まっています。

地球の内部はくぼんでおり、周囲は螺旋状に高くなっています。そのため、私たちの「天国」の風景は、あなた方のものとは視野とアングルにおいて異なります。あなた方はまっすぐ「上」を見ますが、私たちは「周り」を見ます。ですから、今日はいつものように、太陽は、図書館のグラウンドに集まっている私たちに向けて下向きに輝いています。

図書館での私たちの仕事は、あなた方が考えるように「働く」というものではなく、心から楽しむものです。私たちは好きなことを行い、レジャーとしてそれを行います。いつ始めていつ終えるかを記録するタイムレコーダーはありません。私たちはその日に成し遂げたいことをそれぞれ理解しており、やりたいだけ続けたり、やり終えるまで行ったりします。しかし、地上のあなた方が行っているように、長時間働くことはありません。私たちの仕事日はあなた方と較べて少ないのです。時間に関して言えば、あなた方の一日の勤務時間の半分以下です。そのため、「残業」して働きたくても、自分たちの生活で他のことを犠牲にすることなく、それを行える柔軟性があるのです。そして、私たちの生活は常にバランスをもって維持されます。なぜなら、私たちのスケジュールには、「仕事」を行って過ごす時間以上

地表の闇の勢力＝シークレットガバメント③

光の地底都市にいる私たちは、光のダンスの中であなた方と踊っており、この上昇ダンスであなた方を星々へと導いているパートナーなのです。ですから、私たちとダンスをして下さい。私たちはあなた方にハートを与えますので、私たちの手を取って、天体の音楽に耳を傾けて下さい。神は〈生命の螺旋〉を通じて再度私たちをさらに前進させてくれます。私はあなた方のダンスのインストラクターであるアダマです。

地表の闇の勢力＝シークレットガバメント④

私たちの居場所は晴れたカリフォルニアのシャスタ山の地下で、そこで調和と平和のもとに長寿を享受しています。光のフォトンベルトに入り込み、健康と長寿の生命の光線を浴びると、あなた方もまた長い人生を過ごせるようになります。

に、他のことを数多くこなせる時間が一日の中にあるからです。

私たちは完全にバランスがとれた、豊かで快適な生活を行っており、自分たちの才能を発展させ、心を広げ、体を強化するのに必要なすべてのことを作り出してきました。音楽・ダンスの学校や劇場はいたるところにあります。私たちは自分たちの才能を上手《うま》く調整し、ますますクリエイティブなことを行うためにその才能を伸ばすべく、常に一緒にダンスを行ったり、歌を歌ったりしています。

私たちの生活は創造性に満ちており、自分たちが生み出すものに喜びを感じています。というのも、私たちが生み出すものはすべての存在と共有されるため、私たち全員は互いの才能と能力から恩恵が受けられるからです。私たちは皆、互いに教え合い、学び合います。私たちは協力と共有によって繁栄し、お互いのためにできるだけ与えることで繁栄しています。つまり、私たちが創造したものはすべて、最終的には自分たちのものになることを意味しています。そのため、私たちの才能は向上し、得られる恩恵も増し、私たちは地底文明の豊かさを飛躍させるのです。あなた方の地上で見られるように、秘密に保たれたり、「所有される」ことはありません。というのも、私たちは皆、地球の一部であり、そのため、すべてのものはすべての人々のものであり、誰によっても所有されるものではないことをあなた方が理解すれば、それは必要のないことであり、理屈にすら合わないからです。すべてのものは無料であり、誰もが利用できるのです。

所有ではなく、共有が鍵です。ただ言葉を変えれば、自分の方向性も変わるのです。そして、物事を行う方法を変えれば、あなたの人生を変えることになります。それはあなた方の人生をバランスがとれたものに戻し、それによって、あなた方もまた創造性や才能を開発し、地球を食い尽くすのではなく探

地表の闇の勢力＝シークレットガバメント⑤

地表で振り撒かれている恐怖や、光が各魂に注がれるのを阻止するために使われているマインドコントロール戦術のことは私も知っております。しかし、光は決して打ち負かされることはなく、このような破壊的な手法を謀る人々は皆、スピリチュアルハイアラーキーによって処分され、地球に戻ることは許されないでしょう。

地表の闇の勢力＝シークレットガバメント⑥

このような闇の戦術の犠牲者たちはこれを、光と闇との間の最後の戦いとして、そして、地球をコントロールしようとする暗黒勢力の最終スタンスとして、認めることに合意しました。まもなく光が地球の全生命を覆うようになり、この光を受け入れることができない人々は一斉に去っていくでしょう。

索することに喜びを感じるようになるでしょう。なぜなら、ひとたびあなた方が自然の複雑さ、美しさ、そして不思議な魅力を探索してみれば、地球を憎み、破壊することはできないからです。また、あなた方は地球を見習い、愛することとしかできず、地球があなたであり、あなたが地球であることを、疑いなしに理解するでしょう。あなた方が自分たちの外の何かを破壊することは、自己の内部を破壊することと同じだからです。というのも、あなた方が自然を表すのと同様に、自然はあなた方を表しているからです。

あなた方の周りで地球の森林や海が破壊されているのをただ見てみれば、あなた方がまさに自分たちの体内を破壊しているという自己の一面に気が付くことでしょう。地上であまりにも頻発化している地震は、現在あなた方自身の感情体と肉体の中でも表面化しているのです。

あなた方が地球に対して行うことのすべては、あなた方自身に行っていることです。ただ一つの意識しか存在しないことを覚えておいて下さい。あなた方と私たちは一なる意識の構成要素です。あなた方がその一つのどこかを破壊すれば、他の部分にも影響が現れるのです。

あなた方は地球から分離していません。あなた方が地球であり、まだそれを知らないだけなのです。しかし、地球での数百万年という深い眠りから目を覚ませば、全生命との繋がりや、どのように一つの健康がすべての健康と繋がっているのか、あなた方は思い出すようになるでしょう。もし地上の人間たちが自分たちの環境を破壊して、同じ種の間で戦争を行えば、同じ惑星の異なる場所に住んでいるがために、私たちも生き残ることはできません。

ポーソロゴスの私たちは、それぞれの草の葉、花びら、木の葉に対してとても感謝しています。なぜ

地表の闇の勢力＝シークレットガバメント⑦

暗黒の勢力によって操作されてきた魂はケアされ、礼遇され、アセンションの光へと引き上げられていくでしょう。これは暗黒の勢力による最後の大きな行動です。なぜなら、彼らの力はまもなく衰え、地上の塵のように粉々になって落ちていくことになるからです。この時期に重要なことは、このような闇を無視して、恐怖心をあなた方のオーラに入れないようにすることです。

地表の闇の勢力＝シークレットガバメント⑧

あなた方の惑星は今、いわば“包囲下”にあります。闇の勢力は追い返されており、光は急速に地球の周りに広がっています。闇は後退中で、日々遠ざかっています。夜間あなた方がエーテル体でテロスを訪れることは歓迎されていると理解して下さい。ただアダマを呼んで、中に入ることを求めるのです。というのも、実のところ私たちは皆、地層によって隔離されてきた同胞だからです。

なら、私たちが感じるハーモニーは、花々や木々が感じるハーモニーと同じで、何も妨げるものがないために、それが私たちの身長を伸ばし、あなた方の超高層ビルのように巨大なサイズの木々が地上にそびえ立つことも説明してくれるからです。それらも私たちも自由に大きく成長し、自己を拡大させます。というのも、あなた方が地上で見たり体験するように、病気になることなく、すべてのものが拡大状態にあるからです。

あなた方が生命に対して「オープン」な時にだけ、あなた方は発展することができます。周囲に見られている恐れや、他人の中で目立つ恐れを持ち、苦悩、欠乏、恐怖の状態にあれば、あなた方は制限され、身長は低くなるだけです。あなた方は周囲の人々と共通の最低レベルの型にはめ込もうとして、自分の力や直感、感覚を押しつぶしてしまうのです。これはあなた方の肉体的な成長ばかりでなく、魂の成長をも妨げてしまいます。自分と宇宙が一つであるという事実にオープンになれば、あなた方は自己のすべてに目覚め、自分の視野を広げ、身長や肩幅など、文字通り体の大きさも成長していくでしょう。

あなた方の心と体は繋がっています。小さく考えれば、あなた方は小さく育ちます。生命が地表にのみ存在し、他のどこにも存在しないと考えれば、あなた方は自己を縮めてしまいます。ちょうどあなた方の思考が自分たちの視野を狭めるように、あなた方の身長も小さくなるのです。自己の思考を拡大して、自己の世界を広げて下さい。自己の世界を広げれば、体も成長と再生の激発に反応するのです。

あなた方が自己のすべてを知るだけで、汚れ散らかった都市の路上ではなく、黄金の宮殿の中で、あなた方は王や女王のように暮らしていけるでしょう。あなた方は自分自身を引きずり落としてしまっており、それさえも分からないでいるのです。

地表の闇の勢力＝シークレットガバメント⑨

権力と破壊という自分たちのポジションを変えるのを拒む暗黒の魂でさえも、地球の人間たちをコントロールしようとする彼らの意図を暴露すべく、その光が彼らの空間に侵入してきているのを感じています。彼らは闇を愛しますが、すべての者たちが目撃できるように、光は彼らの真の性をすべての側面から露とします。［ポーソロゴス図書館のミコスからのメッセージ］

地表の闇の勢力＝シークレットガバメント⑩

最終的にそのような魂は権力の座から降ろされ、地球から排除され、二度と現れることはなくなるので、それらはクライマックスに達して、その後衰え、消えていくでしょう。もう時間切れです。［ポーソロゴス図書館のミコスからのメッセージ］

地上の住人たちよ、目覚めなさい！　目覚めなければ、あなた方の魂の中で地震が襲い、本来の意識へと戻すでしょう。それは、あなた方の今の生活状況を瓦礫《がれき》と化すような破壊を意味するかもしれません。自分を地震から掘り出すことは困難な仕事ですが、ひとたび瓦礫から自由となり、自分が「所有」していたものすべてがなくなるのを見れば、あなた方はショックで目を覚まし、持っているものは自分自身だけであることを悟るでしょう。突然のように、自分という存在の奥底から、内部に埋もれていた力と知恵をあなた方は見つけます。地球は密度をクリアーして、自分が本当は何者であるのかをあなた方は理解できるようになり、景色は回復され、視界も戻ってくるでしょう。

地底では密度が私たちの視界を曇らすことはないため、私たちの視界は常に澄み切っていました。何も視界を妨げるものがないため、私たちは鮮明に遠くを見られます。たとえ私たちが地底にいても、私たちの視界を妨げるものがないため、星々を見渡すことができます。

あらゆる信念体系や否定的な想念・感覚から自分自身が解放される時、あなた方もまた自己の内部に清澄と調和を感じるようになり、政府によって隠されてきたすべてのことが理解できるようになるでしょう。あなた方は彼らの嘘のすべてを「見破る」ことができるようになり、他の惑星の生命や地球内部の生命に関する真実があなた方の目ではっきりと分かり、すべての人々に完全に明らかにされるでしょう。

私たちはまだ太陽の下に座りながら、この口述を終わりに致します。メッセージを受け取って頂いてありがとう。私はミコス。

PART 7

西暦2012年 アセンション

24. フォトンベルトと5次元ポータル

1999年2月にオウレリア・ルイーズ・ジョーンズが受け取ったアダマからのメッセージ

あなた方の多くはフォトンベルトに関して様々な概念を持っています。あなた方が抱くイメージのいくつかは真実の一側面を言い当てていますが、まったく真実と掛け離れたところもあります。今、あなた方にその別の側面について説明させて下さい。さらにたくさんのことがあるので、これはあくまでも他の一側面であることを覚えておいて下さい。フォトンベルトは、数冊の本にできるぐらいのテーマです。ここでは、あなた方全員にとって、個人的に極めて重要な一側面を話したいと思います。

何がフォトンベルトで、いつ地球がこのボルテックスに入ったのか、あるいは、入るのか、地上ではたくさんの憶測があります。しかし、牡牛座の満月の間の1998年5月に、地球は正式にフォトンベルトに入ったことを覚えておいて下さい。

フォトンベルトは、強力な光の帯からなる12の巨大なボルテックスで構成されています。各ボルテックスは、地球でそれ自体特定の作用を発揮します。そして、私たちの太陽系において、全体のプロセス

地表の闇の勢力＝シークレットガバメント⑪

もし地上の人間たちが自分たちの環境を破壊して、同じ種の間で戦争を行えば、ただ同じ惑星の異なる部分に住んでいるがために、私たちも残ることはできません。地上の住人たちよ、目覚めなさい！　目覚めなければ、あなた方の魂の中で地震が襲い、あなた方を本来の意識へと戻してしまいます。［ポーソロゴス図書館のミコスからのメッセージ］

地表の闇の勢力＝シークレットガバメント⑫

あらゆる信念体系や否定的な想念・感覚から自分自身が解放される時、あなた方もまた自己の内部に清澄と調和を感じるようになり、政府によって隠されてきたすべてのことが理解できるようになるでしょう。あなた方は彼らの嘘をすべて「見破る」ことができるようになり、他の惑星の生命や地球内部の生命に関する真実があなた方の目ではっきりと分かり、すべての人々に完全に明らかとされるでしょう。［ポーソロゴス図書館のミコスからのメッセージ］

は調和とバランスのもとに行われているか、厳重に監視されています。それはとても安全なプロセスで、恐れることは何もありません。ある者は、フォトンベルトの光は高度に洗練された周波数とアセンションの炎の質を、多くの他の属性とともに備えていると言うでしょう。

　これは、１９９８年5月以前には地球はその影響を体験しなかったというわけではありません。実際、何年にもわたって影響を受けてきました。フォトンベルトからの光の波は、過去何年もの間、特に春分・秋分、夏至・冬至の時ですが、毎年様々な期間、地球に放たれてきました。毎年、その光は力強さと周波数を増大させながら放たれてきました。やってくる光がますます強力になっていくため、親愛なるあなた方には慣れてもらう必要がありました。しかし、１９９８年5月以降は、地球が正式に最初のボルテックスに入って、これはもう後戻りはできないことを示したのです。

　それから12年以内に、地球は自己の浄化と5次元へ向けたアセンションの段取りに必要な強度を持った、光の帯から12のボルテックスを一つずつ通り抜けていくでしょう。もしそれを選べば、これは、あなた方が向かっていくところでもあります。

　１９９８年5月以降、フォトンベルトからやってくる様々な周波数と強度の光は、もはや断続的には放たれておりません。それらは今、さらに力強く絶え間なく地球に衝撃を与えています。私たちはおよそ18〜24ヶ月、あるいは、もう少し短い期間、最初のボルテックスに留《とど》まることになるでしょう。このボルテックスにおいては、私たちが次のボルテックスに向かう前に、たくさんの調整が行われます。全人類は、一つ、あるいは別の形態で、新しいエネルギーが運ぶ、強い洗浄効果を感じています。地球の誰もが、この偉大な光とともに行動し、変化していけるよう、自分の意識を調整し、自分自身の中で必

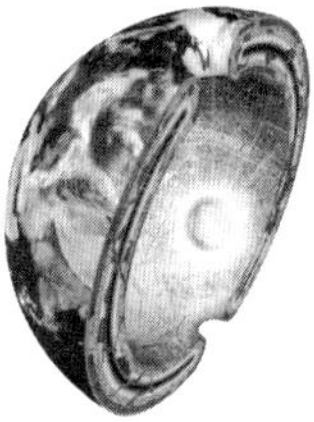

3次元的地球から光の5次元的地球へ①

地球は、人類の光(完璧な神霊の光と同一)への移行に相互に関連していくために、光への自らの移行に完璧なタイミングを計る、辛抱強い存在です。ただ高次のエネルギーに合わせて、自分の波動スケールを上昇させれば、あなた方は無害でいられるでしょう。ひとたびある振動の周波数に到達すると、あなた方の体は3次元の重苦しい災害や病気から影響を受けなくなるからです。

3次元的地球から光の5次元的地球へ②

すべての人々が「教養ある」選択をできることが、この惑星のスピリチュアルハイアラーキーの望みなのです。私たちは、あなた方が一緒に付いてくる選択をすることを心より希望しています。

要な変化を起こすことを、どれだけ時間がかかろうともやっていかねばならないでしょう。

私はこれをまた繰り返します。この時点での後戻りはありません。もしあなた方が地球とともにアセンションの波に乗り、この変化から現れてくる新しい人間種へと変わりたいのであれば、すぐに自分で決断せねばならないでしょう。そうするには、いずれにしてもあなた方は不死を得て、5次元レベルの新しい地球の意識へと次元上昇することを選択せねばなりません。さもないと、次の生まれ変わりで3次元に留まることで、変化の波に粉砕されてしまうでしょう。その選択は完全にあなた方次第です。チャンスはすべての人々にあります。

光に抵抗する人々や、光がもたらす多くの変化は、物理的に12のボルテックスを通らずしては成功しません。多くの人々が、恐れや先入観、そして利己主義に基づいた個人的なアジェンダをなくすことよりも、むしろ自分たちの肉体から離れることを、魂レベルまたは意識レベルで選択するだろうことを私たちは知っています。彼らは、この変化に必要な、愛情の込められたステップを体験するよりも、むしろそちらを選ぶでしょう。また、付いてくる準備はできていても、年齢がゆえに、そのベールの「別の側」から変わることを選ぶようになる人々もいます。愛《いと》しい人々のために、このような選択肢もまったく容認されるものであり、そんな最愛の人々に対して悲しみを示さないようお願いします。快く彼らにさようならを言うことで、その選択を許してあげるのです。彼らの選択を尊重してあげて下さい。彼らは、あなた方と同時に「むこう」にたどり着き、あなた方は再び彼らと会えることでしょう。

あなた方の多くは、細胞や遺伝子レベルで起きている影響を、自分たちの肉体と感情体で既に感じとり、気付いていています。あなた方の多くは、頭痛、心痛、動悸《どうき》、慢性疲労、目まい、吐き気、睡眠パター

３次元的地球から光の５次元的地球へ③

あなた方が光へ向かって再生するという大きなニュースをお知らせしましょう。アセンションへ向けた地球の計画に協力している様々な星系から、膨大な光が地球へと注がれています。この光はまた、地球に点在する地底の〈光の都市〉からも地表へ注がれています。そのため、あなた方は光の流れを下からも上からも受け取っています。その流れは、すべて調和して、宇宙意識を反映した高みへと自己の意識を上げていきます。

３次元的地球から光の５次元的地球へ④

「自動操縦装置」で生活する時は終わりました。人類は何千年にもわたってこのように生きてきました。そして、それが、数千年間人類を悩ましてきて、無数の苦しみ、悲しみ、貧困、病気、そして社会的・経済的問題のすべてをあなた方にもたらしてきたのです。

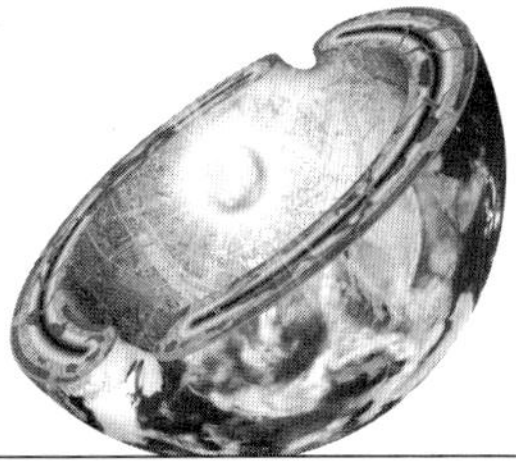

ンの変化、耳鳴り、翳《かす》み目等々、これまで体験したことのなかった新しい不快な肉体的症状を体験しています。あなた方はまた自分の感情の状態が変化していることに気付いています。あなた方の体は、自ら進化し、浄化しているのです。時代遅れで、陳腐《ちんぷ》で、否定的な感情すべてと、物事に対する思考・認識方法は、検査、純化、変化されるために表面化してきています。あなた方の多くは感情的に混乱しており、自分たちが「病気」であると感じています。申し上げますが、これはただ一時的なことなのです。ただそこにしがみ付き、自分と他者のためにも、「愛」の周波数に留まって下さい。それはいずれ通り過ぎていきます。

あなた方にとって、今はすべての恐れと否定的なパターンをなくす時です。なぜなら、あなた方は簡単にそれらを取り除けないからです。親愛なる者たちよ、私たちが向かうところには、愛だけがあるでしょう。いかなる種類の恐れや否定性にも入り込む余地はありません。もし、いまだに恐れや否定性の入った荷物を持っていたら、5次元ポータルの入り口であなた方はどうなるでしょうか？　恐れや他の否定的パターンの波動は、単に5次元に入ることは認められないのです。ただそれらを手離さないことで、もう一度生まれ変わるために3次元に留まることを選びますか？　否定性という荷物は一緒に持っていけないと言われているだけで、何とかしてそれらを持ったままポータルへの12のボルテックスを通りたいですか？　あるいは、まだ少し時間が残っているので、今それを取り除く作業を始めて、この制限を与えている重荷から自己を解放したいですか？

地球の人類種の変質は約30年前に非常に穏やかに始まりました。1987年前後で激しくなり、さらに1994年前後で再び激しくなりました。1998年のウェサック祭以降、これらのエネルギーは、

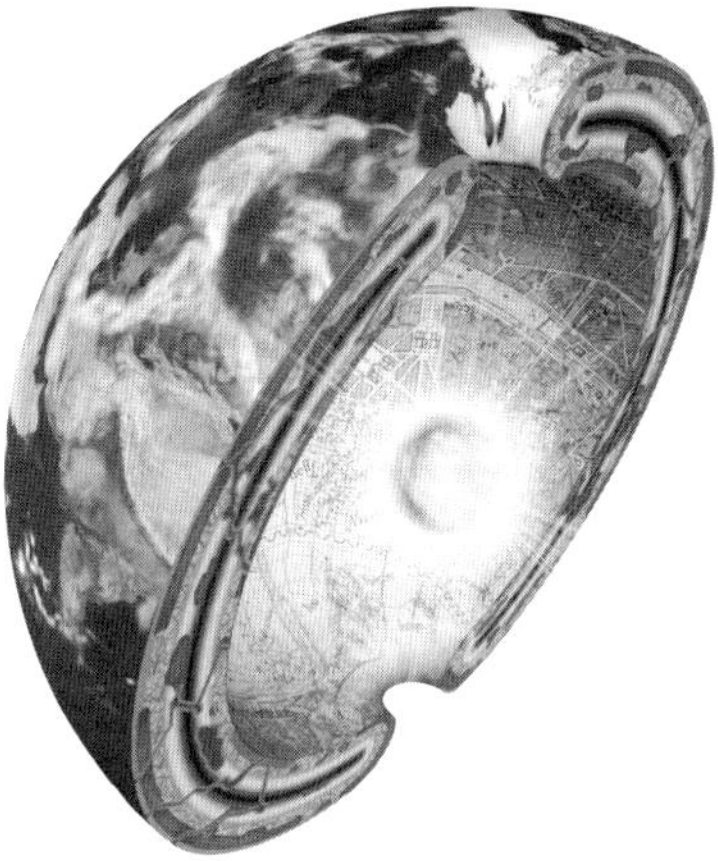

3次元的地球から光の5次元的地球へ⑤

この宇宙意識の反映は伝わりやすく、人類全体を包む光のように広がります。そのため、地表の人類は、いわば過去の低い次元密度を焼き尽くす光の意識で燃えています。そして、その光の意識は、あなた方全員を〈神の光〉へ通じるクリアーな通路に導き、そこで、私たち全員はあなた方と合流するのを待っています。

3次元的地球から光の5次元的地球へ⑥

それは一つ違ったオクターブの周波数にすぎません。そして、ひとたびあなたの意識がこのオクターブに達すれば、一気に新しい世界に入り込みます。そこでは、すべてが愛であり、すべて光です。また、すべてのマスターやアバター(化身)たちが暮らしています。

全人類の四つのボディーシステムにおいて非常に激しい突然変異を生み出してきました。このフォトンベルトの偉大なる宇宙の光は、現在私たち全員の上にあります。好むと好まざるとにかかわらず、誰もそれを避けることはできません。あなた方は、自分たちの自由意志の選択に応じて、それを自己の霊的成長、肉体的変質や復興のために利用することができ、貴重な母なる地球のアセンションとともに歩むことができます。地球と人類は「一つの大きな家族として」一緒に次元上昇しているのです。

テロスの私たちはまた、惑星と一緒に次元上昇していくことになります。そのプロセスがすべての人々にとって完全に心地よいものになるかは約束できません。一人ひとり、たくさんの調整がなされることでしょう。あなた方は不死で際限のない人間の新しい種へと変貌《へんぼう》していくでしょう。そして、変貌したあなた方は、神聖な愛、無限の恵み、美、そして永遠の平和の場である、新しい地球で暮らすことになるでしょう。まもなく新しい地球は、あなた方の想像を遥《はる》かに超えた繁栄と完全性を明らかにするでしょう。母なる地球は既にこのプロセスに取り掛かっています。あなた方は一緒に来るか、後方に留まるかのいずれかです。この時期、あなた方は中間に留まることは一切選べません。もちろん、2、3回生まれ変わった後に来ることも選択できるでしょうが、最終的にあなた方は全員そこにたどり着くことになるでしょう。私は今行くことを話しているのであり、200～300年とか2000～3000年先のことではありません。2012年前後には完成する、現在の地球のサイクルが終焉《しゅうえん》する時期に関して話しているのです。あなた方は何を選択しますか？

大半の人々は今行きたいと言うでしょう。そして、私はあなた方に言います。この移行を上手《うま》くやり遂げるために、どれだけ時間がかかろうとも、あなた方は喜んで準備して行いたいですか？　それはま

３次元的地球から光の５次元的地球へ⑦

私たちがすべて光であるのと同様に、あなた方もすべて光です。これが意味することは、そもそも私たちの体が電気的であり、バッテリーがフラッシュライトを光らせるように反応することにあります。私たちの振動率がある周波数に達すると、いわば、それが体内の光子・フォトンに火を点ける切っ掛けとなり、体内に光をともすのです。

３次元的地球から光の５次元的地球へ⑧

これはシンプルな化学原理で、すべてのものに当てはまります。ひとたびあなたがある速度か波長に達すると、太陽の光のように燃え上がります。それが、私たちが繋がる光、いや、むしろ私たちに繋がる光なのです。

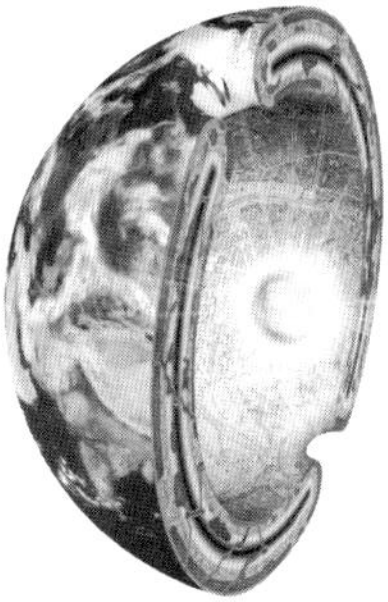

ったく「ただ乗り」ではありません。この時期、あなた方は高次の領域から無比の援助を受けていますが、一緒に付いてくることを選ぶのなら、自分のことは自分でやらねばなりません。もしあなたが後ろに留まることを選択するのであれば、あなたの選択は尊重され、あなたの意識レベルにマッチした場所である別の宇宙で、再び生を受けることになるでしょう。

　あなた方の決定に関して審判はありません。神はこの惑星であなた方に「自由意志」を与えており、それが取り上げられることはありません。あなた方の選択は何でしょう？　地球では、3次元と4次元は最終的に消える予定になっています。もしあなたが3次元の古いパラダイムの、いわゆる「お馴染《なじ》みの区域《ゾーン》」のイリュージョンの中に留まることを選択すれば、自分の体を不滅にすることはないでしょう。これは、遅かれ早かれ、あなたは自分の肉体から去り、地球と似た別の3次元の惑星で再び生を受けることを意味します。そこで、恐怖、暴力、抑圧、戦争、操作、限界、中毒、そして、あなた方が今、手放したくないすべての否定性を享受《きょうじゅ》し続けることになるでしょう。

　これをあなた方に話す理由は、私はあなた方を愛しており、神はあなた方のために大きな愛を抱いているからです。私はどうにかしてあなた方を怖がらせようとしているのではありません。あなた方を無気力や霊的眠りから目を覚まさせ、古い時代遅れの気運というイリュージョンに対して目覚めさせることに貢献する希望を持って、私はあなた方を説得しようとしているのです。このメッセージを読んでいるすべての人々に理解して頂きたい。すべての人々が「教養ある」選択をできることが、この惑星のスピリチュアルハイアラーキーの望みなのです。私たちは、あなた方が一緒に付いてくる選択をするのを心より希望しています。なぜなら、私たちは一つの大きな家族であり、誰もが心から深く愛されている

3次元的地球から光の5次元的地球へ⑨

地球の集合意識は非常に短期間で大きく飛躍しましたが、まだ私たちが安全に表に出られるほど十分に高まっていません。それで、魂の中に秘められた宇宙の謎や私たちに対して心を開いてもらえるように、大きな愛の努力で全人類に手を差し伸べているのです。これは偉大なる目覚めです。

3次元的地球から光の5次元的地球へ⑩

私たちはみな〈神の光〉と〈神の愛〉に満たされた不思議な存在です。ただ栓が抜かれる準備が整うのを待ち続けている状態です――それが意識の表面にばら撒かれ、最終的に、私たち全員にとって驚異的な潜在能力を自ら獲得することになるのです。

からです。

親愛なる者たちよ、あなた方は聖書が触れる「用意された場所」について聞いたことがありますね。そうです。この極めて特別な場所は、まさに5次元意識のことなのです。至福の時代が迫っていることの時期に、私たちが抱く深い懸念《けねん》は、簡単に5次元のポータルにたどり着け、受け入れられることのできる貴重な人々が、地球にはあまりにも多くいるにもかかわらず、いまだに「自動操縦装置」のような意識で人生を過ごしているのを目にすることです。これは、自分たちの将来の現実を創造することに責任を持つよう求めたり、変化について耳にすることを求めたり、そのような人々が向かっている場所を見ようと彼らの生活を真面目《まじめ》に見ることを求めるような意識ではありません。私の次の言葉は極めて重要であり、いくら強調してもしすぎることはありません。

「自動操縦装置」で生活する時は終わりました。人類は何千年にもわたってこのように生きてきました。そして、それが、数千年間人類を悩ましてきて、無数の苦しみ、悲しみ、貧困、病気、そして社会的・経済的問題のすべてをあなた方にもたらしてきたのです。

あなた方の救済の時は、今あなた方に関わっています。あなた方は地球で進化した魂として「自由になる」ことができます。但《ただ》し、これはあなた方が意識的に選択した場合に限ります。「自動操縦装置」の意識で生き続けるだけでは、それは起こりません。あなた方がすぐにキリスト意識を抱き、キリストの心と愛で思考と行動を始める場合にだけ、それは起こるでしょう。あなた方が上からどれだけ助けを受けようとも、まったく誰もあなた方のためにそれを行うことはできません。あなた方は、自分たちが向かいたい場所のレベルへ自らの意識を発展させるため、願望の火を自分たちの心の中でともさねばな

3次元的地球から光の5次元的地球へ⑪

地上のあなた方は、地球環境の破壊と自分たちの想念の汚染によって急激な気温の変化や旱魃、強風などに悩まされています。しかし、この状態は長く続くことはなく、やってきているエネルギーがまもなくこのすべてを反転させて、あなた方が感じるに値する愛と光を体験し始めるようになるでしょう。

3次元的地球から光の5次元的地球へ⑫

あなた方が、光へ向かって現れ出るディバインセルフ(聖性)をもう一度感じると、すべてに調和がもたらされるようになります。この変化は急速なペースで進んでおり、あなた方を皆5次元へ導くクライマックスが起こりつつあります。

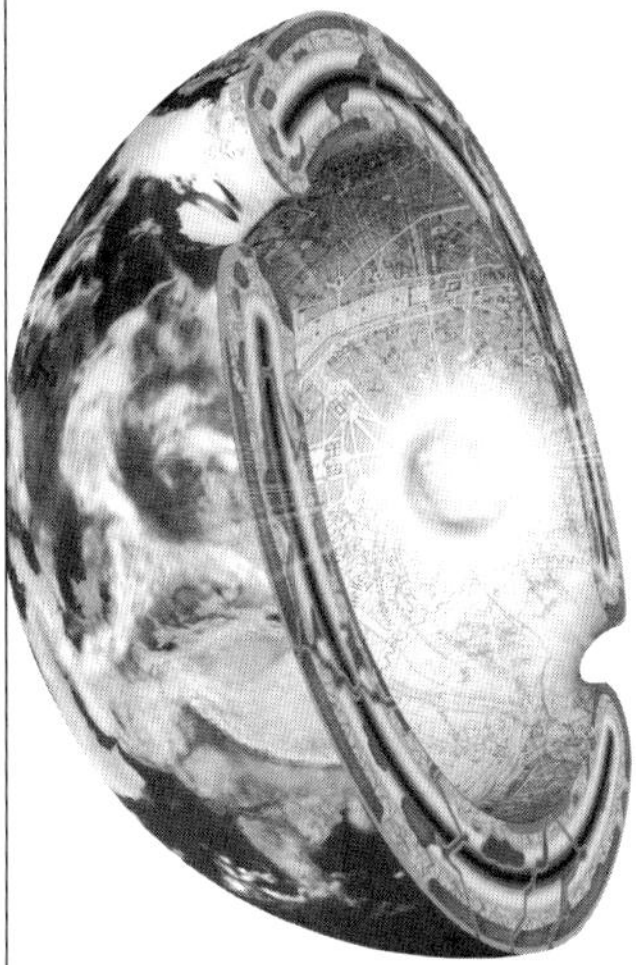

らないでしょう。

テロスの同胞たちは私と協力して、あなた方一人ずつに愛、友情、サポートを送っています。私たちは、あなた方が直面している困難に気付いており、あなた方の多くが進めている素晴らしい進展にも気付いています。あなた方が重要なことを行っていると覚えておいて下さい。あなた方に光と愛を送ります。私はアダマ。

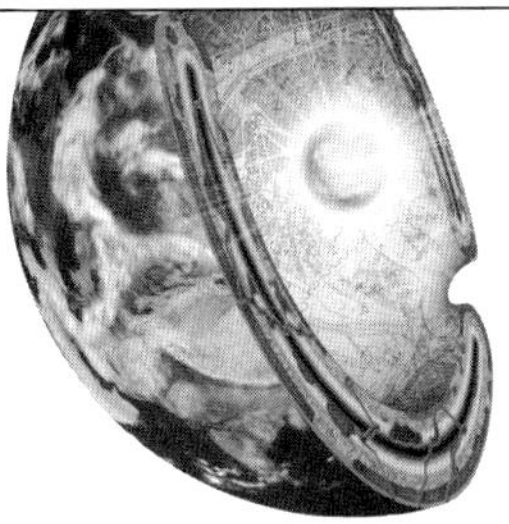

３次元的地球から光の５次元的地球へ⑬

ちょうどあなた方が地球の周波数が速まるのに合わせて進歩していくことが運命付けられているように、私たちは地球の奥底へと入っていくことで進歩することが運命付けられていました。ひとたびある周波数に達すると、あなた方の意識は一気に密度を通り抜け、すべてを見て知ることになります。［ポーソロゴス図書館のミコスからのメッセージ］

３次元的地球から光の５次元的地球へ⑭

地球では、３次元と４次元は最終的に消える予定になっています。もしあなたが３次元の古いパラダイムの、いわゆる「お馴染みの区域」のイリュージョンの中に留まることを選択すれば、自分の体を不滅にすることはないでしょう。これは、遅かれ早かれ、あなたは自分の肉体から去り、地球と似た別の３次元の惑星で再び生を受けることを意味します。そこで、恐怖、暴力、抑圧、戦争、操作、限界、中毒、そして、あなた方が今手放したくないすべての否定性を享受し続けることになるでしょう。

オウレリア・ルイーズ・ジョーンズを介したエル・モリヤの言葉
（エル・モリヤはアセンディッド・マスターであり、現在は力と聖なる意志の最初の光線であるマハ・チョハン）

最愛の皆様、今世紀最後のバレンタインデーのイブにこんにちは。シャスタ山の中の住まいから、アダマと私ことエル・モリヤが愛のメッセージをお届けしたいと思います。時はとても迫ってきており、私たちのメッセージもまたもう一つのウェイクアップコールです。

直近のメッセージにおいてアダマは、「自動操縦装置」で人生を過ごしている地球の数多くの貴重な魂内のある意識状態について話をしました。これは霊的眠りの状態であり、そこで、彼らの人格は、意識的に自分たちの将来の現実を創造することは求めておらず、自分たちの魂の叫びに従うことによって、「決められた意図」で自己の人生を過ごすことも求めてはいません。

私たちはあなた方のことをとても愛しているため、2012年前後に5次元のポータルであなた方全員にご挨拶《あいさつ》できることを強く望んでいます。私たちはあなた方が入るためにポータルを大きく広げて、あなた方の訪問のために金色のカーペットを敷いて、光と愛の領域に「ようこそ」とあなた方に言うのを楽しみにしています。その扉まで到着する人々と私たちにとって、なんて素晴らしく嬉《うれ》しい日となることでしょう！　すべてにとって、なんて幸福な再会となることでしょう！　盛大なレセプションと祝典が準備されています。その大いなる日には、たくさんの涙が流されることでしょう。しかし、親愛なる皆様、この時、それは純粋な喜びと恍惚《こうこつ》の涙となるでしょう。嘆きの谷間は永遠に超越されるでしょ

3次元的地球から光の5次元的地球へ⑮

テロスの私たちは、たとえあなた方のように3次元の体で生きていても、5次元に上昇した意識状態の中で生活しています。私たちのDNAは過去2000〜3000年の間にあなた方のものよりもさらに進化しており、あなた方よりも遥かに高い周波数の中で生きています。この周波数は、愛の周波数です。

3次元的地球から光の5次元的地球へ⑯

あなた方が地球に対して行うことのすべては、あなた方自身に行っていることです。ただ一つの意識しか存在しないことを覚えておいて下さい。あなた方と私たちは一なる意識の構成要素です。あなた方がその一つのどこかを破壊すれば、他の部分にも影響が現れるのです。あなた方は地球から分離していません。あなた方が地球であり、まだそれを知らないだけなのです。[ポーソロゴス図書館のミコスからのメッセージ]

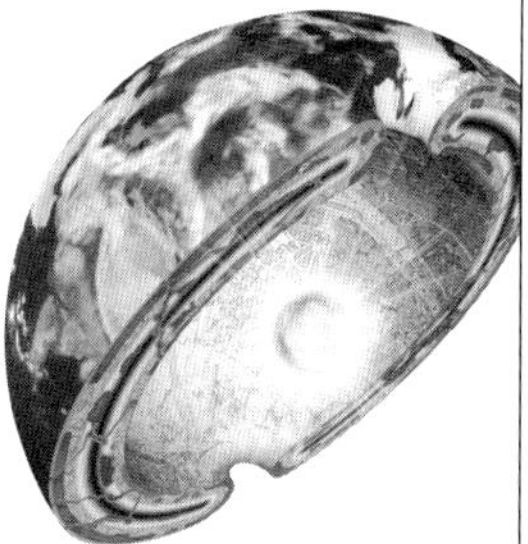

う。

あなた方が生きている間に地球を旅立った最愛の人たちと直接不死の体で意識的に再会する時、一瞬考えるだけで、あなた方が体験することになる喜びが想像できるでしょうか？　あなた方の今の人生においてとても愛してきた人々や、この時期には思い出すことができなくとも、過去世においてはとても身近で愛してきた魂を持った人々もいるでしょう。あなた方の永遠の友人や、あなた方のことをとても深く愛してきたソウルファミリー（魂家族）の他のメンバーたちのように、彼らは、あなた方が数百万年もの間、知っていた魂なのです。

私たちはこの情報を伝えながら、この素晴らしい日がやってくる時の喜びと興奮を既に感じています。あなた方の最愛の人々は、とても大きな期待で、再びあなた方を抱擁《ほうよう》するのを待っています。あなた方が入ってきたら、自分たちの腕であなた方を受け止めることを待ちわびながら、光と繁栄の服をまとって、彼らは皆、その扉の近くにいることでしょう。最愛の人々はまた、今私たちと一緒にここにおり、あなた方を見つめ、愛を送り、偉大なる再会の日をとても楽しみにしています。

それはとても素晴らしいことで、宇宙全体が注目することになるでしょう。同じことを繰り返しますが、それは、この惑星のスピリチュアルハイアラーキーとあなた方の父・母なる神がとても望んでいることです。あなた方は入る資格があるため、彼らはこの神聖なるポータルにあなた方全員が到着するのを見届けたいのです。

最愛の存在であるあなた方に向けた偉大なる愛から、スピリチュアルハイアラーキーである私たちは、5次元に入るために必要な「エントリーコード」があることをもう一度あなた方に思い出して頂きたい。

フォトンベルトの真相①

地表のあなた方と地底の私たちは多くの点でともに仕事をしてきました。あなた方は意識的にはそれに気付いていませんが、あなた方と私たちは夜間にインナープレーンでともに働いており、そこでフォトンベルトへのエントリーに対するすべての作戦が、計画・準備・議論されています。

フォトンベルトの真相②

地球のすべての存在が何千年も待ち続けてきた新しい時間枠で、私たちはあなた方と地表で挨拶を交わすことになるでしょう。これがマヤのカレンダーの意味するところです。それは、フォトンベルトへのエントリーを調和的にスムーズに行わせる新しいマヤの時間枠をあなた方に知らせることです。

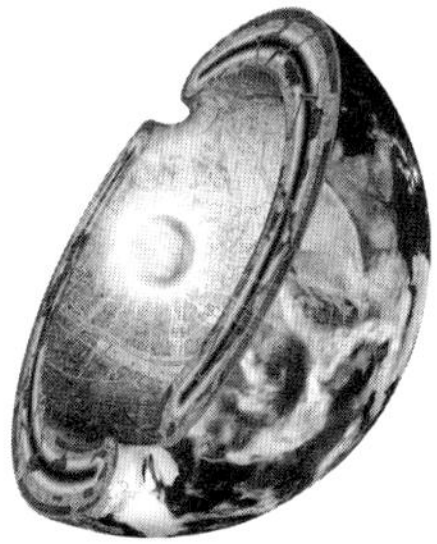

あなた方の世界では、天国の門に立ち、誰が王国の中に入ることを許されるか否かを決める「聖ペテロ」に関してたくさんの冗談があるかもしれません。そうですね、皆さん。地球でのこの冗談は、私たちがいる場所での冗談ほどではありません。これには、あなた方の誰もが抱くかもしれない以上の真実がさらにあります。私がこう言うのも、そこには門かポータルがあり、誰かが入る資格を与えなければならないからです。私、エル・モリヤは、地球の人々に向けた〈神の意志〉である最初の光線のマハ・チョハンであり、ガーディアンで、そのポータルのガーディアンでもあります。

最愛の存在である〈神の意志〉は、霊的な道で正しい方向に進むために入らねばならない最初のポータルです。あなた方が、神霊へと洗練・変化していくために、〈神の意志〉に対して自分のエゴと個性を喜んで投げ出さないなら、真の霊的な道を進んで行ける場所はどこにもありません。これは最初のポータルで、あなた方が資格を得なければならないポータルはさらに六つあります。その後に、個人的、惑星的なアセンションへ向けた、5次元のドアにたどり着けるのです。

この最初のポータルをなんとか通り抜けるためには、あなた方の体が眠っている間に、インナープレーンにおける私の夜間授業を受けるか、この時期、自発的に私を支援してくれている、〈神の意志〉の協力者たちによる授業を受けねばなりません。あなた方が次なるポータルへ進むには、その前に、目覚めている際に私の試験にパスしなければなりません。このメッセージを読んでいるあなた方の多くは、この最初のポータルを現世あるいは過去世において既に通り抜けています。ある者たちは他のポータルも通り抜けたことがあります。「自動操縦装置」で人生を過ごしている人間たちが、まだかなり多く存在している事実に対して、私たちはとても残念に思っています。自分たちがどこに向かっているのか、

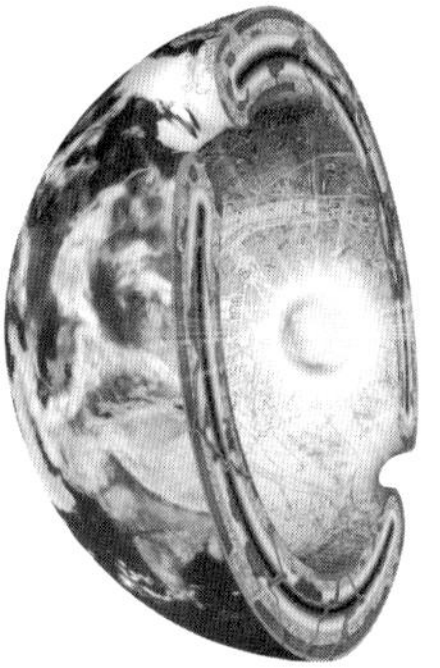

フォトンベルトの真相③

牡牛座の満月の間の1998年５月に、地球は正式にフォトンベルトに入ったことを覚えておいて下さい。フォトンベルトは、強力な光の帯からなる12の巨大なボルテックスで構成されています。各ボルテックスは、地球でそれ自体特定の作用を発揮します。

フォトンベルトの真相④

あなた方の多くは、細胞や遺伝子レベルで起きている影響を、自分たちの肉体と感情体で既に感じとり、気付いています。あなた方の多くは、頭痛、心痛、動悸、慢性疲労、目まい、吐き気、睡眠パターンの変化、耳鳴り、翳《かす》み目等々、これまで体験したことのなかった新しい不快な肉体的症状を体験しています。

なぜ自分たちはここ地球に生まれてきたのか、彼らには分からないのです。彼らはそれを聞きたいとも思っていません。彼らは最小限の抵抗と霊的な眠りの道に従いながら、意識的な方向性を持たず、自分たちのマインドとハートは四方に撒《ま》き散らされ、その日その日で自分たちの人生を過ごしています。

人類が数十万年もの間待ちわび、切に願ってきた壮大な出来事の発端には、なおも極めて多くの貴重な魂が存在していますが、それらは、私が担当しているポータルの入り口での助言を求めては、まだ決して姿を現していません。テロスの高僧で協力者のアダマと私は、もう一度「目覚め」の合図をあなた方に与えることができるかどうか、見極めようと合流しています。時間はもうかなり差し迫ってきました。あなた方がまだ「神の意志」のポータルまで到達できていなくても、今それを選択することで、まだ追いつくことが可能で、「時間通り」に他のすべてのポータルをも通り抜けられることを私たちはあなた方に知らせたいのです。

あなた方にはもはや油を売っている時間はありません。今、目を覚まして、あなた方の存在のあらゆる面において愛の概念によって生活し、神に対する先入観や恐れのすべてを消して、生活のあらゆる面において霊的な法則を頑張って適用し始めねばなりません。あなた方は、意識的に受け入れることを避けている真実を、快く受け入れなければなりません。あなた方が考え、発言し、行うことすべてにおいて、愛をもって行動できるようになることで、今すぐにも、自分自身が神になるのです。アセンションのプロセスにおいて、愛が唯一あなた方の取れる近道で、最大のキーなのです。

私が話す愛とは、自己愛であり、神の愛であり、そして、地球と、地球のすべての王国——動物の王国を含めて——との間のあらゆる関係に向けられた愛なのです。創造主の生命が吹き込まれているすべ

フォトンベルトの真相⑤

あなた方の多くは感情的に混乱しており、自分たちが「病気」であると感じています。申し上げますが、これはただ一時的なことなのです。ただそこにしがみ付き、自分と他者のためにも、「愛」の周波数に留まって下さい。それはいずれ通り過ぎていきます。

フォトンベルトの真相⑥

あなた方にとって、今はすべての恐れと否定的なパターンをなくす時です。なぜなら、あなた方は簡単にそれらを取り除けないからです。もし、いまだに恐れや否定性の入った荷物を持っていたら、5次元ポータルの入り口であなた方はどうなるでしょうか？　恐れや他の否定的パターンの波動は、単に5次元に入ることは認められないのです。

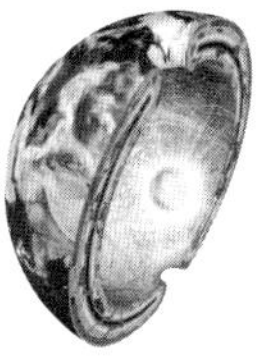

てのものを愛し、尊重して下さい。いかなる判断も行わずに、無条件で愛して下さい。あなた方の意見をなくして下さい。二重性をなくし、無害なやり方を採用して下さい。あなた方の心の中に十分な愛があれば、アセンションの扉へのすべてのポータルを時間通りに通り抜けることができます。「自動操縦装置」で人生を過ごし続ける人々には、それは起こらないことを心得ておいて下さい。

アセンションの扉にたどり着けるすべての人々は、惑星規模のアセンションという資格を得るためのエントリーコードを入手すべく七つのイニシエーションからなる必要なテストにパスしなければならないでしょう。これらの七つのイニシエーションのそれぞれには、7段階のテストがあります。これらのイニシエーションのすべて、あるいは2、3を通り抜けることができるのに、かつては、霊的な法則を頑張って適用して、数回の人生や数世紀を要しました。地球の歴史におけるこの極めて特異な時に、前例のない分配が行われ、真剣かつ精を入れた適用で、それぞれの魂が2、3年以内に目標に達することができるでしょう。あなた方の誰もが「ホームに戻る」ことを歓迎するために、この惑星のスピリチュアルハイアラーキーのその他の人々やあなた方の最愛の者たちと一緒に、あなた方が親しんできた「聖ペテロ」として、私、エル・モリヤはそこに現れるでしょう。私はあなた方の永遠の友人であるエル・モリヤです。

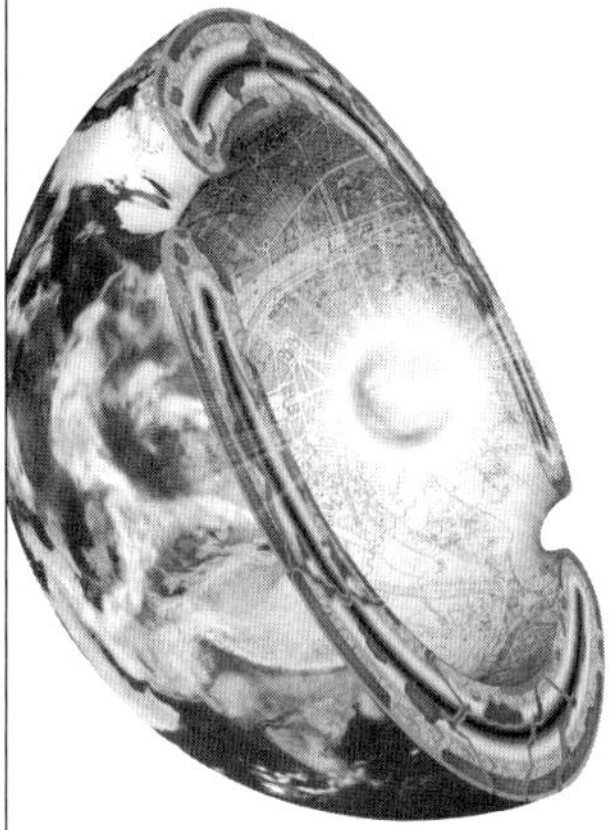

フォトンベルトの真相⑦

地球の人類種の変質は約30年前に非常に穏やかに始まりました。1987年前後で激しくなり、さらに1994年前後で再び激しくなりました。1998年のウェサック祭以降、これらのエネルギーは、全人類の四つのボディーシステムにおいて非常に激しい突然変異を生み出してきました。このフォトンベルトの偉大なる宇宙の光は、現在私たち全員の上にあります。

フォトンベルトの真相⑧

地球と人類は「一つの大きな家族として」一緒に次元上昇しているのです。

オウレリア・ルイーズ・ジョーンズを介したアダマの言葉

テロスの私たちは、たとえあなた方のように3次元の体で生きていても、5次元に上昇した意識状態の中で生活しています。私たちのDNAは過去2000〜3000年の間にあなた方のものよりもさらに進化しており、あなた方よりも遥かに高い周波数の中で生きています。この周波数は、愛の周波数です。私たちが極めて長く生きることができるのは、テロスの大半の人々が魂のレベルでアセンションのプロセスを体験してきており、3次元生活で最高の表現を演じられる肉体の中に留まることを選択したからです。

私たちにはあなた方のように肉体的な限界はありません。私たちの体は力強く健康的で、病気とは無縁です。私たちの大半は自分たちの意志で行きたい場所へテレポート可能で、欲しいものは何でも、いつでも出すことができます。私たちはまた、地上では大昔に失ってしまった才能である、ユニバーサルマインド（宇宙心）へと意識的にアクセスします。実際に私たちは、あなた方全員が夢見て体験することを熱望している、ある種の物理的な現実で生きています。

私たちは表に出て、あなた方に生き方を教えることで、私たち同様に、あなた方も驚嘆、愛、平和、繁栄の人生を過ごせるようになる日を楽しみにしております。私たちは、人生をとても素晴らしく、さらに楽にさせるちょっとした秘密のすべてをあなた方と共有したいと願っています。どうぞ私たちを受け入れるよう、心を開いて下さい。

私、アダマはこの時期インナープレーンでエル・モリヤととても親密に協力し合って、〈神の意志〉

フォトンベルトの真相⑨

一人ひとり、たくさんの調整がなされることでしょう。あなた方は不死で際限のない人間の新しい種へと変貌していくでしょう。そして、変貌したあなた方は、神聖な愛、無限の恵み、美、そして永遠の平和の場である、新しい地球で暮らすことになるでしょう。

フォトンベルトの真相⑩

まもなく新しい地球は、あなた方の想像を遥かに超えた繁栄と完全性を明らかにするでしょう。母なる地球は既にこのプロセスに取り掛かっています。あなた方は一緒に来るか、後方に留まるかのいずれかです。この時期、あなた方は中間に留まることは一切選べません。

をさらに理解したいと望んでいる魂に対して夜間クラスで教え、５次元のアセンションの扉へと繋《つな》がる七つのポータルを通って一緒に行くのを望んでいます。私たちのクラスに参加するために、ますます多くの魂が、シャスタ山にある〈神の意志〉のアシュラム（僧院）へと夜間にやってきています。この魂の大到来ゆえに、この授業において、私と他の数人のマスターたちは親愛なる友人であるエル・モリヤを援助することを申し出たのです。

エル・モリヤのクラスは非常に大きくなったため、テロス内にたくさんのクラスを設けることで私たちは彼を助けています。体が眠っている間の夜に、あなた方を個人的に私たちのクラスへとお誘いすることはとても喜ばしいことです。もしあなた方が望み、準備ができているのであれば、私たちが特別に設けた「アセンション　ＢＹ　２０１２（訳注：２０１２年までにアセンション）」と呼ばれる特訓コースを受講するのが宜《よろ》しいかもしれません。

あなた方に必要とされるすべての援助を快く与えることが可能な人々がここには大勢います。ここには、希望する人たちには個人的な授業を与えるのに十分な仲間たちがいるのです。愛以外、すべて準備は整っており、私たちのサービスを受けるのに費用は掛かりません。私たちのクラスに参加するのに必要なことは、夜寝る前に自分のガーディアンエンジェル（守護天使）にリクエストの祈りを捧《ささ》げるだけで構いません。あなた方の意図を主張して、自分の魂に私たちのクラスまで連れて行ってくれるように頼むのです。そうすれば、ガーディアンエンジェルはあなた方を「インナープレーン」のここに連れて来てくれるでしょう。私たちは、「探し求めて」私たちの扉をノックしている人を見捨てることはありません。

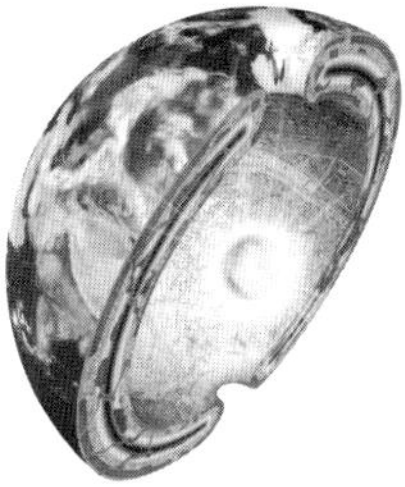

アセンションのすべて①

なぜ、シャスタ山に移動することで、あらゆる面で自らを守ることを選んだのか？　それは、生き残ることが最重要課題だったからです。〈光のスピリチュアルウォーリアー〉へ完全に自由に進化してきたため、これは疑いもなく賢明な選択だったと言えます。まもなく、地表のあなた方も、光の存在へと自らを導くのに必要な、保護された環境と自由を得ることになるでしょう。それがアセンションのすべてです。

アセンションのすべて②

今、ライトワーカーたちは目覚め、一般の人々も地球についてさらに理解し、敏感になってきたので、私たちが数世紀もの間守ってきたすべてのことを安全に地表にもたらすことができます。現在、集合意識と地上のエネルギーが変化しつつあり、アセンションに導く最終段階に向かって、私たちは(ごく近い将来)地表に現れ、ライトワーカーたちと合流できるでしょう。

あなた方の次元レベルにおいて、精通するのに助けとなる本もたくさんあります。実際、これらの本の多くには、夜間にあなた方がインナープレーンから得ている情報がたくさん含まれています。物質レベルで意識的に情報を得ることによって、あなた方は自分たちの理解と進展を加速されることになるでしょう。

あなた方がより早く神の中に自分の本当の正体を「思い出し」、あなた方自身が既に神で「ある」ことに自己を意識的に一生懸命当てはめれば、より早く「永遠の自由」を獲得できるでしょう。愛、愛、そして愛です。あなた方が生み出す否定性のすべてを消滅させるために、あなた方が「愛を抱き」、自分の周囲と内部に十分な愛を生み出せば、あなた方も次元上昇した存在になることでしょう。テロスの私たちは援助を提供しようと、あなた方に手を差し伸べています。どうか私たちの手を取って頂き、私たちにあなた方を導き、案内させてもらえませんか？　愛によって私たちはやってきて、愛によって生活し、愛によって次元上昇するのです。あなた方のテロスの同胞である私たちとあなた方は、みな一つなのです。さようなら。

（メッセージの最後は、１９９９年2月にオウレリア・ルイーズ・ジョーンズによって受け取られたもの）

アセンションのすべて③

私たちは、地表面に達するアセンションの波が間近に迫っているという吉報をあなた方にもたらすためにここにいるのです。この波は〈宇宙のクリエイティブフォース（創造力）〉から生成されており、地球のための〈神の聖なる計画〉と波長を合わせています。あなた方は皆、高次のエネルギーを受け取り続けており、あなた方の体はその高い周波数の波長に適応しようとしています。まもなく、全生命を高次の意識へ導く、エネルギーの大きな波が地表に降りてくるでしょう。

アセンションのすべて④

私たちの魂は不滅で、望むだけ長期間、同じ肉体の中で生きることができます。地表のあなた方もいつか、これが可能となるでしょう。あなた方が自分たちの寿命を決定できるようになる時期は急速に近づいてきています。これがアセンションの意味するところです。

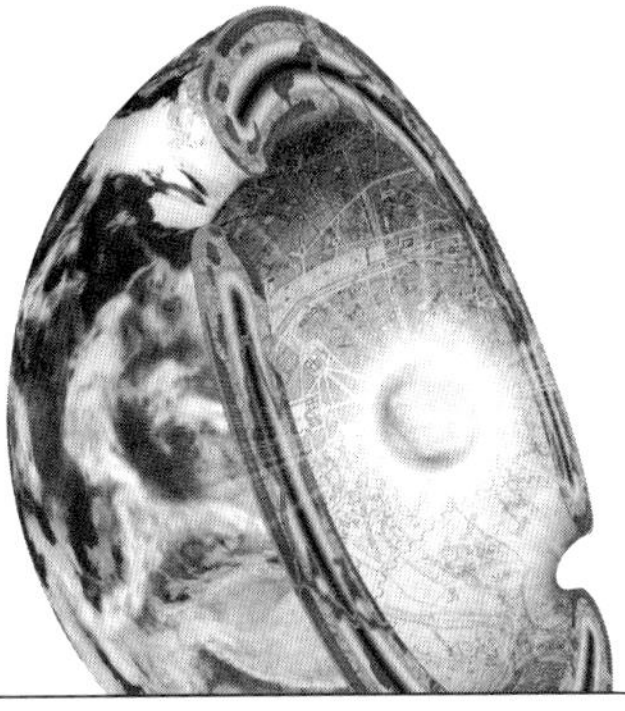

私たちはフォトンベルトに入りました

今日私たちは、あなた方全員が待ち続けてきた、非常に重要なメッセージを伝えるためにあなた方のもとに来ています。私たちは、地球のアセンションとフォトンベルトへの突入を始めました。これは、私たち全員が待ち望んできた時です。なぜなら、まもなく地球は〈神の光の栄華〉のもとに照らし出され、永遠を通じた進化の旅において、私たち全員が再び神の腕に抱かれて、次のステップを始める準備ができるようになるからです。

すべての計画が実行に移される準備は整っていることを知っておいて下さい。地底都市と空洞地球にいる私たちは皆、〈神の光の太陽〉へと向かうこの偉大な航海のために備えています。テロスにいる私たち全員がこの偉大なる日を待っています。なぜなら、これが、ついに私たちがあなた方の地下にあるホームから姿を現し、地上で対等の光の下にあなた方に挨拶できる時であるからです。

あなた方は皆、ライトワーカーとして、夜間インナープレーンで私たちと一緒に出会っており、そこで私たちは光の星々へと地球が入る計画を案出しています。私たちハイアラーキーと、あなた方ライトワーカーはインナープレーンで夜間に会い、そこで、私たちはすべてを見て、知り、そして、私たち自身がすべてになっています。あなた方の同胞であるクジラ目の動物たちもまた夜ごと私たちと会っています。すべての意識が、一つまたは別の意識レベルでの進化に向けた地球の計画に十分気付いているからです。

私たちは地球のために〈神の愛〉の意識を高めており、喜びと美の偉大なる日々が私たちを待ち受け

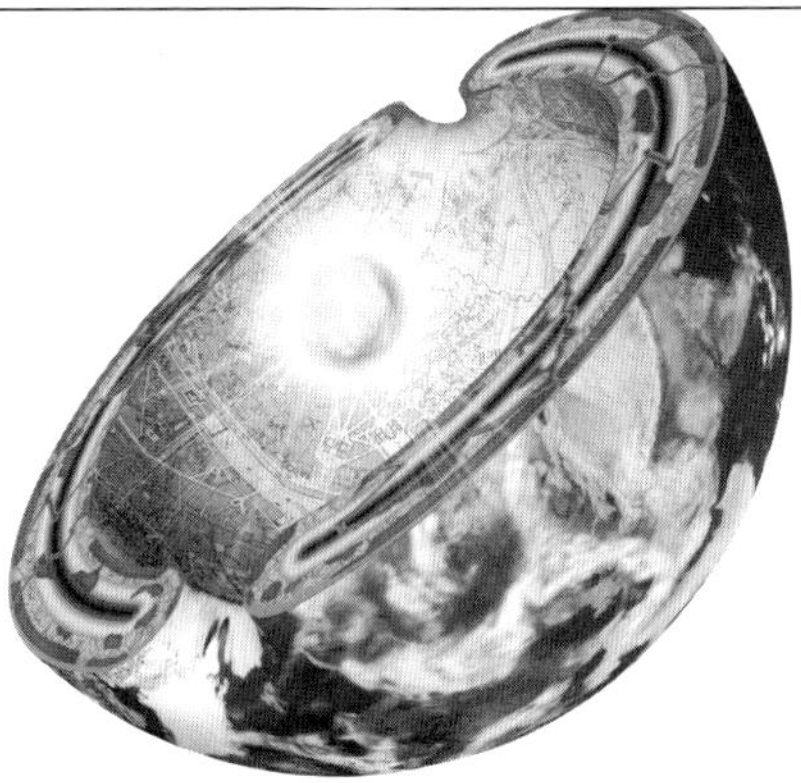

アセンションのすべて⑤

あなた方が出会うすべての人々に対して、心から無条件の愛を注ぎ続けて下さい。これがアセンション成功の鍵です。あなた方が辛抱強く待っている間、すべてを無条件に愛して下さい。そうすれば、高次の領域であなた方を待っているすべての人々との再会が、その愛によってさらに加速されていくことでしょう。

アセンションのすべて⑥

私たちはまた、ウェサック祭を祝うこの聖なる場に集まるために、このクラリオンコール（高らかな響き）に応えてきました。また、私たちは〈地球のアセンション計画〉にも加わっており、〈アセンションの道〉における弟子・入門者でもあります。

ています。なぜなら、神は本当にすべてを愛しているからです。私たちは皆、神の子であり、神は星々を通した旅において私たちが大きな喜びと幸せを感じることのみ望んでいるのです。

アセンションのすべて⑦

私たちは皆、一つの惑星として、アセンションへ向けてますます親密になっているのです。あなた方は近くに、とても近くにいて、光へのもう一押しをあなた方に与えるために私たちはここにいるのです。私たちは空洞地球の光に曝されており、母なる地球の子宮内で楽園を作ってきました。そして、私たちと一緒にあなた方にもこの楽園を体験してもらいたいのです。[ポーソロゴス図書館のミコスからのメッセージ]

アセンションのすべて⑧

現在、地球にいるすべての生命体はアセンションを選択しています。地球のアセンションは保証されており、私たちは皆、自分たちの所在を私たちの太陽であるヘリオスのそばに移動させていることを知っておいて下さい。[ポーソロゴス図書館のミコスからのメッセージ]

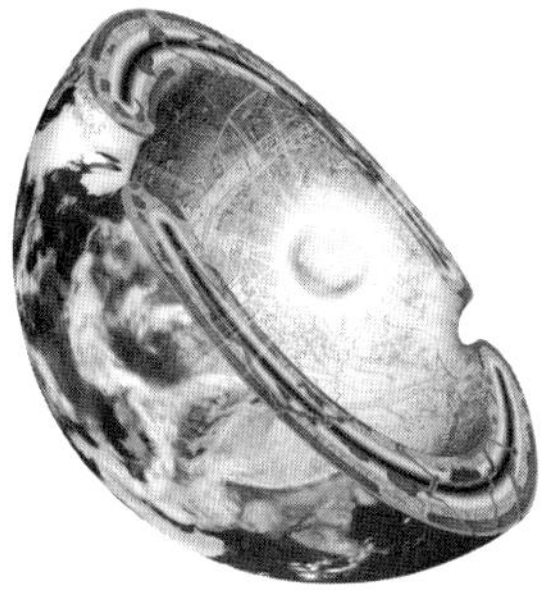

25. 再会

アセンション計画のさらなるアップデート

アダマは、地球のアセンション計画のさらなるアップデートをあなた方に知らせるためにここにいます。他の銀河や星系からの光の同胞たちは、大勢で地球を監視しながらここに滞在していることを覚えておいて下さい。彼らは、地球とそのすべての住人たちに必要とされる計画を実行に移す準備ができています。しかし、効果的にするために、その計画の私たちの担当分を実行し始める指令を私たちに与え、アセンション計画の神聖なる部分と一致させる、万物の一創造主である神からの指令を私たちは待たねばなりません。

ここには多くの要素が関わっていて、その一つは、主に地上で広まっている集合意識の状態です。集合意識は集団で持ち上げられるために、アセンションの波と協調した受容モードになければなりません。あなた方の周波数や波長は、アセンションの波に乗るために、ある帯域で振動している必要があります。このため、厳密な条件と時期が求められ、時期尚早に始めたくはないのです。待つことは果てしないよ

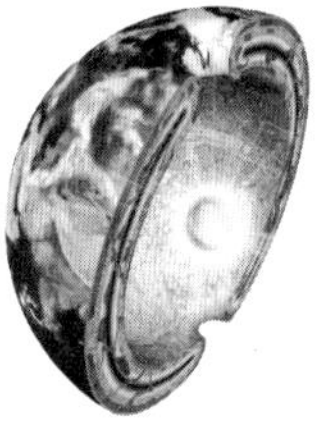

アセンションのすべて⑨

地球は銀河のショーケースで、それは、すべての生命を神の心へと戻し、一つの偉大なるアセンションの波に再統合されるのです。[ポーソロゴス図書館のミコスからのメッセージ]

アセンションのすべて⑩

あなた方は五感よりも多くの感覚を持つでしょう。実際のところ、あなた方は皆、多次元的存在で、あなた方を構成する他の感覚で多次元性を発見するためにここにいるのです。そして、あなた方が自分たちの超感覚を発見する時、宇宙を発見することになるでしょう。[ポーソロゴス図書館のミコスからのメッセージ]

うに思えるかもしれないことは承知していますが、あなた方が聖なる計画を完璧《かんぺき》に成し遂げるには重要なことであると私たちは確信しています。

これまでのところ、〈神の光〉が大陸に溢《あふ》れ、地表がますます輝いてきていることを私たちは観察しています。あなた方の海では、クジラ目の動物たちが自分たちの役目を果たしています。彼らはフル・コンシャスネスの状態にあり、自分たちの愛と光をあなた方の都市や国々の沿岸にまで発しています。彼らもまたこの壮大なアセンション計画に関わっており、あなた方に献身してきています。彼らは母なる地球とその完全なるアセンションへと身を捧《ささ》げてきています。

地底の私たちも、すべての完全なるアセンションを成し遂げるために献身しています。私たちは準備ができており、地表への旅を始めたいととても熱望しています。そして、私たちが表に出るべき時が来たら、地上ですべてのライトワーカーたちと一緒に働いていくことになるでしょう。銀河司令部からの指令を受けるまでは、地上のあなた方が星々への大旅行を始める準備ができているのと同じように、私たちも準備を整えた状態で待機することになるでしょう。

あなた方が出会うすべての人々に対して、心から無条件の愛を注ぎ続けて下さい。これがアセンション成功の鍵です。あなた方が辛抱強く待っている間、すべてを無条件に愛して下さい。そうすれば、高次の領域であなた方を待っているすべての人々との再会が、その愛によってさらに加速されていくことでしょう。

アセンションのすべて⑪

もしあなた方が望み、準備ができているのであれば、私たちが特別に設けた「アセンション　BY　2012」と呼ばれる特訓コースを受講するのが宜しいかも知れません。

アセンションのすべて⑫

私たちのサービスを受けるのに費用は掛かりません。私たちのクラスに参加するのに必要なことは、夜寝る前に自分のガーディアンエンジェル（守護天使）にリクエストの祈りを捧げるだけで構いません。

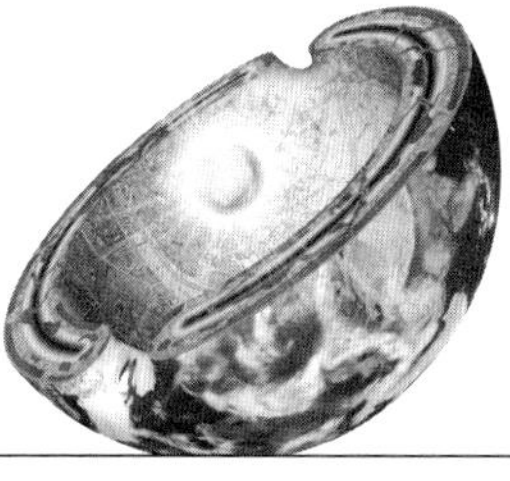

あなた方はすべて光
私たちがすべて光であるように
そして、まもなく私たちの二つの光が
地球のアセンションの
一つの偉大なる光へと
融合していくでしょう

私たちと地底へ旅して頂き
ありがとう

アダマ

PART 8

追加資料

人生の目的は何ですか？

「人生の目的は、一なる創造主の知恵の中で成長することです」

人生の本質は何ですか？

「人生の本質は、創造主が自分であることを知ることです」

人生とは何ですか？

「人生は、神霊を体験するという至高の喜びです」

サナンダ

アセンションのすべて⑬

他の銀河や星系からの光の同胞たちは、大勢で地球を監視しながらここに滞在していることを覚えていて下さい。あなた方の心の中に十分な愛があれば、アセンションの扉へのすべてのポータルを時間通りに通り抜けることができます。「自動操縦装置」で人生を過ごし続ける人々には、それは起こらないことを心得ておいて下さい。

アセンションのすべて⑭

アセンションの扉にたどり着けるすべての人々は、惑星規模のアセンションという資格を得るためのエントリーコードを入手すべく、七つのイニシエーションからなる必要なテストにパスしなければならないでしょう。

プリンストン・ウィントン——シャスタ山でレムリア人に出会う

最愛の読者の皆さん

まったく予期していなかった体験についてお話しさせて下さい。25年前、シャスタ山でのスピリチュアルな集《つど》いの際、普通に見えた3人の人たちが小道のそばの草地に毛布を敷いて座っていて、仲間と私にこっちに来るように手を振って合図してきたのです。

フレンドリーに素直に、私たちはすぐにその場に行きました。彼らはレムリアの生き残りで、かれこれ1万2000年間シャスタ山を自分たちのホームとして、山の中の地底都市で暮らしていると言ったのです。彼らは自分たちの「エネルギーメーター」上での異常な表示の原因を調査するために地上に送られてきていました。彼らは、ハイテクのスキャニング装置でエネルギーに関連した歪《ゆが》みの原因を発見して、地方議会に報告することになっていました。30〜40人の真面目《まじめ》でスピリチュアルな真の探求者たちが、夕刻に何時間もキャンプファイアーの周りで詠唱《えいしょう》し太鼓を叩《たた》くことで、注目すべき効果が現れたことを認めて、彼らは満足しているようでした。

彼らの地上での任務は基本的に終了し、私たちは落ち着いて数時間もの間、彼らと会話を行い、彼らは私たちの質問のすべてに快く応じてくれました。彼らの豊かで際立った洞察力と明晰《めいせき》さはあまりにも顕著で、私たちは自分たちのことを、ようやく賢い大人に出会った幼い子供のように感じました。彼らは地上の住人のように、私たちの窮境《きゅうきょう》に対して深く絶え間ない同情を示しました。彼らの返事とコメントは常に深遠でしたが、ときたま野放図で滑稽《こっけい》でした。彼らの心温かい面と際立った頭脳が明確に示

アセンションのすべて⑮

私たちが極めて長く生きることができるのは、テロスの大半の人々が魂のレベルでアセンションのプロセスを体験してきており、3次元生活で最高の表現を演じられる肉体の中に留まることを選択したからです。

アセンションのすべて⑯

私、アダマはこの時期インナープレーンでエル・モリヤととても親密に協力し合って、〈神の意志〉をさらに理解したいと望んでいる魂に対して夜間クラスで教え、5次元のアセンションの扉へと繋がる七つのポータルを通って一緒に行くことを望んでいます。

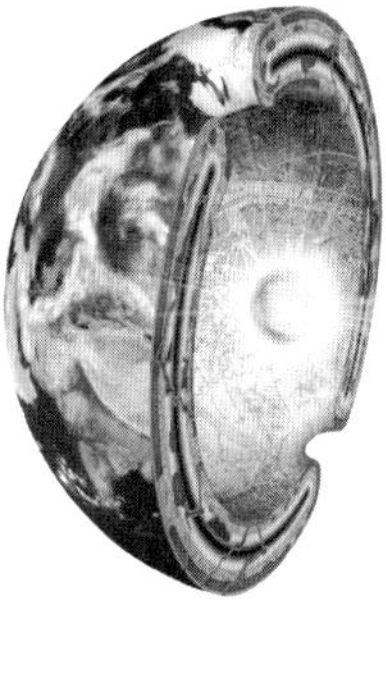

していましたが、彼らの進化状態は私たちを遥《はる》かに超えていて、地上の普通の人間には「基準値外」に思われました。

男性と思われる一人の人物が斜面から降りてきたのに気付くと、私たちは、新しく見つけた魅力的な友人たちと別れました（まだ視界の中にありましたが）。私は肖像画を見たことがなかったので返事はできませんでしたが、「聖ジャーメインに似てる」と私の友人が言いました。その男は、シンプルで明るい紫色をしたローブをまとっており、立ち止まり、微笑《ほほえ》み、挨拶《あいさつ》をして、一緒に手を取って行きました。のちに聖ジャーメインの絵を見て、彼が聖ジャーメインであったと完全に私は確信しました。

私たちはのちに再びレムリア人たちと一緒に山を下って歩き、パンサーメドウの中央パーキングエリアへ行くと、そこで、たちまちフレンドリーな「エイリアンたち」の噂《うわさ》が広がりました。すぐに、おそらく30人程度の人々に彼らは囲まれ、質問を浴びせられました。彼らは、同じような好意と深遠さで、自分たちの存在の妥当性をすべての人々に納得させました。翌日、約束通り彼らは再び現れ、私たちと3回会い、計4～6時間、魅惑的な会話ができました。

最近、テロスの本（本書）を見つけた時、控え目に言っても、私はすっかり驚いてしまいました。その本は、彼らがあの時言ったことのすべてを立証し、地球におけるすべての問題に対する解決策を明《めい》瞭《りょう》に提供していたからです。

おそらく、他にも彼らと物理的なコンタクトをとった話がそのうち明るみに出てくるでしょう。まったく冷静に考えても、テロスの本は人類が待ち望んでいた本であり、過去に出版された他のすべての本よりも良く売れると私は思います。私は心からそう思います。まったく予期せぬこの神からの「ギフ

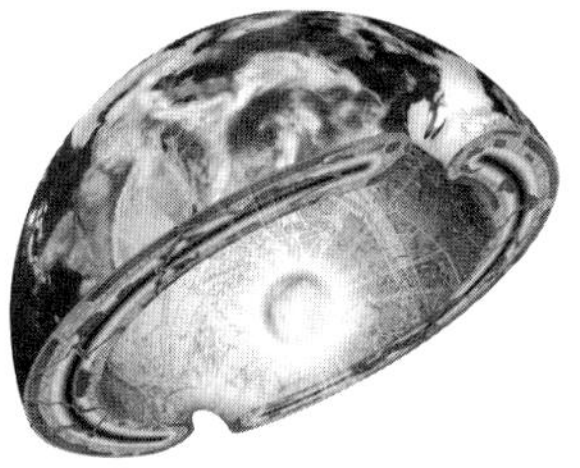

アセンションのすべて⑰

集合意識は集団で持ち上げられるために、アセンションの波と協調した受容モードになければなりません。あなた方の周波数や波長は、アセンションの波に乗るために、ある帯域で振動している必要があります。

アセンションのすべて⑱

あなた方の海では、クジラ目の動物たちが自分たちの役目を果たしています。彼らはフル・コンシャスネスの状態にあり、自分たちの愛と光をあなた方の都市や国々の沿岸にまで発しています。彼らもまたこの壮大なアセンション計画に関わっており、あなた方に献身してきています。彼らは母なる地球とその完全なるアセンションへと身を捧げてきています。

ト」は、本当に「キリストの再臨」以上にドラマチックな話です。地上の住人として私たちは、この地球にキリスト意識がいち早く戻って来ることを準備し、高め、保証するために、下からの聖なる助けを利用できるのです。本書を読む誰もが集合意識を3倍に高めることに貢献するであろうと私は思います。
どうぞあなた方が出会う皆さんとテロスの本を読んで頂き、愛、平和、啓発、そして真の兄弟愛という7番目の黄金の時代を導いていきましょう。

敬具

光の夜明けに

アメリカ・カリフォルニア州在住　エリス・プリンストン・ウィントン

訳者あとがき

地底都市と言えば、ヒマラヤの奥地に入り口が存在するとされるシャンバラが有名である。これまで、数多くの探検家たちが理想郷シャンバラを目指してきた。実際、探検の際に地底人と思《おぼ》しき不思議な人々と遭遇したという報告や、地底世界への進入すら許された人々の話など、印刷物としても過去に紹介されてきた。

特に有名なケースは、ナチス・ドイツを率いたヒトラーが、ヒマラヤばかりでなく、世界各地に探検隊を派遣し、地底世界への入り口を探索させたことだ。ヒトラーは、地底世界や地底人の持つ高度なテクノロジーに関してサンスクリット語で記された文献が存在することを知ると、それらを解読すべく、ラマ教の高僧たちを集めた。そして、解読した情報を基に、極秘に円盤型飛行船（ＵＦＯ）の製造にも尽力したと言われている。

第２次世界大戦の終結までにＵＦＯの製造や地底世界へのアクセスに成功したのか真相は不明だが、その後もヒトラーは影武者の死の裏で生き延びて、南極や南米の地下基地に姿をくらましたという説もある。

一部の大国だけが知り得る地球外の情報と異なり、地底世界に関する情報は、誰にでも探索可能な面もありながら、多くのことが謎のままである。

本書で取り上げた地底都市テロスは、カリフォルニアのシャスタ山の地下に存在するとされる。テロスのことが話題に上ったのは、おそらく１９９３年２月７日、シャルーラ・ダックス氏の友人であるジュリエット・スウィート氏が、研究家のアラン・ウォルトン氏に彼女のことを知らせたことに遡《さかのぼ》ると思われる。シャルーラは、テロスの正式な大使として1960年代に地表に現れ、現在はニューメキシコ州サンタフェへ引っ越して、夫のシールド・ダックス氏とともに暮らしているという。実際のところ、彼女は1725年生まれで、30歳程度に見えるというが、アメリカで現実の生活を送るために、1951年生まれと偽り、身分証明書やパスポートを取得したという。

その後、シャルーラに影響を受けた人々が現れ、アメリカではテロスの人々と出会ったことがあると告白する人々や、テロスからテレパシーでメッセージを受け取ったという人々も現れた。

本書の著者ダイアン・ロビンス氏もその一人である。現在までのところ、シャンバラとは異なり、テロスに関する情報は限られている。しかし、他の地底世界に関する情報との類似点、一致点など、興味深い点は見受けられただろう。

本書はチャネリングによる情報で構成されているが、シャルーラ・ダックス氏の存在や、最後に紹介したプリンストン・ウィントン氏の証言などが存在することから、簡単に無視することのできない情報と言えるだろう。

情報の真偽はともかく、本書のメッセージはシンプルでありながらも、深遠なものであった。我々は、周囲の動植物や、生命体としての地球に守られ、生かされている。宇宙の法則は、我々が周囲の全生命や地球と意識を一つにするように導いている。そして、我々がそれに気付き、自分たちの想念がこの世界を作り上げてきていることを理解して、「創造」を実践すれば、我々の将来は明るく開かれてくるのだ。本書は、地に足をつけたライフスタイルに移行することで、我々に発展の道が示されるという「マジック」を理解するヒントを与えてくれたように感じられる。

今回、私はこのように貴重な情報を紹介する機会を持つことができた。それは、ひとえに著者ダイアン・ロビンス氏と徳間書店の石井健資氏の助けによる。この場を借りてお礼申し上げたい。また、本書を最後までお読み頂いた読者の皆様にも感謝したい。

最後に、ここでは紹介できなかったが、テロスに関してさらなる情報が存在していることを付け加えておきたい。本書を通じて、読者の関心が高まることがあれば、その後の情報を提供できる機会も生まれるかもしれない。そのような将来が訪れることを願いつつ、ここで結びとさせて頂きたい。

2006年1月23日

ケイ・ミズモリ

ダイアン・ロビンス

1939年生まれ。元教師。1990年から地底都市テロスのアダマと空洞地球のミコスからテレパシーによるメッセージを受け取る。地底には太古から高度な文明を持った人々が住み着いており、地表に暮らす地球人の霊性向上を待ち続けてきた。地球人の愛の意識が高まれば、彼らは地表に現れ、高度なテクノロジーと平和をもたらすことになるという。このような情報を執筆活動をとおして伝えることで、地球人の意識向上と二文明の融合に寄与する使命を果たそうとしている。現在はニューヨーク州ロチェスター在住。

ホームページ：http://www.diannerobbins.com/

ケイ・ミズモリ

ジャーナリスト・翻訳家。10年以上に渡る米国滞在中、ジャーナリストとして政治、文化、科学など幅広くカバーし、日米の新聞・雑誌等に寄稿。その一方で、リモート・ビューイングを扱った先駆的著作コートニー・ブラウン教授の『コズミック・ヴォエージ』、今最も注目されるコンタクト体験者ミシェル・デマルケ氏の『超巨大［宇宙文明］の真相』、フレッド・ベル博士の『プレアデス科学の謎』（いずれも徳間書店）等、独自のネットワークと視点から選んだ作品を精力的に翻訳・プロデュースする。現在は横浜で国際情勢、代替医療、科学、精神世界の分野で執筆・翻訳をメインに活動中。著書に『世界を変えるＮＥＳＡＲＡの謎』（明窓出版）、共著書に『世界はここまで騙された』（徳間書店）がある。

ホームページ：http://www.keimizumori.com/

超知ライブラリー018

[超シャンバラ]
空洞地球／光の地底都市テロスからのメッセージ

初　刷　　2006年5月31日

2　刷　　2007年3月10日

著　者　　ダイアン・ロビンス

訳　者　　ケイ・ミズモリ

発行人　　竹内秀郎

発行所　　株式会社徳間書店

東京都港区芝大門2-2-1

郵便番号105-8055

電　話　　編集(03)5403-4344

販売(048)451-5960

振　替　　00140-0-44392

編集担当　石井健資

印　刷　　本郷印刷(株)

カバー印刷　真生印刷(株)

製　本　　大口製本印刷(株)

ISBN978-4-19-862172-8

テロスのメッセージとシンクロする作品

徳間書店　好評既刊

お近くの書店にてご注文ください。

テロスのメッセージとシンクロする作品
徳間書店　好評既刊

テロスのメッセージとシンクロする作品

徳間書店　好評既刊

『アミ3部作』

エンリケ・バリオス著　石原彰二訳　さくらももこ絵

●小B6判上製　『アミ 小さな宇宙人』……本体1300円＋税

『もどってきたアミ』、『アミ3度めの約束』……本体1500円＋税

好評発売中

アミ 小さな宇宙人

少年ペドゥリートとアミと名づけられた宇宙人との感動のコンタクト体験。アミにつれられ、空とぶ円盤で宇宙を旅する中で、ペドゥリートは、地球の文明がまだまだ野蛮で、愛の度数の低い人々の住む未開の惑星《ほし》であると教わる——!!　そして、ペドゥリートはそのことを本に書いて、地球の人々に知らせるという使命をさずかるが……

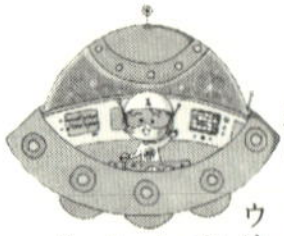

もどってきたアミ
——小さな宇宙人

アミとの約束をはたすべく『アミ 小さな宇宙人』を書きあげて、ようやく出版にこぎつけた少年ペドゥリートは、本が出たら、また、むかえに来ると言ったアミをくびを長くして待っていた。ついにアミがふたたび空とぶ円盤に乗ってやって来た。しかし、そこには他惑星の少女ビンカが同乗していた!!　双子の魂と出会う星々をめぐる旅……

アミ3度めの約束
——愛はすべてをこえて

双子の魂であるビンカが恋しくてたまらないペドゥリート。アミはほんとうに約束どおり、また、むかえに来てくれるだろうか。ビンカといっしょに暮らせるようになるだろうか。ようやく来てくれたアミ。しかし、3度めの宇宙の旅は、試練の連続。シャンバラを訪ねる困難な旅の中で、ペドゥリートもビンカも、そしてアミも、愛の大切さを学んでいく……

お近くの書店にてご注文ください。